KB155826

RELEASING THE IMAGINATION

상상의 나래 펴기

RELEASING THE IMAGINATION

상상의
나래 펴기

Maxine Greene 저
문승호 역

박영story

역자서문

2014년 5월 29일 거의 한 세기를 살아가면서 암흑과 같은 시대에 횃불처럼 살아가신 위대한 철학자, 맥신 그린(Maxine Greene) 교수님이 타계하셨다. 96년이 넘는 세월을 교육 철학자로, 사회 활동가로, 교사로 살아가셨다. 돌아가시던 해 봄 학기에도 컬럼비아 대학교 티처스 칼리지(Teachers College, Columbia University)에서 교육과 심미적 경험(A&HF 4092 Education and the Aesthetic Experience)이라는 대학원 강좌를 가르치셨다. 1995년에 출간된 저서『상상의 나래 펴기: 교육, 예술, 사회 변화에 대한 맥신 그린 에세이(Releasing the Imagination: Essays on Education, the Arts, and Social Change)』는 맥신 그린 교수님이 평소 작성하신 논문과 발표문들을 예술, 사회변화, 그리고 교육이라는 주제에 맞추어 정리한 책이다. 역자는 맥신 그린 교수님을 박사 과정 중에 뵙게 되고, 몇 년간에 걸쳐 "교육과 심미적 경험" 대학원 수업의 조교(Teaching Assistance)로서 옆에서 지켜보고, 또 박사 논문의 공동 지도교수님으로 모시면서, 그분의 철학과 메시지를 한국 독자에게 전하고 싶다는 열망을 언제나 갖고 있었다. 2011년 역자가 국내에 처음 소개한『블루기타 변주곡(Variations on the Blue Guitar, 다빈치)』은 링컨센터 인스티튜트에서 그린 교수님께서 1970년대부터 강의하신 내용을 수집한 책이어서, 여러 예술 작품들에 대한 심미적 경험을 통한 상상력과 사화변혁의 미학을 접할 수 있는 입문서로서 좋은 역할을 한다.

총 14장으로 구성된 이 책을 읽을 때는 책 제목이 전하듯 교육, 예술, 그리고 사회 변화에 대한 그린 교수님의 독특하면서도 생기 넘치는 목소리에 귀 기울이기를 권고한다. 심미적 경험이란 무엇이고 그 역할은 무엇인지, 심미적 경험이 개인의 영역이 아닌 어떻게 자신의 변화와 사회 변혁에 기여한다는 것인지, 그리고 이러한 논의를 교육 개혁과 더 나은 세상을 꿈꾸는 우리의 정치적, 윤리적, 사회적 상상력과 연결시키는 것이 중요하다. 그린 교수님의 강의나 연설을 유튜브와 같은 영상을 통해 보면 짐작할 수 있듯이, 그분의 강연에는 힘과 생명력이 있다. 번역 과정에서 그러한 강렬하고 청중을 흡입하는 기운이 전달이 되지 않는 듯하여 아쉽다. 이 책을 읽는 중간 중간 맥신 그린 교수님의 강의 내용을 접하기를 권고한다. Maxine Greene Institute (http://maxinegreene.org) 홈페이지, 특히 LIBRARY 폴더에서 많은 비디오와 관련 자료들을 쉽게 접할 수 있다.

학계에서는 그린 교수님의 철학을 실존주의적 현상학에서 출발한다고 보기 때문에, 이와 관련한 메를로-퐁티, 가다머, 하이데거와 같은 철학자에 관심이 있는 이들은 책 내용이 좀 더 친근하게 다가올 수 있으리라 본다. 교수님이 문학과 철학의 교량 역할을 하기 위해 노력하시는 모습은 본문에 소개 된 여러 문학 작품들을 통해 엿볼 수 있다. 그녀는 멜빌, 토니 모리슨, 울프 등과 같은 작가들의 소설을 기반으로, 심미적 경험과 다원화된 사회에 눈 뜨고 "널리-깨어있음"의 모습을 설파하신다. 독자 중 철학과 예술을 굳이 전공하지 않았더라도, 삶의 경험을 통해 전달하시는 맥신 그린 교수님의 호소력 있는 전달력 덕택으로, 이 책은 모든 이를 위해 열려 있다. 삶의 경험과 주관성, 그리고 해석을 중시하는 실존주의적 현상학의 전통 하에서 그린 교수님 스스로 겪었던 삶의 체험들이 이러한 대작을 탄생시킨 배경임을 다시 한번 강조한다. 그녀의 생생한 모습과 삶은 〈제외와 깨어남: 맥신 그린의 삶 (Exclusions & Awakenings: The Life of Maxine Greene)〉이라는 다큐멘터리에 잘 나타나 있다(Markie Hancock 제작). 책 본문에서 종종 소외, 배제, 문화의 다양성, 사회 정의와 같은 단어를 자주 접하게 될 텐데, 여기에는 당신이 20세기 초반 반유대인 정서가 팽배해 있는 상태에서 유대인 여학생으로서 성공회 학교를 다니면서 겪었던 교수님 자신의 인종차별로 인한 아픔이 담겨 있다. 그 예로 교내 모든 경시대회를 휩쓸고 장학금을 독차지했는데 나중에 교장 선생님이 따로 교장실로 부른 사건을 소개한다. "네가 유대인인 줄 알았다면 이렇게까지 상을 주지 않았을 거다!"라는 교장선생님의 어처구니없는 인종차별 앞에서 "죄송합니다"라고 사과하며 나왔다고 회상하신다. 아버지의 자살, 아끼는 딸 린다를 젊은 나이에 골수암으로 저 세상으로 보내야 했던 아픔, 여성이기에 철학을 전공했음에도 교육철학과 교수로 시작하지 못했던 여성차별에 대한 체험, 심지어 남성 중심의 학교였던 20세기 중반의 컬럼비아 대학교 티처스 칼리지에서 당시 주류였던 언어 철학, 분석철학이 아닌 실존철학을 연구한다는 이유로 "네 철학은 연약하다"라는 멸시를 받아야 했던 장면들이 있다.

이 책의 내용이 미국 교육과 서구 문학에 대한 내용이기에 국내 독자에게 또 다른 신-식민주의적인 도구가 되지 않을까 우려되기도 한다. 지식의 보편성과 특수성의 관점에서 볼 때, 맥신 그린 교수님의 심미교육과 민주주의 실현, 정의의 추구라는 주제는 지식의 보편적인 차원에서 큰 이론적 배경이 되었으면 하는 바람이다. 반면 그 구체적인 내용에 있어서는 한국에서 현재 병들어 아파하는 부분을 그 이론적 틀과 방법론을 토착화하여 아렌트의 표현대로 제3의 중간적 공간(in-between)을 창출하기를 소망한다. 특히 수월성과 보편성 중심의 한국 교육 담론에서 예술과 심미적 경험의 중요성, 이주민과 사회 문화적 배경이 다른 이들과의 공동체성, 그리고 끝없이 열린 가능성과 대안에 대한 탐색을 주제로 이 책을 접하면 그러한 토착화에 도움이 되리라 믿는다.

『블루 기타 변주곡』의 번역서를 펴낼 때는 맥신 그린 교수님이 직접 한국어 서문을 남겨 주셨다. 그 당시 서문을 부탁드리면서, "책 내용을 이해하기 어려우니, 영어로 먼저 번역해 주시면 제가 한국말로 잘 번역하겠습니다"라고 우스갯소리를 했던 기억이 난다. 이 책을 번역하고 출간하는 지금 교수님이 지금 여기에 우리와 함께 계시지 않지만, 그분의 열정이 이 명저를 통해 전달되기를 바란다. 교수님의 글 자체가 은유와 직유의 시적 표현으로 묘사된 만연체 문장이기에 번역에서 직역과 의역을 혼합하였다. 번역으로 그 의미를 온전히 전달하는 것이 불가능하게 느껴질 정도에서 이 책을 소개하고 싶은 욕심과 나 자신의 한계 사이에서 출판을 망설였으나, 박영사 조성호 이사님의 격려로 번역 작업에 들어가게 되었다. 그리고 조성호 이사님을 소개해준 신영식 교수에게도 감사의 인사를 전한다. 박영사 문선미 편집자님과 편집팀에게도 감사를 전한다. 김명희 은사님과 김영천 선배님께도 이 자리를 빌어 교육과정학에 입문하고 정진할 수 있도록 길러주심에 감사드린다. 갓 태어나 아직 돌도 되지 않은 딸과 아내의 사랑으로 잠도 못자고 늦깎이 초보 아빠로 쩔쩔매던 육아의 한가운데에서도 번역을 완성할 수 있었다. 가족들의 성원과 사랑을 기억한다. 모쪼록 이 번역서가 심미교육, 다문화교육, 교육철학, 교육과정학, 인문학, 예술과 같은 분야에 어두움을 밝히는 지적 횃불과 "널리-깨어있음"을 실천하는 또 다른 물길이 되기를 기원한다.

시카고에서
문승호

저자소개

맥신 그린 (Maxine Greene) (1917.12.23 ~ 2014.05.29)

저자 맥신 그린은 철학과 교육학 교수이자, 컬럼비아 대학교 티처스 칼리지(Teachers college, Columbia University) 명예교수이다(William F. Russell Professor in the Foundations of Education). 2014년 타계하시기 전까지도 이 대학에서 교육철학, 사회 이론, 미학에 대한 강의를 하였다. 1938년 뉴욕의 바나드 대학교(Barnard College)에서 학사학위를 받았다.

약 10년 동안 아이를 키우며 일한 후, 1949년 1955년에 각각 뉴욕 대학교(New York University)에서 석사학위와 박사학위를 받았다. 그녀는 리하이 대학교(Lehigh University), 호프스트라 대학교(Hofstra University), 콜로라도 대학교 덴버 캠퍼스(Colorado University at Denver), 인디애나 대학교(The University of Indiana), 고달드 대학(Goddard College), 뱅크스트리트 대학(Bank Street College), 나사렛 대학(Nazareth College), 맥길 대학교(McGill University), 미제리 코르디아 대학(College Misericordia)에서 명예 박사학위를 받았다. 1989년 컬럼비아 대학교 티처스 칼리지에서 명예의 메달을 수여받았다. 티처스 칼리지 이전에는 브룩클린 대학(Brooklyn College), 몽클레어 주립 대학교(Montclair State University), 그리고 뉴욕 대학교에서 가르쳤다. 그녀는 또한 하와이 대학교(The University of Hawaii), 일리노이 대학교(University of Illinois), 그리고 리하이 대학교에서 여름학기를 가르쳤다. 1990년 맥신 그린 교수는 풀브라이트(Fulbright) 강의 펠로우십을 받아 3주 동안 뉴질랜드에서 그녀의 연구를 발표하였다.

상상의 나래 펴기(Releasing the Imagination)는 맥신 그린의 주요 연구 주제를 반영하는데, 여기에는 현대 교육철학과 사회사상, 미학과 예술에 대한 교수, 예술로서의 문학, 그리고 다문화 주의를 포함한다. 맥신 그린은 100편이 넘는 논문과 40편이 넘는 책의 장(book chapters)을 저술하였다. 자유의 변증법(The Dialectic of Freedom, 1988)은 그녀의 5편의 저서 중 최근 작품이다. 교육철학 학회(Philosophy of Education Society), 미국 교육학 학회(The American Educational Studies Association), 미국 교육학 연구 학회(The American Educational Research Association)의 학회장을 역임했다. 그녀는 또한 다양한 주와 시의 교육과정과 평가를 위한 위원직을 맡았다. 그린은 현재 티처스 칼리지 내 예술, 사회적 상상력, 그리고 교육 센터(A Center for the Arts, Social Imagination, and Education)의 발전에 주력하고 있다. 그녀는 (1995년을 기준으로) 20년 넘게 링컨 센터 인스티튜트의 상주 철학자(Philosophy-in-Residence)로서 헌신해 온 경험을 바탕으로 이 센터를 설립하였다.

차례

서문: 진행형의 내러티브

흔히 말해, "인간 개개인은 탐구(quest)라는 내러티브 형식을 통해 선 (the good)에 대한 여러 아이디어와 그 관련성을 결정하면서 우리 자신의 삶을 절실히 이해한다"(Taylor, 1989, p. 52). 이는 나에게도 마찬가지인데, 시간의 단절성과 상대성을 염두에 두면서 우리 삶의 방향을 결정하는 그러한 선의 개념에 접근해야 한다. 이 책, 『상상의 나래 펴기』에 수록된 에세이는 진행형(in-the-making)으로서의 내러티브로 이해할 필요가 있다. 만약 우리의 학생들과 우리가 함께 살아가는 세상에 대해 탐구하지 않는 마음이라면, 우리는 교사라기보다는 단순 사무직 직원이나 기능공으로 여겨질 것이다. 교사인 우리는 현상 유지만을 위한 교육에 만족하지 못한다. 이제 내 삶의 한 가운데에서 탐구, 다시 말해 키에르케고르가 "삶의 방식"(1940)이라고 언급했던 그 형태로 나 자신의 에세이들을 살펴본다. 이 탐구는 여성, 교사, 어머니, 모범적인 시민, 뉴요커, 예술애호가, 활동가, 철학자, 백인 중산층 미국인이라는 나의 정체성을 포괄한다. 나 자신이나 나의 내러티브는 결국 어떠한 단 하나의 형태로는 표현할 수 없다. 나는 수많은 사회 문화적인 영향을 피할 수 없는 교차점에 서 있고, 언제나 그리고 영원히 그 길에 서 있다. 인간적이고 고상하고 정의롭다는 의미를 일관적으로 품고 있더라도, 나 자신의 정체성을 여러 각도에서 인지할 필요가 있다. 동시에 이러한 다양성 안에서 내 삶의 프로젝트는 교수, 학습, 그리고 교육의 여러 모델에 대한 이해로 귀결된다. 나는 이러한 프로젝트를 통해 나 자신을 창조하고 유지해 왔으며, 이러한 형태를 통해 세상으로 향한다. 노력을 통해 그 프로젝트를 아주 핵심적으로 추진해 왔는데, 이것이 이 책 『상상의 나래 펴기』가 태어나게 된 배경이다.

나는 교사교육을 가장 염두에 둔다. 이 관심의 중심에는 인문학과 사회활동에 대한 나의 열정이 깃들어 있다. 1960년대 미국의 시민운동에 깃든 가치와 비전, 그리고 그 시대의 평화운동이 나의 탐구에 면면히 흐르고 있다. 제2차 세계대전 시기 혁명가들의 영웅적인 모습들을 모두 언급하지는 못하더라도, 프랑스 시인인 르네 차르(Rene Char)의 관점을 주목하고자 한다. 혁명가였던 그는 "자신의 삶, 삶 그 자체밖에 없는 슬프고도 불투명한 자신으로 돌아왔을 때, 소중한 보물을 잃게 되었다"(Arendt, 1961, p. 4)고 했다. 당연하지만 차르의 상실감은 전쟁이나 폭력의 정지 때문이 아니다. 그것은 사람들이 행동하고, 도전하고, 새로운 시도를 추구했던 그 시간들의 상실과 더이상 그렇지 않은 현실을 인식하면서 비롯되었다. 유사하게도, 우리의 세계가 시대를 거쳐 변화하고 더욱 복잡해져도, 미국의 1960년대와 1970년대 초반 많은 사람들이 간직해 왔던 정신이야말로 비교할 수 없을 만큼 값진 보석이라 믿는다. 마찬가지로 오늘날 교육학 분야에서도 사람들은 매 순간 현재 공교육을 훼손하는 배려 없음, 진부함(banality), 기술적 합리성에 대한 지지, 부주의함, 그리고 "야비한 불평등(savage inequalities)"(Kozol, 1991)에 저항하기를 선택한다고 확신한다.

이 책 『상상의 나래 펴기』에서 내가 삶에서 탐구해 온 바를 다른 교사와 교사 교육자의 노고와 연결해 보고자 한다. 그들은 단순 사무직이나 기술자로 취급 받으며 지쳐 있고, 차르의 표현처럼 삶의 그 자체에서 슬프고 불투명한 개인으로서의 피곤함을 호소한다. 소망컨대 독자들이 이 책을 읽는 동안 일종의 침묵의 대화를 통해 자신의 상황에 관심을 기울이고, 동시에 타인의 삶의 모습에 동참하면서 무슨 말을 나누고 싶어지는지 발견했으면 좋겠다. 이를 통해 의식적으로 다양한 배경과 관점을 알고 싶어지기를 바란다. 이를 위해 집중적으로 이질감과 동질감을 표현하고자 한다. 인정하건대, 우리 앞에 펼쳐진 대상은 마치 "뒤범벅 박물관"(Smithson, 1979, p. 67)과 같다. 그렇다고 해서 포스트모던 사상가들이 "브리콜라지"(bricolage)나 콜라지라는 개념을 통해, 오래된 신화, 반대급부, 그리고 위계질서에 대한 전복이야말로 현 시대에 적합한 의사소통법이라는 주장에 전적으로 동의하지도 않는다(Schrift, 1990, p. 110). 그리고 교사들뿐만 아니라 많은 이들이 공감하고 이해할 수 있도록 세상을 구성하는 화법을 찾고 있다. 그렇다고 해서 일단 내 생각과 소망에 무작정 동의하라고 강요하거나 독자들도 나와 유사한 사고 방식으로 대상을 구성하라고 제안하지 않는다. 나의 당면 과제는 독자의 상상력을 일깨워서, 우리 모두가 "환영의 소음…의미에 대해 동떨어진 교차점, 역사에 대한 낯선 이해의 장, 예측불허의 메아리, 낯선 유머"(Smithson, 1979, p.67)를 초월하여, 우리를 공동체로 이끄는 의미 있고 이해 가능한 그러한 소통의 장으로 함께 도달하기 위한 노력이다. 우리가 그러한 노력을 기울이지 않는다면 교육의 의미를 결정하는 데 어려움을 겪을 것이다. 과거에는 교육을 단순한 지식전달, 의사소통, 새로운 시도, 젊은이에게 "공통의 세계를 새롭게 하는 업무"(Ahrent, 1961, p. 196) 등에 대한 준비과정으로 간주하였다. 이제는 공통의 세상이 어떠한 모습이어야 할지 상상하면서, 새롭고 다양한 아이디어를 통해 전통적인 내러티브 방식을 거부하거나 탈피하고자 한다. 주요한 교육의 결과물 그리고 교육 목표에 대한 공식적인 정의에도 불구하고, 더 이상 무엇이 가치 있고 유용하며, 무엇을 꼭 가르쳐야 하는지에 대한 전적인 동의가 부재한다.

　상상력이야말로 무엇보다 공감을 가능하게 하는 능력이다. 이는 내가 상상력에 주의를 기울이는 여러 이유 중 하나이다. 상상력은 일관성 있는 세상을 만들어낸다. 상상력이야말로 우리 자신과 교사들이 오랜 시간 동안 "타인"이라고 불러 온 사람들과의 벌어진 공간을 넘나들게 한다. 타인들이 그들의 단서를 기꺼이 제공한다면, 우리는 그를 통해 이방인이 되어 새로운 눈과 또 다른 귀로 세상을 다시 보게 된다. 상상력은 대안을 현실로 가능하게 하는 능력이다. 상상력은 당연시 여겨온 대상을 부수고, 익숙한 구별과 굳어진 개념 정의를 한쪽으로 밀어 놓는다.

역사적으로 사람들은 어린 아이들이 그들 스스로 유의미한 세계를 구성할 능력이 없거나 전혀 의미를 만들지 못한다고 믿어왔다. 말하기 능력도 그처럼 간주했다. 기껏해야 아동을 미완의 성인으로 간주하여, 어린이들은 자신이 이해하지 못하는 세계를 향해 돌진한다고 여겨왔다. 오늘날 우리는 어린이들이 창작한 시와 일기들을 읽는다. 우리는 그들의 이야기에 귀 기울인다. 실제로 우리는 이성적인 힘이 아닌 상상력을 통해 이들의 실제를 엿본다. 이와 유사하게, 그렇지만 부끄럽게도 서구사회에서 백인들은 우리가 "흑인" 혹은 "아프리카계 미국인"이라고 부르는 이들이 평범한 지능이나 문해능력이 없다고 폄하해왔다(Gates, 1992, pp. 52-62). 이와 더불어 남성중심의 사고에서 여성 또한 부드럽고 상대적으로 유치하고, 이론적으로나 현실적으로 제대로 사고할 수 없다고 여겨졌다. 우리 시대의 발전이란 이유 불문하고 타인으로 분류해 온 이들(**인종, 성별, 종교, 교육수준, 문화, 윤리관, 지리적 위치, 신체조건**)을 가치 있는 존재로 인식하기 시작한 점이다.

이 세상에 살고 있는 우리는 모두 죽게 마련이고, 죽음에 대한 인식은 한 개인이 살아가면서 그 사람에게 벌어진 일에 관한 이야기를 만든다. 결국 우리 인간은 상상력을 발휘하여 세상과 마주하고, 상상력을 통해 보다 수월하게 우리 앞에 펼쳐진 세상을 바라보고 느끼는 존재이다. 타인의 경험이나 입장을 승인하거나 더 나아가 이를 이해하라는 의미나 강요는 아니다. 다만 인간의 능력으로서 타인을 충분히 이해하도록 우리의 경험을 넓혀나가자는 의미이다.

언제나 그런 것은 아니지만, 상상력을 시적으로 승화하는 능력, 작가, 화가, 조각가, 영화제작자, 안무가, 그리고 작곡가들이 "마치 ~인 것 같은" 상상력으로 무언가를 창출하는 능력, 그리고 과거와 미래의 시대를 넘나들며 예술가가 세상에 참여하는 것으로 타인의 삶에 대한 이해의 폭이 달라지기도 한다. 시적 상상력을 통해 우리는 조지 엘리엇의 『미들마치(Middlemarch)』라는 소설에 등장하는 영국 중부 지방의 사회적 구조와 여기에서 벌어지는 사건을 목격하고, 남부의 시골부터 토니 모리슨의 소설『재즈(Jazz)』에 등장하는 뉴욕 할렘의 조명과 소리를 느끼면서 여행하며, 마르타 그라함의 〈아팔라치안의 봄(Appalachian Spring)〉의 안무를 통해 미국 개척자의 결혼을 경험한다. 그리고 생동감 넘치는 프라다 칼로(Frida Kahlo)의 상처 가득한 자화상의 모습과 무리요(Murillo)의 깊이 사색하는 젊은 성모마리아의 모습이 겹쳐지고, 베르디의 〈레퀴엠〉이 전하는 치솟는 듯한 선율의 구조를 통해 더욱 나 자신이 확장됨을 느낀다. 예술은 문화적 다양성, 공동체의 형성, 세상에 대한 '널리-깨어있음'으로(wide-awake) 연결되는데, 이러한 탐색의 과정에서 체험하는 예술과의 만남에 대해 더 언급하고자 한다. 나뿐만 아니라 다른 이들에게도 예술은 삶의 세상을 보는 새로운 관점을 제공한다. 잘 인지된 예술과의 만남에서 우리는 일상적이고 친숙한 부분들이 놀라우리만치 전혀 친숙하지 않은 경지로 넘나드는 체험을 할 수 있다. 예를 들어 나는 습관적으로 인간의 가능성, 젠더의 차이, 생태학, 소위 "민족 정체성" 혹은 핵심 교육과정을 당연하게 여기곤 했다. 그러나 종종 연극 작품 하나, 미술 작품 하나, 목관 5중주 작품 하나가 내가 이전까지 당연하다고 간주한 관점들을 예측하지 못한 방향으로 이끌어낸다. 그리고 종종 예술작품을 경험과 인식의 경계, 다시 말해 나의 경험의 영역 밖에 존재하는 장소에서 그 작품과 마주할 때 새 인식과 새 활력으로 빠져든다. 발견에서 또 다른 발견으로 이동하는 나 자신을 발견하고, 새롭게 재편되는 내 자신의 모습을 마주하며, 내 삶에 있어서 새롭게 태어나는 내 모습을 발견한다.

　이뿐만이 아니다. 우리에게는 사회적인 상상력이 있다. 이는 우리 사회의 결핍, 우리가 살고 있는 거리와 학교에서 무엇이 바람직하고 무엇이 가능한지 그 비전을 창출하는 능력이다. 사회적 상상력을 기술하면서 사르트르가 제시한 명제를 생각해 본다. 즉, "우리의 어려움과 고통을 새로운 관점으로 마주하고, 더 이상 이러한 문제들을 참을 수 없다고 **결정하는** 날이 사회 문제를 다른 수준으로 받아들이는 날이다"(1956, pp. 434-435). 즉, 지금보다 더 나은 상황이 존재하고, 사회 문제에 대한 대안적인 요소가 있다고 생각할 때 비로소 냉혹한 상황을 인정한 것이라는 말이다. 이와 유사하게 관료적이고 무관심이 팽배한 학교의 문제점을 인지하는 방법을 배우고자 하는 학습자의 노력을 인정하고 이를 유지하는 중에만 인간미 넘치고 자유로운 교실을 비로소 만들어낼 수 있다. 결국 우리가 변하고 다시 태어나기로 결심할 때 이러한 결과가 가능하다.

이러한 나의 묘사는 일종의 유토피아적인 사고이다. 이는 수동적으로 규칙을 따르기를 거부하는 사고, 남이 가지 않은 길을 바라보며 새롭게 사회질서를 수행하려는 사고, 좀 더 활기찬 방식으로 세상에 존재하려는 사고이다. 이러한 변형의 상상력은 여러 종류의 대화를 통해 펼쳐질 수 있다. 여기서 대화란 서로 다른 문화와 다른 삶의 모습에서 온 젊은이들 간의 대화이며, 그들에게 당면과제로 맡겨진 가치 있는 문제를 해결하기 위해 다 함께 모인 이들 간의 대화이다. 또한 이는 공동 과제를 맡은 이들 간의 대화이며, 불의에 저항하고, 중독이나 질병을 피하고 극복하려는 이들 간의 대화이다. 그러한 대화가 교실에서 활성화될 때, 아주 어린 학생부터 주도적으로 무언가를 시작하려는 동기가 부여될 것이다. 샘솟아나는 그 무언가의 이미지가 냉대와 무관심을 대치할 것이다.

진행형으로서의 내러티브가 점점 그 모양새를 갖추고 다양해지는 동안, 학교에서 현재 논의 중이고 개혁의 과정에 있는 능동적 학습(active learning)에 대한 염려가 더 뚜렷해질 것이다. 나는 학교 교육을 교육이라는 더 큰 영역으로 확장시켜 사고하도록 조력하고 싶다. 교육이란 모든 가능성에 대해 활짝 열려 있고 또 열려 있어야만 한다. 이러한 사고를 더 활발하게 하기 위해 다른 사람들의 삶에 다가가려고 노력한다. 이런 노력들은 내가 특히 좋아하는 버지니아 울프의 이야기에 빗대 보면 바로 "실타래 같은 일상"의 굴레에서 벗어난 "존재의 순간들"(1976, p. 72), 인지의 순간들, 심화된 인식의 순간들이다. 노토자케 세인지(Ntozake Shange)의 무용시에 등장하는 〈갈색 옷의 여인(Lady in Brown)〉을 통해 깨어나는 순간들이며, 도서관의 아동도서 열람실에서 (규칙을 어기고) 성인도서 열람실로 이동하여 투생 루베르튀르(Toussaint L'Ouverture)의 이야기를 접하면서 그녀의 삶에서 "현실 파악의 시초(the beginn uv reality)"가 되는 것과 같은 어린 시절의 추억과 비전을 정리해 보는 순간이기도 하다(1977, p. 26).

나는 일상 속에 정해진 행동의 기계적인 사슬에서 벗어나 새로운 순간들로 이동하려는 반복적인 메시지들을 제시해 왔는데, 이는 바로 카뮈가 저술하였듯이 "'왜' 라는 질문이 샘솟고 모든 것이 태동하는 시점이다. 이는 그 권태로움이 놀라움으로 물들기 때문이다. '시작', 이것이 중요하다. 기계적인 삶의 거의 마지막 장면에서 권태로움이 생겨나지만, 이는 동시에 의식이 일어나도록 이끈다"(1955, pp. 12-13). 모든 것은 탈출, 뛰어 오름, 그리고 질문에 의존한다. 이것이야말로 학습이 이루어지는 방법이며, 교육적 과제는 젊은 이들이 질문을 **시작**하도록 동기를 부여하고, 그 목소리와 톤에는 "왜"가 담겨진 상황을 만드는 일이라고 주장하고 싶다.

진행형으로서의 내러티브는 학교 개혁과 관련한 해명에서부터 글을 읽고 쓸 줄 아는 문해능력의 형성과정을 제기하기까지 인간으로서 궁금증을 해결해 가는 진행과정들과 경험의 빈 공간에 대한 응답들, 그리고 무의미함에 대한 저항을 조사하고 또 조사한다. 나의 관심사는 발현적 교육과정, 윤리적인 삶, 그리고 공공영역에서의 정의로움과 같은 주제까지 두루 걸쳐 있는데, 이렇게 다양한 주제를 다각적으로 논의할 때 내가 제안하는 상상의 나래 펴기가 가능하다. 다수의 사람들에게는 서로가 서로에게 새롭고 이방인이기 때문에, 소위 다문화주의에서는 다원주의와 이질성을 강조한다. 이를 위해 나는 예술과 진행형으로서의 공동체, 다시 말해 민주주의로서의 공동체를 연결하기로 선택한다.

I,

가능성의 창출

01

◆

맥락의 탐색

표준화, 교육평가, 성과, 성취도, 이러한 개념들이 교육 담론의 현주소이다. 미국에 거주하는 16세 학생이 개인의 취향이나 지역에 상관없이 꼭 알아야 할 지식은 무엇인가? 학교의 성취도를 세계 수준으로 어떻게 끌어올릴 것인가? 후기 산업주의 사회에서 국가의 수월성을 높이기 위해서는 무엇이 필수적인가? 어떻게 다양한 젊은이들을 상대주의와 무지를 동시에 극복하도록 "문화적 문해능력"(Hirsh, 1987)으로 사회화할 수 있는가? 어떠한 교육과정이 "미국의 분열"(Schlesinger, 1992)이라 불리는 다문화적인 상황을 제지할 수 있는가?

이러한 질문들이 미국 교육의 현실을 반영한다. 아직도 "야비한 불평등"(Kozol, 1991), 즉 사회적으로는 가족 공동체의 훼손, 이웃의 감소, 기회의 약화 문제, 개인적으로는 인종차별, 실직, 중독, 그리고 주거 불안정(rootlessness)이 화두거리이다. 그렇지만 학교상황에서는 여전히 관료들이 주된 목소리를 내는데, 이들은 특정 지식에 담긴 객관적인 가치를 가정하고, 국가의 경제와 기술적 필요성을 학교 교육의 목표와 직결시킨다. 그에 따라 효율성을 높이는 교육 방안을 논의하면서 전통적인 학교의 설립 목표와 대치하는 방향으로까지 그 원칙이 개입하기도 한다. 이 메시지는 종종 교사와 학생들이 관료들의 이익을 위해 그들의 지시를 따라야 한다는 뜻이 된다. 교사는 어떻게 이를 중재하는가, 그리고 당위성에 대한 **그들의** 신념을 어떻게 언급할 수 있는가? 그들은 학교개혁에 어떠한 영향을 미칠 수 있는가? 교실의 변혁 과정에서 교사는 무엇을 할 수 있는가?

토마슨 만(1955)의 소설, 『사기꾼 펠릭스 크롤의 고백(Confessions of Felix Krull, Confidence Man)』은 관점의 전환과 다양한 관점의 필요성에 주목한다. 소설의 시작에서 젊은 펠릭스는 세상을 작게 보는 것과 크게 보는 것 사이에서 무엇이 더 좋은지 스스로 질문한다. 한편으로 그는 위대한 이들, 지도자와 장군들은 원거리에서 사물들을 작게 보아야 하는지, 혹은 수많은 사람들의 삶과 죽음을 다루는 문제 앞에서 결코 그렇게 할 수 없는지 언급한다. 또 다른 한편으로 근거리에서 사물을 크게 본다는 것은 "세상과 인류를 무언가 위대하고, 영광스럽고, 유의미하게 간주하면서, 존귀함과 명성을 조금이라도 획득하고자 하는 모든 노력을 정당화한다"(pp. 12-13). 대상과 사람을 원거리에서 작게 보기란 일상적인 의도와 구체적 정황보다는 객관적인 면에서 대상을 주목하고, 구조적 관점에서 행동들을 관찰하며, 유행과 경향에 맞추어 선택하고 결정함을 의미한다. 반면 대상과 사물을 근거리에서 크게 보기 위해 한 개인은 타인을 단순히 대상이나 부품으로 취급하기를 거부하면서, 상대적으로 그들을 인격적이고 특수한 존재로 간주해야 한다. 개인의 결정에서 대중이 추구하는 계획과 대치하는 사적인 상황이 무엇인지, 그들이 주도적으로 나서는 행동들과 그들이 직면한 불확실성을 바탕으로 한 개인과 마주해야 한다.

　학교 교육에 이를 접목한다면 근거리에서 사물을 크게 대하는 태도란 통계수치나 측정으로 일반화하기 어려운 구체성과 특수성에 주목하는 '비전'이다. 대도시의 낡고 학생들로 가득 찬 교실과 중산층이 몰려 사는 교외 지역의 잘 정돈된 교실이 대조적으로 존재한다. 열악한 환경의 교실 게시판에는 주의사항과 지시사항들이 학생들의 미술작품이나 시 작품들과 여기저기 뒤섞여 진열되고 있다. 도시 학교에는 낙서 가득한 벽면들, 종이 절단기, 유니폼을 입은 사람들의 모습들이 보이고, 이곳저곳에서 어른들의 목소리들이 울리고, 예술가가 방문이라도 하면 갑작스럽게 생기가 돌기도 하고, 젊은이들이 둥그렇게 둘러 앉아 글을 쓰고 이야기에 귀 기울인다. 삼삼오오 둘러 앉아 어제 저녁에 무슨 일이 벌어졌는지 이야기하면서, 소중한 사람을 잃어버린 경험과 그 부재를 묘사하고 서로의 손을 잡아주며 격려한다. 복잡한 학교의 복도는 고대 도시의 뒷골목을 연상시키는데, 여러 언어를 이야기하는 학생들로 가득한 이 공간에서 이들은 특별한 방식으로 동반자나 친구를 찾는다. 이곳에는 사람 사이의 외침, 인사, 윽박지름, 랩 음악과 흥겨운 몸짓, 금 장신구, 꽃무늬 가득한 옷, 형형색색의 머리카락이 공존한다. 지금 그리고 반복적으로 컴퓨터 화면에 깔려 있는 몰입한 눈빛을 보이는 이들도 있고, 궁금증과 의문의 눈빛으로 학교 실험실의 유리들과 금속을 관찰하는 학생들도 있다. 실수투성이인 교과서, 정돈된 책상, 간혹 보이는 둥근 테이블과 학생들이 선택하는 책들이 있다. 간혹 교사들은 대상을 근거리에서 크게 보기 위해 학생의 행동을 엘리어트의 묘사처럼 간주한다. 이러한 행동은 "새로운 시작이고, 불분명함에 대한 공격인데/ 허술한 도구로 언제나 악화되고/ 부정확하고 일반적으로 엉망진창인 감정 상태를 제대로 훈련하지 않은 부대와 같다"(Eliot, [1943] 1958, p. 128). 그렇지만 다른 종류의 교사도 있다. 그들은 사회 변혁에 대한 행동가다운 의식이 없고, 자신과는 이질적인 학생들에게 부적절하고 불명료하게 접근하며, 목소리를 내려는 학생들에게 귀를 기울이지 않는다. 한편 이와 달리 열정 있는 교사들은 학생 자신의 고유한 질문을 격려하고, 학생들의 속도에 발맞추고, 그들의 세상에 참여한다. 교사는 학생에게 주목하고, 그들을 인식해야 한다. 학생들과 있을 때 그들이 왜라고 질문하도록 격려해야 한다.

학교를 시스템, 즉 권력이나 기존의 이념이라는 렌즈로 조망하여 원거리에서 대상을 전체적으로 보는 관점은 교육의 기술적인 측면에 치중해 주목한다. 특히 최근에는 박애적인 정책 수립이라는 렌즈를 사용하는데, 이는 학교에서의 변화가 진보적인 사회 변혁으로 이어진다는 신념에 기반한다. 앞에서 기술한 것처럼, 이런 방식은 교육의 역할을 국가 경제 발전에 한정시키거나 이러한 속셈을 은폐하는 가면이 된다. 원거리에서 보는 학교란 시험 점수, 과제 집중 시간, 관리 절차, 인종·민족 분포율, 책무성 측정에만 초점을 맞춘 나머지, 실제 살아 움직이는 개개인의 표정이나 행동에는 무관심하다. 이런 방식의 접근은 인물이나 역사에 대한 의식과 무관하게 설문조사나 측정에 의존하여 일반화한다. 이러한 접근법에 관심을 지닌 이들은 기존의 사회적 관심을 현재 자신들이 추구하는 일반화의 가치로 규정한다.

교사로서 이를 어떻게 극복할 수 있을까? 체스의 한 조각, 톱니와 같이 기계의 부속품처럼 학생을 취급하는 감정을 어떻게 피할 것인가? 특정 학생에게 주의를 기울이고, 측정 불가능하고 특수하고 구체적인 상황을 파악하면서 어떻게 순발력을 발휘할지, 그리고 정책이나 장기 계획의 영역을 이해하는 방법을 어떻게 배울 수 있을지 이는 어려운 문제이다. 물론 이러한 난제의 일부는 주위 환경으로부터 학교를 인위적으로 분리하려는 시도, 즉 맥락을 무시하면서 오류를 초래하려는 시도에 대한 거부이다. 교사는 언제나 깔끔하게 정의할 수 없는 연결성이나 관련성을 감안하며 유동적인 태도를 취하게 된다. 그것은 다양성, 위험, 신비함을 모두 갖추고 있는 일상의 영향력에 대한 주의 집중이다. 이는 또한 쉬운 듯 보이지만 그리 간단하지 않은 학생 가족의 삶에 대한 인식을 의미한다. 이는 또한 젊은이들의 삶에 영향을 미치는 운동장과 현관 앞, 병원 응급실과 진료실, 복지센터와 쉼터 그리고 사회 활동가 앞에서 벌어지는 일들에 대한 인지이다. 경찰서, 교회, 마약거래장소, 인근 공원의 으슥한 곳, 도서관, 그리고 꺼지지 않는 텔레비전 화면의 불빛 등과 같이 모든 교육의 현실을 근거리에서 크게 보는 일이다.

교사들 중 다양한 사회에서의 삶이나 박틴(Bakhtin, 1981)이 제시하는 "이종어(heteroglossia)," 다시 말해 다채로운 담론에 부합하는 상상력을 지닌 이들은 자신의 교수법을 향상시키고, 더 나은 삶을 향해 개방적인 태도를 지닐 수 있다. 존 듀이가 말했듯, 그들은 자신의 활동에 대한 방향성과 자신의 존재감을 좀 더 명확히 파악하려는 목표를 설정하고 이를 위해 노력할 수 있다(Dewey, 1916, p. 119). 오늘날 거대한 미국 교육 개혁의 물결은 교사가 근거리에서 크게 보는 관점과 원거리에서 작게 보는 관점 중 하나를 선택할 전문성을 부여하지 않는다. 뿐만 아니라 교사가 새로움을 추구하도록 조건적 행동 혹은 의식적 활동에 관심을 가지고 자신의 정체성을 확립하기를 기대하지 않는다. 교사가 전문성을 발휘하여 복잡한 맥락 속에서 벌어지는 자신의 행동을 비판적으로 성찰할 때에야 비로소 자신의 상황에서 주도적으로 선택하고 열린 마음으로 전체를 묘사하도록 기대할 수 있다.

이러한 발현적 움직임은 교사들이 동료 교사, 학부모, 그리고 다른 조직의 동료 교사들과 서로 협력할 여지를 남긴다. 네트워크나 협력은 민주적 학교, 다시 관심을 끌고 있는 진보주의 학교, 연합 학교, 그리고 개혁에 선두적인 자립형 학교(Magnet School)에서 잘 나타난다 (Darling-Hammond, 1992; Elmore, 1990; Sizer, 1992; Wigginton, 1972). 일반적으로 이러한 학교에 참여한 교육자들은 "보살핌의 공동체"를 창출하고, 또한 그 이상의 무언가를 만들어내려는 움직임에 동의한다. 하워드 가드너, 테오도르 시저, 그리고 여러 연구자들은 하버드 프로젝트 제로 (Harvard Project Zero)의 연구 제안서에서 "교육과정이 지식 중심, 간학문적이고, 학생과 연결되어야만 하는 매우 실제적인 관심에 대한 증거가 있다"(Beyer and Liston, 1992, p. 391)고 기술한다. 덧붙여 교육의 깊이를 더하기 위해서는 보살핌, 불법행위 근절, 상호 연결됨, 그리고 윤리적 헌신과 같은 덕목들도 논의해야 한다(Noddings, 1992; Martin, 1992).

개혁을 위한 여러 노력 중, 거시적으로 전체를 파악하려는 명민함에 특히 주목할 만하다. 경쟁 사회에서 살아갈 젊은이들은 의미 있는 직업을 갖기 위해 건전한 생활 습관과 많은 양의 복잡한 기술 습득이 필요하다는 것을 명백히 알고 있다. 위기 극복 능력도 잘 배양해야 한다. 젊은이들은 살아가면서 환경 재해, 홍수, 오염, 예측불허의 폭풍우를 만난다. 언젠가 항암치료와 생사를 좌우하는 결정을 내려야 할 날도 올 것이다. 정해진 정답만을 찾는 방식을 초월하여 깊이 있게 읽고 쓰는 능력을 배양하는 일이야말로 정치선동가, 시청자 참여 프로그램, 알 수 없는 광고, 그리고 유흥 요소가 가득한 새로운 프로그램에 비판적이고 지적으로 대처하기 위해 필요하다. 적절한 계획을 수행하는 능력, 즉 조직적 사고와 미시적인 관점에서 사물을 관찰하는 능력도 필요할 것이다.

이 외에도 교사는 학생을 가능성 있는 능동적인 학습자로 여겨야 한다. 학생은 실제적인 문제를 만날 때, 그리고 장인정신을 체험하고 진솔한 태도를 발견하면서 가장 잘 학습한다. 학생 개개인의 차이가 인식되고, 탐구심 많은 학습자가 인정받고, 교사와 학생과의 협력이 이루어질 때 소위 "참 평가(authentic assessment)"라 불리는 평가 방법을 발달시킬 수 있는데(Darling-Hammond and Ancess, 1993), 이러한 참 평가야말로 새로운 교육과정과 평가를 구성해가는 방안이다. 외부에서 제공하는 다지선다형 시험을 거부하고 학생들과 대면할 때 거시적인 관점으로 보는 교사는 수업의 다양한 모형들을 개발하는데, 이들은 학생들에게 적합한 탐구라고 여겨지는 다양한 방법을 수업에 접목한다. 도널드 숀(Donald Schon)이 언급하듯, 반성적 교사는 학생들의 목소리에 귀 기울인다. "예를 들어, 교사 자신은 학생이 이것에 대해 무엇을 생각할까? 그의 혼란스러움에 담긴 의미는 무엇인가? 학생이 문제해결 전략으로 알고 있는 것은 무엇인가? 교사가 학생에게 진심으로 경청한다면, 교사는 수업 전반에 걸쳐 구체적으로 계획을 구상한다"(1983, p. 332). 숀은 책무성, 평가, 감독과 같은 용어를 새롭게 해석하는데, 반성적 전문성을 실천하는 교사는 "독립적이고 질적인 평가를 하고, 배움과 교수의 경험과 수행성을 대변할 의지가 있다."(pp.

₃₃₃₋₃₃₄₎라고 한다. 이러한 교사들은 학생 평가에 있어서도 포트폴리오와 전시회를 사용하고, 학생 자신들이 말과 사고에서 현재와는 다른 면모로 변하고 더욱 발전하도록 질문한다.

상상력이야말로 학습의 방법에 대한 관심 때문에 사람들을 대면하는 교사와 그들의 학생들에 꼭 필요하다. 그동안 학교와 대학에서 만났던 학생들을 돌이켜보면 다양한 탐색을 생각하게 된다. 예를 들어 워커 퍼시(Walker Percy)의 소설『영화관객(Moviegoer)』에는 "탐색(search)"이 나오는데, 그 탐구(quest)란 "자기 삶의 일상에 빠지지 않는다면 누구에게나 수행 가능한 일이다. … 탐색의 가능성에 대한 인지란 다른 무언가로 변화이다. 변화하지 않으면 절망에 빠진다"(1979, p. 13). 다시 말하자면, 탐색의 가능성을 알기 위해서는 상상력이 필요하고, 그 상상력 속에 지적 자극을 통한 학습에 대한 유추들이 존재한다. 일상적인 분류 방식에서 벗어나 실질적으로 젊은이들의 다양한 삶의 상황들과 접촉하기 위해 더더욱 상상력이 필요하다. 젊은이들의 사회적 이동을 수월하게 하는 기회들을 인지하기 위해서도 상상력이 필요하다.

여러 관점에 있어서 교수와 학습은 기대, 지루함, 기정화된 사실 등의 장벽을 뛰어 넘는 일이다. 교수-학습이란 학생들에게 필요한 전략과 실제적인 지식과 경험을 제공하는 일이다. 예를 들어 어떠한 교사도 강의만으로 젊은이들에게 농구경기나 시 창작 혹은 철에 대한 화학실험을 설명하면서, 학생들이 그 활동에 담긴 의미와 교사가 생각하는 필요요건이나 기준에 부합하기만을 기대할 수 없다. 교사는 과정들의 양상에 대해, 규칙이나 규준에 부합하는 방법에 대해, 그리고 "수용적인 역량(open capacity)"(Passmore, 1980, p. 42)이라고 불리는 다양함을 학생들과 의사소통해야 하는데, 이를 통해 학습자는 자신의 방법으로 그들에게 필요한 게임에 참여하는 법, 시의 행을 구성하거나 화학 실험을 고안하는 등 행동으로 옮긴다. 패스모어는 이러한 기법을 학생들이 아직 모르는 방법으로의 발걸음이라고 포괄적으로 기술하는데, 이는 "교사를 깜짝 놀라게 하는 수단이고, 기존에 어느 다른 학생도 시도해 본 적이 없는 방법이며, 교사가 학생들에게 제시하듯 정확히 순서를 밟으라는 지시사항도 아니며, 그렇다고 교사가 가르쳐준 원리를 따라 그대로 접목하는 것이 아니다. 그 학생은 달리 말해 어떤 능력을 연습한다는 관점에서 볼 때 독창적이 되었다"(p. 42). 나는 메리 워낙(Mary Warnock)의 상상력에 대한 기술을 떠올리는데, 상상력이란 우리가 기대하는 것보다 언제나 훨씬 더 많은 경험이 있음을 깨닫게 해 준다(1978, p. 202). 그녀는 어린이들이 인식의 중요성을 느끼기 시작할 때 어떻게 "자신만의 방법을 고안하여 그 중요함을 해석하는지" 그 방법을 설명한다. 그리고 만약 그들이 교리적이고 원칙적인 것에 끌릴지라도, 상상력이 어떻게 원리체계로부터 유출하는 것이 아닌, "무한성에 대한 감정 혹은 자신의 훈련에 관건이 되는 활기참"으로 되는지 설명한다(p. 206). 나는 월리스 스티븐스(Wallace Stevens)의 시 〈블루 기타를 가진 사람(man with the blue guitar)〉을 떠올린다. 여기서 기타는 상상력을 상징한다. 기타연주자는 "불빛들, 개념정의들"을 던져버리고, 감상자들이 "어둠 속에서 무엇을 보는지 말하도록" 도전하게 한다(Stevens, [1937], 1964, p. 183). 음악 감상자들은 오히려 "있는 그대로 연주하시죠!"라고 연주가에게 요청하는데, 이들은 기존의 사물들이 마치 다른 방법으로 될 수 있도록 상상하는 일을 방해요소로 간주한다. 이러한 관점에는 긴장이 있다. 여기에는 잠시 멍한 상태의 저항(blank resistance)이 있다. 그렇지만 그때 저항, 상상력, 열린 수용성, 창출, 그리고 놀람이 함께 나타난다.

이와 같은 방법을 통한 교수-학습으로의 접근은 행동(behavior)이 아닌 실행(action)과 연결된다. 실행은 새로운 계획을 시행하는 것을 암시하는데, 이는 행동가 혹은 활동가의 유리한 지점에서부터 미래로 나아가는 것을 의미한다. 현재 학교 개혁에서 언급하는 능동 학습과 상통한다. 그들의 관심은 결과물이 아닌 시작점이다. 이것은 외부에서 강요하는 체계화, 처방, 평가와 상충된다. 존 듀이는 목표를 지적인 작업이고 우리가 추구해 나아가는 방향성으로 설명한다. 그는 뭔가 확정성이 없다는 점을 잘 인지했고, 내가 여기서 시도하는 바와 같이 시작, 가능성, 탐구와 추구로의 이동을 논의한다.

내가 그렇듯이, 듀이도 탐구해야 할 미완성, 탐구에 깃든 약속들로 이끌려 왔을 것이다. 『모비 딕(Moby Dick)』에서 (모든 조직, 모든 분류에 대해 부정적인) 이슈마엘은 이렇게 말한다. "맹세하건대 아무 것도 완전하지 않다. 완벽하다고 가정하는 어떤 인간적인 것도 바로 그 이유 때문에 영락없이 허점 투성이다"(Melville, [1851] 1981, p. 135). 언제나 부족함이 있고, 가보지 않은 길이 있으며, 알지 못하는 전망이 있다. 탐색은 지속적이어야 하며, 결말은 결코 알 수 없게 된다.

이 책에서 앞으로 전개될 내용은 교수와 학습 그리고 교사들이 교육현장에서 발견하는 예측불허의 순간들과 관련한 다양한 탐색이다. 우리의 교실에서는 여전히 여성들 그리고 소외된 이들의 목소리를 경청하는 일이 당면과제로 남아 있다. 너무나 많은 학생들이 감춰져 있으며, 이를 어떻게든 극복해야 한다. 우리는 지리적으로나 경험적으로 그 지평을 확장하며 탐색해 나아가야 한다. 굳이 우리 모두가 이방인이 되어 다른 이들을 낯설게 대할 필요는 없지만, 세상을 새롭고 다면적으로 해석하기를 소망한다. 라이너 마리아 릴케(Rainer Maria Rilke)는 시에서 타자를 이해하는 저력에 대해 묘사하는데, 우리가 의지를 가지고 사물을 보고 탐구하려는 자세 안에 그 힘이 있다([1905] 1977, p. 3)고 한다.

> 그 무엇보다도 가장 작지만 이를 너무 사랑하고
> 이를 황금빛으로 그리고 아주 멋지게 색칠하기로 선택하고,
> 이것이 누구의 영혼을 자유롭게 할지는 아직 모르지만
> 이를 가장 소중히 거머쥔다…

나의 해석은 언제나 일시적이다. 포스트모던사상은 모든 문제, 모든 불확실함이 해결된다는 이성주의의 틀을 거부하는데, 나 역시 이 사상에 동참해왔다. 우리의 역량은 어떤 것도 불변하지 않는 세상에서, 다양한 시각과 다양한 대화법을 길러내는 일이라고 믿는다. 내 역할은 독자들이 자신의 학생들과 함께 이러한 세상을 향한 길을 열고, 가는 곳마다 도발적으로 그들의 발자취를 남길 수 있도록 조력하는 일이다. 슈츠(Schutz)가 말했듯이 우리의 "근본적인 불안"(1967, p. 247)이란 세상에 아무런 흔적을 남기지 못하는 일인데, 그러한 불안이야말로 새로운 프로젝트를 개발하는 힘이고, 동료들과 어울리면서 그들에게 협력을 요청하기도 하고, 우리의 현재 상황에 근거하여 삶을 해석하며, 매번 새로움을 시도하게 하는 원동력이다. 어떤 면에서 『상상의 나래 펴기』라는 이 책에도 나 스스로 그러한 불안을 치유하려는 의도가 담겨 있다. 이는 원시적으로 사물을 작게 보려는 무관심에 의미를 부여하고, 동시에 근시적으로 사물에 좀 더 가깝게 접근

해서 이를 크게 보려는 열정의 문을 열고 승인한다. 이러한 열정이야말로 상상력을 향한 출입문이며, 이는 변화가 가능하도록 사물을 다르게 바라보는 가능성이다. 나에게 있어 이 가능성은 재구성을 유의미하게 한다. 사물을 크게 보는 것이 우리를 개혁으로 유인하는 원동력일 것이다.

02

◆

상상력, 타파, 그리고 예측 불가능한 것들

변혁, 시도, 가능성: 이 세 가지 주제는 1990년대 클린턴 정부에서 제정한 '2000년을 향한 미국교육개혁법(Goals 2000: The Educate America Act)'에 대한 치열한 논쟁이 벌어지고 그 목표와 관련한 실용성을 평가하면서, 교사와 교사교육자가 경청해야 할 테마가 되었다. 미국 연방정부 차원에서 이 법률이 이미 공식화되었다. 클린턴 정부는 그 당시 향후 5년 후를 겨냥하면서, 교육 분야의 국가 목표를 설정하였다. 이 법안 중 다섯 사항들은 일반적이고 논쟁의 여지가 없다. 즉 학교에 입학하기 전까지 모든 학생들을 잘 준비시키고, 고등학교 졸업자를 90%로 향상시키고, 문맹률을 없애 모든 미국인이 문해능력을 갖추고, 교육 관련자들의 교육의 질을 높이고, 학부모의 교육 참여를 늘린다는 점이 이에 해당한다. 이 법안에서 특히 두 가지 사항이 많이 문제가 된다. 이는 모든 학생이 학업 교과에서 세계 수준의 교육 표준에 도달하고 "과학과 수학 성취도" 평가에서 1등을 차지하겠다는 점, 그리고 모든 학생들이 "고난이도의 교과목"에서 능력이 뛰어나지 증명하도록 국가 차원의 평가를 기획한다는 점이다. 교육에 대한 새로운 국가의 계획을 제시할 때, 빈곤과 불평등을 고려하지 않은 채 실현가능성을 가정하면서 문제가 발생한다. 교육 표준과 평가를 단순히 접목하려는 전제가 문제이다. 그리고 또 다른 문제점은 바로 오늘날 미국 젊은이들에게서 개발되지 않은 다양성, 다시 말해 정의할 수 없는 재능과 에너지, 차별화된 표현의 양상들을 제대로 취급하지 않는다는 것이다. 인구학적 변화 속에서도 대안적인 가능성을 억누르고 무시하는 그러한 익숙한 패러다임이 여전히 유용하게 접목되는 듯하다.

이번 장은 교육자인 우리와 학생들이 삶에 대한 관점을 좁히지 않고, 삶의 과정에 막힘없이 새로움을 탐색하는 상상력과 그 사용에 대한 고민이다. 또한 새로운 관점을 열고 대안들을 정의하는 데 특히 예술이 상상의 나래를 펴는 방법을 탐구한다. 우리 앞에 열려 있는 전망과 우리가 구성하는 연결망들은 체험의 현상을 반영하고, 이들은 세상과 접촉하면서 새로운 모습으로 발전해 나간다. 이러한 과정은 새로운 관점을 제공하는데, 이 관점을 통해 우리는 인류와 그 문화를 활력 있게 유지하는 교육 행위를 관찰하고 해석한다.

구시대적 수량적 모델의 여러 측면에 대한 타파를 학교 재건의 의미로 정의하는데, 사람들은 존 듀이(1929)가 명명한 "확실성으로의 추구(the quest for certainty)"에서 비롯한 불안감으로 인해 이러한 타파를 거부한다. 오늘날 우리가 겪고 있는 경제적인 불확실성은 마치 전통적인 권위에 대한 도전처럼 불안감과 직결된다. 학교 개혁에 대해 많은 학부모들은 예측 가능성을 기대할 뿐만 아니라, 자녀의 기초소양 습득을 확고히 보장받고 싶어 하고 이를 기대한다. 과거의 단순한 세상으로 돌아가기를 열망하는 이들에게는 미지의 가능성을 추구하고 탐색해 보지 않은 대안들을 탐색하는 지금까지의 노력들이 불편할 것이다. 동시에 학부모와 교육자는 훈련과 교육에서 전혀 예상치 못한 부분을 요구하는 기술과 커뮤니케이션의 변화를 더욱 분명하게 체감한다. 공식적인 채널을 통해 대변인들은 물질적 성공은 새롭고 친숙하지 않은 기술을 숙달하는 이들의 몫이라고 전달한다. 모두가 인지하듯이, 초급 단계의 대화술만이 교육의 기본목표가 되는 그러한 시대,『딕과 제인(Dick and Jane)』과 같은 읽기 기본 도서에 나오는 세상으로 이제는 돌아갈 수 없게 되었다. 학교의 역할과 학부모의 교육관 간의 모순의 깊이가 더해 가는데, 이는 특히 처절한 가난과 자신들 삶의 변화 속에서 무기력함을 느끼는 가족에게서 더 명백하다.

의심할 여지없이, 미국 사회의 불평등으로 인해 일부 학생들은 두려움에 직면한다. 인종, 계층, 그리고 민족성의 다면성을 염두에 두고, 사회적, 경제적 재건을 논해야 한다. 우리가 배웠듯이 객관적이고 주관적인 실재를 고려해야 하며, 무직자, 노숙자, 한부모 가정, 질병 등이 과거에 비해 사라졌다고 단순히 가정할 수 없다. 그렇지만 더 나은 사물의 질서를 인지하지 못하는 일반적인 무능력이 변화를 향한 적극적인 노력을 마비시키고 이를 방해하는 체념으로 이어질 수도 있다. 공동체적인 효능감을 격감시키는 썰물같은 개인주의적 물결은 사람들을 저항과 불만에 둔감하게 하고 주어진 것에 단순히 만족하는 사람들을 물에 가라앉게 만든다. 사물이 마치 다르게 변화될 수 있는 가능성을 위한 노력으로서의 상상적 수용력을 요청하게 되는 것이다. 강화된 실제화에 대한 요구란 개인의 현실을 경험에 대한 해석으로 이해하는데, 해석의 방향은 각 개인의 상황이나 세상에 주어진 상황에 따라 변화한다. 또한 이는 한 개인이 취할 수 있었거나 취할 수 있는 유리한 위치의 양과도 연결되는데, 그 다양한 관점들은 우발적인 (그리고 스스로 존재할 수 없는) 세상의 다양성으로 우리를 노출시킬 것이다. 상상력으로 한 발짝 다가간다는 말은 소위 고정적이거나 정해진 결말, 객관적이고 독립적인 실제를 타파하는 능력이다. 이는 상상력을 발휘하는 이의 정상 혹은 "상식선" 이상을 보는 능력이고, 경험을 새로운 질서로 조각하는 일이다. 이를 통해 한 개인은 자유롭게 가능성(what might be)을 엿보고, 당위성(what should be)과 미완(what is not yet)을 논의한다. 동시에 상상을 통해 무엇이 존재하는지 지속적으로 관심을 기울인다.

다시 한번 월리스 스티븐스의 시〈블루 기타를 지닌 사람〉을 떠올린다.

> 그들이 말하기를,
> "당신은 푸른 기타를 지녔군요.
> 당신은 악보에 있는 그대로 연주하지 않습니다."
> 그가 답하기를
> "푸른 기타가 있는 그대로의 대상을 변화시킵니다."
> 그러자 그들이 말하기를,
> "그렇지만
> 우리를 초월하거나 넘나드는 변화 없이,
> 정확히 악보에 있는 그대로의 것을
> 블루 기타로 조율하여
> 연주해야 합니다." [(1937), 1964, p. 165]

블루 기타의 연주는 상상력을 연주하는 일이고, 이는 감상자의 애매모호함을 일깨우는 소리이다. 많은 이들은 일상적이고 편안한 음악을 원한다(혹은 원하지 않는다). 기타연주자가 "있는 그대로의 랩소디를" 연주하는 여부를 이처럼 긴 시적 대화로 이어 간 후, 시인은 다음과 같이 청중들에게 말한다.

> 그 조명을, 개념들을 집어 던지십시오
> 그것이 이것인지 그것이 저것인지
> 당신이 암흑 속에서 무엇을 보는지 말하되,
> 썩은 이름들을 사용하지 마십시오.

그는 자기 자신의 눈으로 세상을 보고, 자신의 목소리를 발견하고, 다른 이들이 정식으로 만든 공식을 탈피하기를 요청한다. 그는 청중들에게 다시 묻기를,

> 당신으로서의 당신이라고요? 당신은 당신 자신입니다.
> 그 블루 기타는 당신을 놀라게 합니다 [p. 183].

타인은 고정된 이름으로 "정확히" "당신이 누구인지" 결정한다. 자신이 되는 일은 자신, 정체성을 형성하는 과정이다. 그러한 과정이 아니라면 놀랄 일이 없다. 그 놀라움은 변화로 이어지는데, 그 변화란 한 개인이 의식적으로 가능성의 대처법을 찾는 행위이다. 이는 다양한 이야기와 음악을 듣고, 일상적이지 않은 각도로 보게 되는, 한 장소에서만 바라보는 세상이 그 전부가 아니라는 깨달음을 수반한다.

　더 나아가 교수-학습이란 목표달성 과정에서 뒤에 남겨진 무언

가를 의식하는 행위이며, 이러한 의식은 상상력과 연결된다. 예를 들어, 존 듀이가 표방하듯 상상력은 과거의 경험에서 의미를 유추하여 현재로 향하는 길을 창출하는 "출입구"이며, "의식적인 새 것과 옛 것 간의 조정이다"(1934, p. 272). 과거를 상기하는 우리의 능력이 존재 자체 그 이상을 추구하는 삶의 논의와 지속적인 질문을 통한 반성적인 깨달음을 가능케 한다. 현재 우리에게 벌어지는 사건을 인식하고 이해하는 과정에서는 기억의 대상과 대치되거나 혹은 연계되는 맥락과 우리가 이 맥락에 대해 부여하는 특별한 의미가 존재한다. 예를 들어, 여성은 전문가 영역이나 정치적 맥락에서 남성의 입장과 다르다. 특히 가부장적인 사회에서 여성의 사회 참여가 자신의 성 역할에 비추어 그릇되었다는 사회적 인식 가운데 자랐다면 더욱 그러하다. 발레 무용수를 꿈꾸는 젊은이는 어려서부터 무용을 평가하는 시선, 즉 무용을 가치 있다고 보는 이와 실용적이지 않다고 생각 하는 이, 혹은 로맨틱하다고 간주하거나 의아하다고 간주하는 가까운 주변인들의 시선에 직접적으로 무용수로서의 삶의 가치에 영향을 받는다. 그렇지만 지금 어려움을 헤쳐나가면서 살아가고 있는 현재의 우리 자신과, 과거의 어려움을 극복해낸 우리 사이에는 언제나 격차가 존재한다. "이러한 격차 때문에 모든 의식적인 인식은 위험을 수반한다. 이는 현재를 과거와 동화시키는 동시에, 과거를 새롭게 재건하는 결과를 낳기 때문에 무지(unknown)를 향한 모험이다"(Dewey, 1934, p. 272). 우리 대부분은 삶의 초기에 정신적으로 갇혀 있고 이상한 편협함에 휩싸여 있다고 기억한다. 우리는 정상적인 사람, 즉 "좋은 사람"들은 우리의 삶과 유사한 방식으로 여러 사건에 대응하며 살아왔다고 확신할 것이다. 많은 시간을 통해 우리는 인간의 다양한 환경을 접하고 이를 받아들이고, 그리고 세상에 존재하는 다양한 믿음과 종교와 수많은 관습에 익숙해진다. 그러한 부가적인 현실과 조건에 직면하면서 언제나 위험이 수반되는데, 여전히 많은 성인들이 이러한 위험을 감수하려 하지 않고, 자녀들 역시 이 위험을 감수하기를 바라지 않는다. 그럼에도 불구하고 그 가정의 아이들이 가정에서의 가치관과 관점에서 벗어나 더욱 상호 주관적인 세상에 대해 점차적으로 발견하고 적응하는 데 적합한 상상력을 가졌다고 가정해 보자. 이들은 틀림없이 어린 시절의 초기 경험을 재해석하고, (수많은 가능성 중에서) 당장에 손쉬운 꼭 필요한 것들보다 멀리 있더라도 가능한 것들을 상상하며 위험을 무릅쓰고 나아갈 것이다.

듀이의 신념처럼 이러한 종류의 실현은 경험을 의식하고 이를 이해하도록 도와준다. 그러한 현실화 없이는 "반복과 완전한 획일성만이 존재할 뿐이며, 이는 반복적이고 기계적인 경험을 초래한다." 의식은 언제나 상상의 단계를 지니는데, 상상력은 다른 여타의 능력보다도 "습관적인 관성"을 타파한다(1934, p. 272).

학습자가 중재를 통해 그러한 관성을 극복하지 못할 때, 이들은 능동적 학습을 좌절시키는 반복과 획일성의 교육으로 일관하게 된다. 이러한 관성 안에서는 새로운 시작도 불가능하지만, 이러한 관성에서 벗어나려는 사람은 무엇을 하고, 어떻게 살아갈지를 결정하는 자기 삶의 작가가 된다. 한나 아렌트는 "무언가 새로움을 추구할 때 그 전에 발생했을 법한 일이 반복되리라고 기대하기 어렵다. 이러한 뜻밖의 놀라움은 모든 시작에 내재되어 있는 특성이다"라고 기술한다(1961, p. 169). 그녀의 표현은 스티븐스가 명명한 놀라움, 듀이가 표현한 무지로 향하는 여행을 상기시킨다. 한나 아렌트의 말처럼, 새로움은 언제나 "모든 실용적이고 확실함에 근거한 통계적 법칙과 확률적 승산과는 전적으로 어긋나서 발생하는데, 새로움은 결국 언제나 기적처럼 나타나고," 이들을 미리 예측할 수 없다. 참으로 유리한 위치에서 조망하는 우리의 경험이 말해주듯, 새로운 일은 언제나 개연성이 낮다. 관료적으로나 다른 관점에서 이를 지켜볼 때, 새로움은 유행, 경향, 그리고 이론적으로 예측 가능한 상황들에 초점을 맞추게끔 한다. 이는 보고서나 통계 수치를 통해 관할 교육청이나 전체적인 시스템에서 벌어지는 현상을 인식할 때 더욱 분명해진다. 모든 과정이 자동적으로 진행되는 듯하고, 사물을 이전과 다르게 볼 수 있는 상상력을 펼치기 불가능해 보이기도 한다.

그렇지만 한 개인이 초심자나 학습자나 탐구자로서 수많은 대상을 대면하고, 상상력을 발휘하여 선택적으로 새롭게 부상하는 대상에 주목하면서 더욱 더 많은 가능성을 접하기 시작한다. 에밀리 디킨스는 "상상력이야말로 가능성이라는 퓨즈를 천천히 밝힌다"고 비유한다([1914] 1960, pp. 688-689). 그녀는 듀이, 스티븐스, 아렌트와 같이 대상을 다른 방향으로 상상하는 일이 그들이 바뀔 수 있다는 믿음을 향한 첫 걸음이라는 것을 알고 있었다. 그리고 학습과 관련하여 진정한 변화가 이루어지려면 이와 유사한 상상의 능력이 필요하고 보았다. 자유의 공간은 한 사람이 상상력과 관련된 쪽으로 선택하면서 시작되고, 이때 그의 '자신을 위해 선택하는 힘'이 개시자와 실행자로서 갖춰야 할 여러 요건 중 가장 중요한 것이라고 한다.

메리 워낙(Mary Warnock)은 내가 이미 언급한 대로 우리의 믿음의 중요성을 강조하는 가운데 이와 유사한 맥락에서 이야기하는데, 이는 "무분별한 시선으로 사물들을 접하는 가능성보다" 우리에게는 삶에서 유의미한 경험들, 그리고 이를 이해하려는 가치 있는 노력들이 더 많이 존재한다는 믿음이다(1978, p. 202). 나는 때때로 이를 여성의 삶에 접목하는데, 그들은 삶 속에서 수년 동안 자신의 생각들을 묵살하다가, 이제야 그들의 경험이 남성들의 경험만큼이나 중요하다고 인정한다. 상상력이 경험에 생명력을 부여하는 방법을 주목하면서, 워낙은 상상력의 직관에 대해 "경험에는 언제나 무언가가 더 존재하며, 우리의 경험에는 우리가 짐작하는 것보다 더 많은 무언가가 있다"고 대변한다. "물론 우리의 관심과 깊이 연관된, 상당히 인간적인 차원에서조차 그러한 감각 없이는, 인간의 삶이 아마도 실제로 의미 없거나 핵심 없이 진행될 뿐, '마치 그러했던 것처럼' 이라는 상상력을 수반하는 경험을 하기 어렵다. 결국 지루해지는 것이다." 워낙에게 교육의 근본적인 목적은 사람들이 지루하게 느끼거나 "공허한 느낌이나 그들이 가치 있는 일의 종말에 도달했다는 신념에 복종하려는" 기회를 부정하는 일이다(pp. 202-203). 또한 워낙에게 상상력은 질문으로 다가가게 하고, 우리가 경험해보지 못한 여행으로 인도하는데, 여기서 상상력이란 혼란에서 질서를 창출하고 신비하고 수상한 경험을 수용하는 개방성이다.

　　나의 관점에서 볼 때, 가장 사려 깊고 비판적 의식이 수반된 도발적인 교실이란 교사와 학습자가 자신들의 삶의 맥락에 근거하여 협력적으로 탐색하는 일이다. 그 탐색은 버지니아 울프가 의미없는 반복과 따분함의 의미로 표현한 "별 특징 없는 실타래"를 부수려는 숙의를 통한 노력에서 비롯한다. 우리 각자는 독특한 방식으로 일상을 특징짓는데, 울프는 "의식적으로 살지 않는" 활동을 강조한다. "우리는 걷고, 먹고, 사물을 보고, 그리고 고장 난 진공청소기, 저녁 식사주문, 사무용품 구입, 세탁, 저녁 차리기, 책 제본과 같이 해야 할 일들을 다룬다"(1976, p. 70). 그녀는 이 모든 것을 "존재하지 않음"과 연계한다. 다른 이는 이러한 활동을 습관적이고, 당연시 여기고, 확실함으로 연결시킨다. 젊은이들은 그들의 일상을 막힌, 비좁은 침실, 강당의 요란한 소음, 공공장소나 병원에서의 대기줄, 꽉 찬 수영장, 해지기 전에 문 닫는 도서관 같은 것으로 묘사할 수 있을 것이다. 혹은 의심할 여지없는 하루란 패스트푸드 카운터, 의류점, 인조 식물, 스케이트장, 비디오 게임, 음악채널과 같은 쇼핑몰 문화로 인식하기도 한다. 비존재감의 비정함에 초점을 맞추거나 의식 없는 삶이 그르다고 말하는 것이 아니다. 세상을 정해지고 주어진 것, 다시 말해 단순히 **거기**로 취급하는 일은 새롭고 건설적인 마음 혹은 세상에 대한 의식을 적용하는 것과 차별화되고 다르다는 점을 이야기하고 싶다. 습관적으로 모든 것에 휘둘려 지나가면 매일이 똑같은 삶이 되고, 이렇게 굳어버린 생각들이 새로운 가능성으로 연결된 실마리들을 삼켜버린다. 이미 주어진 당연한 것들에 의문을 품고 다양하고 낯선 관점들을 용감하게 받아들일 때에만 자신이 누구인지 드러나게 된다. 즉, 이는 많은 해석, 많은 유리한 고지, 규칙에 순응하는 획일성 혹은 검토해 보지 않는 상식의 여부에 달려 있다. 우리가 우리에게 주어진 것들을 우연한 것으로 간주한다면, 우리는 삶과 가치의 방식과 의사결정에서의 대안적인 방법들이 선택 가능한 것들로 바뀌는 기회를 얻을 수 있다.

알베르토 까뮈도 이런 기회에 대해 이야기하는데, 특히 "무대 세팅이 무너질" 때가 무엇을 의미하는지, 당연하다고 여겼던 일상의 반복적인 모든 일들에 갑작스레 의문이 생길 때에 대해 적고 있다. "언젠가 '왜'라는 질문이 떠오르고, 모든 것이 그 놀라움을 더한 지루함에서 시작한다. '시작한다'는 동사가 중요하다. 지루함은 기계적인 삶의 끝에서 오는데, 여기에서 동시에 의식의 충동이 시작된다"(1955, p. 13). 지루함에 기반한 시작이 있다면, 그리고 결과적으로 능동적으로 학습하려는 선택에서 비롯한다면, 이를 면밀히 조사할 필요가 있다. 거기에는 왜 라는 질문이 수반되어야 하고 이러한 의문을 탐색하려면, 아직 아닌 것(what is not yet)을 상상하는 능력을 덧붙여야 한다.

워커 퍼시의 작품 『영화관객(The Moviegoer)』에 이와 유사한 분위기가 등장한다. 이 소설의 화자는 탐구, 즉 "그 자신의 삶의 일상 속으로 가라앉지 않는다면 누구나 착수하는" 그러한 탐구에 대한 아이디어를 얻기까지 절망적일 정도로 일상의 지루함에 잠식되어 있다. 앞에서 언급한 바와 같이, 그는 그러한 감정을 "내가 이상한 섬에 도달한 것처럼 느낀다"고 묘사한다. "그리고 그러한 조난자는 무엇을 하는가? 왜 그는 무언가 찾으려고 주변을 돌아다니면서 기교를 하나도 놓치지 않는가? 탐색의 가능성에 대한 인지는 무언가에 대한 심취이다. 무언가에 심취하지 않는 것은 절망 속에 있는 것이다"(1979, p. 13). 자신이 이상한 섬에 표류하는 것을 보는 것은 명백히도 다른 공간에 있는 자신을 상상하는 일이고, 친숙하지 않은 세상을 바라보는 일이다. 무언가 찾으려 돌아다니는 모습은 세상에 대한 탐색이고, 관심을 기울이는 일이며, 그에 대해 생각하는 일이다.

교사에게 어려운 과제는 젊은이들이 습관적이고 일상적인 일에서 벗어나 의식적으로 탐색을 추구하는 그러한 상황에 대한 고안이다.

오늘날 우리는 문맹이라는 장애 아닌 장애를 지닌 사람들의 이야기들을 자연스레 공유하는데, 결과적으로 그들은 세상에서 자신들의 경로를 가시화하기 무척 어렵다. 파울로 프레리(1970)가 "억압된 이들"이라고 명시한 이들, 다시 말해 현실이 어떻게 구성되는지에 대해 의식을 키워야만 하고 그들 삶의 터전을 "이름 짓기" 어려운 이들, 그리고 이름을 통해 그들의 삶을 변화시킬 수 있는 이들에게는 삶이라는 것 자체가 형태 없고 백지와 같을 수 있다(p. 78). 프레리는 또한 지속적인 탐색을 통해 벗어나는 개개인의 미완성에 대해 논의하는데, "여기서 탐색은 다른 이들과의 교류를 통해서만 수행 가능하다." 그는 "절망이란 침묵의 일환이고 세계를 부정하며 거기로부터 벗어나는 일이다. … 한편 희망이란 팔장을 끼고 기다리는 자세가 아니다. 내가 싸우는 한, 희망이 나를 움직이며, 희망을 가지고 투쟁할 때, 그때 나는 기다린다"(p. 80). 결국 대화란 절망의 분위기 속에서는 불가능하다. 좀 더 온전하고 인간적이 되고픈 사람은 비판적 사고에 집중할 뿐만 아니라, 그들의 희망을 통해 무언가를 상상할 수 있어야 하며, 그들의 침묵은 자신의 탐구를 통해 극복되어야 한다. 물론, 여러 종류의 문해능력이 존재한다. 그러나 희망과 욕구의 대상으로서 문해능력은 어느 부분 상식이 통하고 슐츠가 말하듯 세상에 손도장을 찍듯 자신의 자취를 남기기를 열망하는 일과 연관된다. 상상력은 식자로서의 새로운 공간을 열고, 일상의 잠수를 멈추며, 왜 라고 질문할 권리에 대한 깨어 있는 의식을 제안한다. 나는 엘리스 워커의 소설『컬러 퍼플(The Color Purple)』과 미스 셀리가 주저함과 절망 섞인 가운데 쓴 편지를 생각한다. "나는 14살이에요. 저는 언제나 착한 소녀였어요. 아마도 당신께서는 나에게 무슨 일이 벌어질지 징표를 보여주실 수 있을 것 같아요"(1982, p. 11). 그녀의 울부짖음 속에는 "저는요" 라고 말하지 못하는 비극적인 단면이 있다. 삶을 통해, 그리고 언니이자 선생님인, 블루스 음악 가수 셔그 에버리를 발견하면서 셀리는 마침내 자신이 사용할 수 있는 언어(아마도 그녀 자신의 "표징")를 찾기 시작하였다. 이제 그녀는 그녀가 보는 것을 해석할 수 있고, 추궁할 수 있고, 그녀는 상상할 수 있다. 셔그가 모든 것, 예를 들어 나무, 꽃, 사람들은 사랑받기 원한다고 말할 때, 셀리는 "글쎄요, 우리는 신에 대해 말하고 또 말하지만 저는 아직도 방황중이에요. 저 나이 많은 백인을 내 머리 속에서 꺼내려고 달려가는 듯해요. 그에 대해서 그렇게 바쁘게 생각하지만, 신이 만든 그 무엇도 진정으로 발견하지 못했어요. 옥수수 잎에서도(이것이 무슨 역할을 하는지?), 컬러 퍼플에서도(이것은 어디서 오는지?) 말이지요. 작은 야생화에서도. 아무것도. 이제야 내 눈이 열려요. 바보처럼 느껴져요"(p. 179). 셀리는 그녀가 잘 몰랐다고 혹은 질문조차 **모른다는 것**을 깨달았을 때, 셔그는 "꽃, 바람, 물, 큰 바위를 떠올려보며" 상상해 보도록 권한다. 마법과도 같은 그러한 창출은 힘겨운 싸움인데, 이는 그 자체의 문제라기보다 상상하는 것이 여전히 과거의 억압에서 비롯되어 부분적으로 생성되기 때문이어서, 셀리는 "매번 바위를 연상할 때, 나는 그걸 던져요"라고 보고한다. 그렇지만 그녀의 상상력을 발견함으로써, 그녀는 억압에서 해방될 방법을 발견하였다. 그녀는 자신의 눈을 통해 보고 (자신의 목소리를 써서) 자신의 삶을 이름 짓기 시작하고 있다.

학습 방법의 습득, 학문에 대한 기초 작업, 교육의 교류와 연관된 기술의 증진은 우리의 관점과 존재의 가치에 기여한다. 교사는 인간 간의 연결고리를 느끼면서 그들 학생들의 의식을 사고하고, 판단하고, 참으로 상상하도록 자기 자신들에게 전달할 수 있다. 한 개인의 **의식**은 세상을 헤치고 나아가는 그만의 방식이다. 이는 단순한 내면성도 아니고, 뇌 안에 존재하는 인식의 영역도 아니다. 오히려 의식이란 뻗어 나감이고, 의도이며, 사물의 표현을 파악하는 일로 이해해야한다. 인지, 직관, 감정, 그리고 다시 주지하지만 상상과 같은 다양한종류의 활동이 필요하다. 예를 들어, 한 개인은 인지적인 활동을 통해 세상의 소리와 모습에 나타나는 사물들의 면모에 대해 관점을 갖는다. 주의집중, 경청, 주목을 통해 인지하는 이는 눈앞에 펼쳐진 대상들을 구성한다. 모리스 메를로-퐁티가 논하듯, 인지는 추상적인 개념의 기저에 있는 "거기"라는 표현으로, "보편적인 객관성"으로, 혹은 "우리의 삶 안에 있고 우리의 몸을 위한 것과 같은 감각적이고 개방된 세상의 장소와 토양으로"의 복귀를 포괄한다(1964, p. 160). 우리의삶과 몸을 위해 존재하는 방식은 신처럼 하늘에서 밑으로 내려다보며 전체적으로 조망하는 종류가 아니라 세상에 대한 부분적인 관점만을 허용한다. 그렇지만 우리는 상황에 직면한 존재들에 대해서만알 뿐이다. 대상의 관점을 보고 우리 주변의 사람들만 보게 되며, 프레리가 규명하였듯이 일종의 미완성에서 우리 모두가 살고 있고, 언제나 우리가 더 볼 무언가가 있다.

다시 말하건대, 여기가 바로 상상력이 진입하는 장소인데, 뒷마당이 끝나는 혹은 길이 좁아져서 시야에서 사라지는 경계선 저 너머를 보는 가능성이다. 이와 같은 선상에서, 화가 콘스타블이나 샤르뎅의 풍경화에서 보이는 길이나 도로에서 감상자의 상상력을 넘나들게하는 방법을 생각해 본다. 이러한 경로들은 우리가 노력한다면 도달하리라는 장소로의 약속이다. 예를 들어, 우리가 그 약속을 지킨다면우리 앞에 있는 연필을 움직이고 컴퓨터 자판을 두드리게 된다. 나는의식을 전혀 도달할 수 없는 전체나 완벽함으로 전진하는, 언제나 그 자신을 넘나드는 방식으로 일부 정의하고자 제안한다. 만약 도달할 수 있다면 거기에는 멈춤과 놀라서 굳어버리는 상태가 있을 것이다. 거기에는 탐색에 대한 필요성이 전혀 없을 것이다.

만약 가르치는 일을 다른 이들의 의식에 대한 접근으로 생각한 다면, 이는 완전함으로 다가가기 위해 한 불완전한 인간이 다른 불완전한 인간들을 향한 소환으로 간주할 수 있다. 이는 질문을 던지고, 설명을 탐색하고, 이유를 찾고, 의미를 형성하는 도전이 되기도 한다. 이는 교실 공간 안에서의 대화를 불러일으켜 이러한 질문들을 던지게 한다. 왜 아이티(Haiti)라는 국가는 전체주의의 통치 아래 그리 오랫 동안 있는가? 달의 모습이 변화하는 단계를 기록하는 것은 시대에 걸쳐 어떻게 진행되었는가? 오늘날의 이민과 관련한 위기와 1990년대의 그 위기를 비교하기 위해 어떠한 학문연구가 필요한가? 1인칭 시점으로 기술하는 연구논문의 타당성을 어떻게 결정하는가?『주홍글씨』와 같은 소설을 읽고 개인적인 의미를 파악하기 위해, 그리고 오늘날에 적용가능한 유의미한 용어로 설명하기 위해 무엇을 할 수 있는가?

버지니아 울프는 그녀의 삶에서 두려움이나 감정이 특히 요동치는 현상을 설명할 수 없을 때 느끼는 무기력함을 기술한다. 그녀는 무언가 그 이유를 발견하고 "그러한 감각을 비로소 다룰 수 있을 때에만, 나는 더 이상 무기력하지 않았다"고 설명한다. "나는 의식이 있었고 멀리에서나마 이를 제때에 설명해야만 했다"(1976, p. 72). 울프는 또한 "한 개인이 나이를 먹을수록, 그 사람은 이성을 통해 제대로 설명할 수 있는 더 큰 힘을 가진다. 그리고 … 이러한 설명은 한 개인의 일생을 통해 불가피하게 직면할 큰 망치로 맞는 것과 같은 충격을 둔

화시킨다"고 터득한다. 반면 그녀는 또한 이러한 "갑작스런 충격"의 가치를 발견하는데, 이러한 "충격이 그녀에게 있어 이를 설명하고픈 욕망과 더불어 작동하기 때문"이라고 설명한다. "나에게 타격이 있음을 느끼지만, 이는 어렸을 때 생각했던 것처럼 단순히 일상의 실타래 뒤에 숨어 있는 적군에서 오는 것이 아니다. … 이는 겉보기 이상의 실제적인 표시이고, 이들은 단어들을 통해 현실이 된다. 단어를 적는 과정 속에서 추상적인 대상을 전체로 만들게 되고, 이 전체를 통해 나에게 상처를 주는 힘이 소멸됨을 의미한다. 이는 … 조각난 부분들을 조립하는 어마한 즐거움을 준다." 상상력이 없었다면 울프는 타격 뒤에 있는 무언가를 현실로 만드는 그러한 기쁨에 도달하지 못했을 것이다. 대신 많은 이들이 그러하듯 그녀에게 들이닥친 타격의 영향력에 순복했을 것이다.

　젊은이들이 자신의 프로젝트를 창출하고 자신의 목소리를 찾아가도록 노력하는 마음으로 움직이기가 어렵다는 것을 알고 있지만, 그럼에도 불구하고 나는 내가 앞으로 지속적으로 밝히듯이 예술과의 만남이 바로 상상력을 펼치는 유일한 동력이기에, 예술을 학교 교육 과정의 핵심으로 설정해야 한다고 믿는다. 소설, 시, 무용, 공연, 회화, 영화, 연극, 이 모든 것이 그들을 향해 헤쳐 나오고 그들과 함께할 의향이 있는 이들에게 주목할 만한 기쁨을 제공할 수 있다. 그렇다고 해서 즐거움이란 예술을 단순히 인지적인 강함, 분석력, 합리성, 그리고 신중하다고 여겨지는 대상들과의 "균형"으로 사용한다는 의미는 아니다. 또한 예술을 동기유발을 위해 사용해야 한다는 의미도 아니다. 한편으로 참여를 통한 예술과의 적극적인 만남은 인지적인 강함과 분석력 그리고 정서적인 측면을 요구할 수도 있다. 다른 한편으로 예술 작품을 이득, 위로, 흔히 기대할 수 있는 효과로만 간주해서도 안 된다. 세계에는 정신을 울리는 다양한 사건이 존재하는데, 우리는 『오이디푸스 렉스』, 일본 영화 〈란(Ran)〉, 토니 모리슨의 『비러비드(Beloved)』, 연극 〈마라, 사드(Marat/Sade)〉의 사건들을 떠올릴 수 있다. 쥐르바란(Zurbaran), 벨라스케즈(Velazquez), 고야, 게리코(Gericault), 피카소의 그림을 회상할 때는 여전히 공포와 곡해의 이미지가 떠오른다. 『일리아드 이야기』에 나오는 무자비한 폭력의 순간부터 『리처드 3세(Richard III)』에 등장하는 어린 왕자들에 대한 살인에 이르기까지, 블레이크가 프린트를 통해 던진 (실제로 무엇이든 측량가능하고 "도덕적인") 로크와 뉴튼에 대한 도전까지, 근대 소설가 캐시 애커(Kathy Acker)의 매끈한 외설에 이르기까지, 예술의 핵심은 단순히 무엇이 옳고 좋은지에 대한 묘사가 아니다. 상상력을 일깨우면서, 이들은 우리의 신체를 연극으로 안내해 왔고, 우리의 감정을 흥미진진하게 이끌어 왔으며, 인지라는 문의 입구를 개방해 왔다. 물론, 피어나는 수선화나 아이들의 웃음 혹은 물 아지랑이로 나타난 아름다운 순간들도 있었고, 완성의 순간, 마지막 화음이 잘 어우러지는 순간의 경이로운 감정이 있어 왔고 앞으로도 그러할 것이다. 그러나 상상력의 역할은 문제해결 그 자체도 아니고, 길을 제시함도 아니며, 명확한 개선도 아니다. 이는 일깨우는 일이고, 일상적으로 보이지 않고 들리지 않고 기대되지 않았던 것을 드러내는 일이다. 데니스 도노휴가 언급하듯, 예술은 주변부에 존재하는데, "주변부란 일상에서 공간이 없고 대개 억눌려 보이는 그러한 감정들과 직관들의 공간이다. … 예술을 통해, 사람들은 자신을 위한 공간을 만들 수 있고, 이곳은 자유와 현존에 대한 알림으로 가득차게 된다"(1983, p. 129).

만약 순응주의자, 존경받는 이들, 윤리주의자, 그리고 속박된 이들의 삶에서 예술이 주변부를 차지하는 것이 맞다면, 그리고 만약 그 주변부의 문제들을 긍정적으로 수용한다면, 다문화주의와 관련한 문제점들을 다른 각도에서 해결할 수도 있다. 만약 우리가 그 표면들의 저변을 탐사하고, 우리가 발견한 자유와 존재에 대한 암시에 투신하는 우리 자신을 위해 활동한다면, 주류 예술의 형태조차도 권력 있는 남자들이나 주류사회의 규준들로부터 나오는 메시지 전달자 그 이상의 그 무언가로 보일 수 있다. 다른 문화들의 예술, 즉 남인도 지역의 무용, 마야의 창조신화, 치베와(Chippewa)의 직조, 발리인(Balinese)들의 인형들은 개개인이 자신의 경험에서부터 예술에 생명력을 점차적으로 부여할 수 있듯, 그들이 점차적으로 그러한 작품을 창조하는 과정에서 상상력을 발휘하듯, 여백에서 영예로운 자리를 차지할 수 있을 것이다. 이윽고, 우리가 알고 있듯이, 이러한 예술 작품들은 어두움과 광명, 상처와 흉터와 치유된 장소, 텅 빈 그릇과 넘쳐 나는 그릇, 일상적으로 군중 속에서 상실한 얼굴들로 노출시키고, 우리의 다양한 삶의 세계를 통해 빛날 수도 있다.

상상력은 우리가 대상들의 구체성을 자세히 다루고 이들을 보고 경청하도록 허용한다. 누구나 자신이 선호하는 예술 작품의 예가 많이 있다. 여기에 내가 선호하는 작품 중 하나는 데니스 레벨토브(Levertov)의 시, 「뉴저지의 불모지를 가로지르며 라이오넬 파이닝거에게 경의를 표하는 시선(The Gaze Salutes Lyonel Feininger While Crossing the New Jersey Wasteland)」이다(1984, 8). 다른 무엇보다도 파이닝거는 오랫 동안 늪지로 덮여 있고 쓰레기 더미와 기계들이 버려져 있는 뉴저지의 불모지와 반대편의 도시를 잇는 뉴욕시의 다리들을 그리는 아주 훌륭한

화가이다. 그녀의 시에서 레벨토브는 파이닝거의 작품에 대한 지식을 바탕으로 실제 다리와 불모지에 대한 자신의 관점을 그리고 있다.

> 황폐함에 담긴 어떤 섬세함이란
> 올리브 빛 녹색으로 오염된
> 잔디와 잡초의 뻗어나감은
> 그을린 유리(smoked glasses)와 같은
> 어둠을 지닌 어둠의, 작은
> 호수들과 진 구렁텅이들,
> 중간 중간의 회색빛 공기는
> 붉게 녹슬어 기둥을 이루는
> 크레인 혹은 기중기들로
> 날카로이 선을 긋는다;
> 그리고 지평선상에서,
> 그렇지 않으면 불확정적이고,
> 구름다리(viaducts)와 아치교(arched bridge)에 얽힌 정의는
> 은붓화(silverpoint) 위에 창백하지만 명료하다(pale but clear).

광야 같은 불모지는 불모지로 남는다. 언어와 메타포를 통한 재생 외에, 그것을 되살린다는 것은 말이 되지 않는다. 그렇지만 이 시를 읽으면서 우리의 상황이 어떻든지 간에, 황폐함에 대해, 자연에 대해, 그리고 인간의 제작물에 대해 보게 되고, 우리 대부분은 아마도 이들을 느낀다. 레벨토브의 언어는 조셉 셀라(Joseph Stella), 에드워드 하퍼(Edward Hopper), 심지어 (시간을 좀 더 거스르자면) 조지 벨로우(George Bellow), 존 스로언(John Sloan), 조지아 오키프(Georgia O'Keeffe)가 뉴욕시를 묘사한 그림들에 대한 종합이다. 우리 자신은 다른 각도에서 지평

선을 보게 될 것이고, 우리는 그러한 기둥들, 크레인들, 그리고 다리들을 마치 오염되어 뻗어 나가는 대상으로부터, 녹색과 회색으로부터 보게 되고, 그 이미지는 마치 색과 선이 만들어낸 음악이나 드라마가 될 것이다. 상상력이야말로 우리를 이끌고, 우리의 삶의 경험의 부분들을 새롭게 연결해주며, 우리가 그려내는 현실의 우연성들을 제시한다. 레베르토프는 근대 서구의 시인이자 여성이며 도시에 기반한 시인으로서 멀리서 도시를 응시하는 반면 그럼에도 불구하고 이를 소유한다. 이 시를 읽는 사람들 중 누군가는 뉴욕시 거주자일 테고 누구는 뉴저지에 살면서 뉴욕시를 보지 못했을 것이고, 누군가는 잿빛 하늘 아래 지친 채로 통근하고 있을 것이며, 자신 앞에 펼쳐진 모습들이 집으로 돌아가는 표징이 되기도 하고, 다른 도시에 사는 또 다른 누군가의 주변에는 아마도 강이나 다리가 없을 것이고, 또 어떤 사람은 황폐함에 지친 시선으로 이 시를 접할 것이다.

가르침에 있어서 젊은 학생들의 독특함을 의식적으로 감지하고 대응하는 가운데, 우리는 지평선상으로 나아가도록 개개인을 감동시키면서, 지속적으로 삶의 무감각과 싸울 뿐이다. 젊은이들에게 레베르토프의 시를 좀 더 용이하게 소개하자면, 허버트 마르쿠제가 논의하는 예술의 기능을 중심으로 시작할 수 있을 것이다. 즉, 예술은 "다른 이들의 경험에 접근 불가능한 면모들을 부수어 개방하는데, 이는 인간, 자연, 그리고 사물들이 더 이상 견고하게 설치된 실제의 원리에 대한 법칙을 따르지 않는 단면이다. … 예술의 진실과의 만남은 인지, 시각, 청각이 더 이상 혹은 아직 일상에서 인지하지 못하고 다시 말해 들리지 않는 언어와 이미지를 낯설게 만드는 가운데 발생한다"(1977, p. 72). 예술은 사회에 대한 비전을 변혁하고자 위험을 감수하는 이들에게 이미 설립되고 혹은 주어진 대상들을 넘어 그 이상으로 펼치게 한다.

물론 이는 자동적으로 혹은 자연적으로 발생하지 않는다.『경험으로서의 예술(Art as Experience)』이라는 책에서 듀이는 사람들이 자신에 몰입하기 위해 교과목으로 빠져드는 일의 중요성에 대해 논하는데, 이는 다른 교과보다 아마도 예술 교과에 더 해당할 것이다. 우리 앞에 펼쳐진 무언가를 인지하기 위해서는 답변을 통한 활동이 존재할 텐데, 우리는 펼쳐진 대상을 파악하기 위해 의식의 행위를 통해 대상이나 텍스트, 혹은 퍼포먼스로 승화해 나가야 한다. 또한 역사와 관련한 텍스트, 수학 문제, 과학적 탐구 그리고 (의도적으로) 우리 주변의 정치 사회적 현실과 접하는 가운데, 단순히 어떠한 현상이나 사건을 명명하고, 분류하고, 인지하는 것 자체만으로는 부족하다. 의식으로 전달된 무언가가 구체화되려면, 이들에 대한 생동감 있고, 인지적이고, 반성적인 전환이 수반되어야 한다.

듀이는 예술에 접근할 때, "일상적인 존경의 규범에 대한 순응"을 저버리기를 요청하고, "비록 진정한 정서적 흥분일지라도 혼란"을 피하도록 노력하라고 요구한다(1934, p. 54). 감상자, 인지자, 그리고 학습자들은 자신의 삶의 상황의 유리한 지점, 다시 말해, 관점이나 관심이라는 유일한 관점으로부터 접근해야 한다. 그렇지만 다시 한번 강조하건대, 상상적 수용력은 비록 타인의 관심이 우리의 그것과 현저히 다르더라도, 우리가 다른 관점에서 공감능력을 경험하도록 허락한다. 상상력은 우리 자신만의 중심에서 벗어나고, 개인주의에서 비롯한 고립과 자기 보호에서 벗어나 다른 이들과 대면하는 장소로 이끌며, "여기 우리가 있습니다!" 라고 소리칠 수 있는 새로운 방법일 수 있다.

03

◆

상상력, 공동체, 그리고 학교

오늘날의 젊은이들과 함께 공교육에 대해 고민하는 우리에게 세상은 언제나 호의적이지 않다. 그럼에도 그 세상에서 생존을 위해 애쓰면서 이러한 세상을 이해하려고 노력하는 학생들의 요구들이 가득한 학교에서 사회경제적인 요구와 조율하는 어려움이 예전보다 훨씬 더 크다는 점을 잘 알고 있다. 교육계로 관심을 모은다면 우리는 언제나 "세계-수준의 표준"에 미치지 못한다는 평을 듣는다. 물론, 세계 수준급이라는 말은 보통 이해되지 않는 실체가 모호한 의미로 사용되지만 말이다. 혹자는 줄곧 국가의 과학기술과 국방의 기초를 확고히 하는 방안으로 교육하지 않는다고 반복한다. 세계 "최고"가 되는 것보다 무엇이 더 중요하겠으며 어떻게 여기에 내포된 시사점을 거부할 수 있겠는가? (물론 행복이나 아이들의 건강문제, 그리고 자신의 방식으로 독립적으로 자라나면서 세상에 존재하는 방식을 찾는 것이 중요하지만 말이다). 그리고 누가 개정된 평가의 방식, 엄격함의 증대, 권위 구조의 변화가 모두의 성공을 보장한다는 점을 감히 부정할 수 있을 것인가? 이러한 집착에 근거할 때, 어떠한 아동은 인격체가 아닌 인적 자원으로 치부된다. 대부분 아동을 묘사할 때 시장의 요구에 따라 꼴을 갖출 원재료처럼 언급된다. 그들은 마치 이미 구성된 카테고리에 소속되어 있으며, 타인이 정한 용도에 맞추어 그 꼴을 (혜택이라는 측면에서 그리고 효과적으로) 형성할 존재로 여겨진다. 그렇지만 다른 종류의 카테고리도 존재하는데, 이 아동들은 "빈민층" 혹은 "위험군(at-risk)" 혹은 주류 사회에서 필요한 무언가가 결핍된 이들이라는 꼬리표가 있다. 그들은 사용가능성이 없다면 구석으로 쫓겨날 판국이며, 보이지 않는 존재로 만들어질 운명이다. 발레리 포라코우(Valerie Polakow)는 "빈곤은 언제나 그들에 대한 담론이다. … 우리가 고개를 돌려 그들의 아이들을 볼 때, 우리는 이 미래시민들에 대해, "위험군"에 속한 젊은이들의 성장에 대해 걱정을 표현하는데, 이들을 "위험군"이라고 부르는 데에는 사회의 부조리에 대한 분노와 이들에 대한 연민이라기보다 그들의 조건이 우리의 안전과 평안함, 우리의 아동, 우리 학교, 우리 이웃, 우리의 재산의 가치를 위협하기 때문이다"(1993, p. 43). 로버트 라이히(Robert Reich)가 미국을 "자애로운 공동체"라고 명명한 것보다 더 강력한 비난은 없을 것이다. 그는, "자애심이라는 도구, 다시 말해 우리가 행동하고 지원하는 프로그램들은 빈민층을 도와주는 것보다 상대적으로 편안하게 사는 미국인들 간의 재분배에 이르렀다"고 말한다(1987, p. 55).

이를 대면할 때, "아메리칸 드림"이라는 상상적 창조물이 어떻게 되어가는지 질문하게 된다. 소설 『위대한 개츠비』에서 주인공 제이 개츠비의 꿈은 개인적이며 광대했다. "그는 신의 아들이었다. 이 구절이 무엇을 의미하는지 생각해본다면, 이는 바로 그는 그의 아버지의 일(His Father's Business)에 관한, 거대하고, 천박하고, 저속한 아름다움임에 틀림없다"(Fitzgerald, [1925] 1991, p. 104). 무엇보다도 그러한 아버지에 가치를 부여하는 이는 물질적 부가 한 개인의 가치를 결정한다고 생각할 것이다. 그는 개츠비의 가련하리만치 잘 믿는 속성, 다시 말해 돈이 그를 상류층 사회의 일원으로 만들어준다는 하나의 신념과, 부두 끝의 "녹색 등"을 언제가 실제로 획득하리라는 확신을 가졌을 것이다(pp. 167-168). 이와는 정반대되는 이미지도 있을 텐데,『분노의 포도(Grapes of Wrath)』의 주인공 톰 조드는 어머니에게 자신이 이곳에 없다면 "어디든지 둘러보는 곳에 있다"고 말한다. "굶주린 이들이 먹을 수 있는 싸움이 있는 곳이면, 나는 거기에 있을 거예요. … 분노로 고함치는 이들 가운데 내가 있을 것이고, 굶주린 아이들이 저녁 준비가 된 걸 알고 웃을 때, 나도 거기에 있을 겁니다"(Steinbeck, 1939, p. 572). 개츠비의 경우, 꿈꾸는 이는 로맨틱한 외로운 이요, 치명적인 교통사고에서 데이지를 옹호하는 숭고한 순간을 제외하고는 일상적인 장면에서는 부도덕적인 존재이다. 조드에게 꿈꾸는 이는 "자신의 영혼을 소유하지 않고 오직 거대한 조각만을 가진" 사람이다(p. 572).

젊은이로서 접근 가능한 민주적 공동체에 대한 상상은 듀이가 묘사한 "결합적인 경험(conjoint experience)," 공유의 의미, 공유의 관심과 노력에 대한 비전의 종합이다(Dewey, [1927] 1954, p. 153). 개츠비의 자신에 대한 자기-충족적인 이미지와는 대조적으로 상호연결성과 교감은 그러한 공동체의 특징이다. 지적 자유와 기술의 자유에 대한 지속적인 탐색은 톰 조드의 대중 속의 파묻힘과 대조적으로 가능성으로서의 공동체에 생동감과 에너지를 준다. 교육자들은 무엇이 가능한지 투영해보면서 어떠한 기술의 완전한 습득과 민주 공동체에 참여하도록 자라는 젊은이들에게 다양한 종류의 소양을 기르도록 지도한다. 오늘날 학교 관계자들은 분화된 수월성이 아닌 수행을 통한 결과물을 강조한다. 즉, 모든 젊은이들이 학습 과정에서 주도적으로 행동하고, 비판적이고 자기 반성적인 학습자가 되게 하고 시간이 흘러 종국에는 실무자가 되도록 가능케 하는 그러한 사고방식을 개발할 것을 기대하는 것이다. 그들은 단순히 미리 준비된 정보에 대한 수동적 수신자가 아닌 능동적 학습자가 되도록 도전받는다. 그들은 그 빈도수를 높이면서 자신의 이야기를 나누고, 자기 자신의 질문을 던지고, 자신의 관점에서부터 보편적인 세상에 현존하도록 요청받는다.

다른 관점으로 세상을 보는 젊은이들이 (빈곤 가운데 자랐거나 멀리 외진 곳 출신의) 현재의 상황을 바꿔 마치 다른 방향으로 살아갈 수 있다는 것을 믿게 하기 위해 교사들에게는 상상력에서 비롯한 행동이 요구된다. 다시 한번 오늘날 우리는 일정 그룹의 내재적인 열등감을 지향하는 유전적 결정주의의 단언에 직면한다. 찰스 머레이, 리차드 헤르스타인의 책,『벨 커브(The Bell Curve: The Intelligence and class structure in American life)』는 정치적 견해에 대한 논쟁을 위해 사회과학의 부적절한 사용을 되풀이 해왔다. 그러나 그 책이 일으키는 운명론에 대한 두려움을 반영하면서, 특히 가난한 사람들, 고통받는 사람들, 배제된 사람들에 대한 비운의 전망을 논의하면서, 그들은 또한 다른 사회적 합의와 다른 대안적 가능성에 대한 상상력의 사고의 중요성을 보여준다.

엘머 라이스(Elmer Rice)의 연극, 〈계산기(The Adding Machine)〉나 찰리 채플린의 영화, 〈모던 타임즈〉에 나오는 인간 대 기계의 메타포에 대한 기억은 특정한 순간이나 가까운 미래에 대한 적절한 이미지를 모색하도록 도와줄 수 있을 것이다. 〈2001년 스페이스 오디세이〈A Space Odyssey〉의 컴퓨터 할(Hal)은 인공두뇌가 지배하는 세상에서 조절능력을 상실한 인간의 잠재적으로 지속적인 위험을 지닌 정보고속도로로 우리를 부른다. 영화 〈로보캅〉, 〈터미네이터〉, 심지어 〈파워레인저〉는 무기에 휩싸인 채 애매모호한 세상에 대항하는 인류의 새로운 자동화된 이미지를 제시한다. 이런 모습들은 우리에게 익숙한 세상과 상당히 다른 모습인데, 누군가는 인간의 수명이 짧아짐에 대한 불안을 느낄 것이다. 개인의 삶에서도 과정과 변화 그리고 접촉점을 강조할 것이다. 우리는 안정된 규범이나 현재의 것들에 의지할 수 있는 확률이 점점 낮아질 것이다. 그러나 역설적으로 더 많은 사람들이 점차적으로 주체적 인간으로서의 의식을 거부하며 자동응답을 요구하는 작업장으로 배정받을 것이다. 이미 상대적으로 소수의 개개인들은 전문분야에서 전례가 없던 방식으로 이뤄지는 작업장의 변화를 인식하고 있다. 유일하게 추측할 수 있는 안전한 일반화는 10년 안에 학교 교육을 통해 배출되는 그 누구도 단순히 기계적이고 순응적이며, 로봇과 같은 생활로 이어질 것으로 기대해서는 안 된다는 것이다. 그들이 쐐기풀, 늪지대 같은 우리 시대의 험난한 밀림을 가로질러 길을 찾아야 한다면, 이들이 사려심 없고, 수동적이며, 무기력한 사람으로 물러나게 해서는 안 된다. 또한 그들을 비극적으로 곤경에 처한 이들에게 자산을 더욱 멀어지게 하고 지역사회가 공동 목표를 달성하기 어렵도록 만들도록 하는 분리주의와 개인주의의 영역에 남겨둘 수 없다.

다시 말하건대, 그것은 우리 주변의 사회적 마비현상을 줄이고 무언가 품위 있고 인간적인 것으로 대치할 수 있다는 감각의 회복을 위한 상상력의 회복일지도 모른다. 나는 상상력에 대한 아이디어로 향하게 되는데, 이는 윤리적인 염려, 다시 말해 언제나 진행형으로서의 그리고 다채롭고 의미 있는 가치를 지향하는 공동체와 관련한 염려를 우선적으로 수반한다. 나의 관심은 널리-깨어있음(wide-awakeness)으로 귀결하는데, 이는 세상에 무엇이 존재해야 하는지에 대한 깨어있음이다. 나는 선택하고 멀리 뻗어 나가기 위해, 많은 사람들이 공유하고, 고독이나 무관심을 극복하고자 하는 열망과 연계된 실존적 경험을 회상하게 된다. 많은 이들 가운데 메리 워낙은 이와 관련하여 상상력의 도덕적 기능을 언급한다. 워즈워스(Wordsworth)와 밀(Mill)을 언급하면서 워녹은 젊은이들에게 "상상력 있는 감정이 뒤따른다"는 방식을 수용하고 경청하는 교육의 중요성을 강조한다(1978, p. 207). 그녀는 우리가 의식을 가지면 우리 주변에서 의미들이 샘솟고, 교사는 그들이 가르치는 모든 학생들이 읽고 보고, 그들이 관찰하는 모든 것을 스스로 해석할 수 있도록 의식을 고양시킬 의무가 있다고 언급한다. 그녀는 사물을 대상으로 개념을 적용하기 위해 우리의 상상력을 사용해야 한다고 제시한다. "이것은 우리가 세상과 친숙해지고 결과적으로 관리가 가능하도록 만드는 방법이다. 다른 차원에서, 그리고 산발적으로, 우리는 이를 사용하여 우리의 경험을 익숙하지 않고 신비하게 만들기도 한다. 의식의 저변에서 우리의 상상력이 감각 경험의 혼란을 깨끗이 정돈하게 작동한다면, 또 다른 차원에서 마치 이는 다시 혼란스럽게 하는 일이 될 수 있다. 거기에는 광활하고 탐험하지 않는 영역들, 거대한 공간들이 존재한다고 제안할 수도 있는데, 이러한 공간에는 어쩌다 한 번 발생하는 경이로움을 유발하는 짧은 경험, 주저하면서 탐색할 때에야 비로소 해답을 얻는 그러한 경험에 기초한 질문들을 통해서만 획득 가능하다(pp. 207-208).

추후에 나는 젊은이들의 관점을 열고 마음을 동화시켜 이들이 더욱 더 보고, 경청하고, 당연하게 받아들여지는 일과 일상을 초월하는 그러한 예술적 경험의 약속에 더 주의를 기울일 것이다. 그러나 여기서 잠시 시와 춤이 할 수 있는 것과 그림과 시가 창출하는 마술에 관해 생각해 본다. 예를 들어 존 케이지(John Cage)가 음악이라고 명명하는 가운데, 우리가 일상적인 습관으로 침묵되고 배척되는 소리를 듣게 도와주며, 세상을 향한 열림이 무엇을 의미하는지 상황을 제시하는 모습을 생각한다. 그리고 빈곤층 아동과 위험군 어린이들이 라이브 댄스 공연이나 박물관 전시회에 얼마나 자주 노출되는지 다시 생각해 본다. 나는 이러한 아동들이 "전체적인 언어습득"과 "교육과정 전반에 걸친 글쓰기"라는 시대정신에도 불구하고 실제 문학작품을 감상하는 대신 기초인 독해와 음운론에 치우친 교육을 받는지 생각한다.

우리는 배제와 방치의 면모를 모호하게 옹호하면서 독해 교수법을 변화시키려는 열정과 홍보를 허용해서는 안 된다. 상상력이 경험을 넓히는 방식에 대해서 생각할 때, 우리는 빈곤층 아이들을 거의 염두에 두지 않는다. 이러한 어린이들을 위한 중재와 치료에만 초점을 맞추다보면, 상상력이 실제 삶의 창문을 열고, 새로운 관점을 드러내고, 일종의 빛을 비추어주는 방식을 간과하게 된다. 버지니아 울프가 발견했던, 그녀 자신을 "비존재"에서 해방시킨 이와 같은 인식의 "갑작스런 충격"은 어려움을 겪거나 불행한 아이들을 깨우침으로써 그들에게 가능성을 일깨울 수 있다. 우리가 지켜본 바와 같이, 울프는 "그것을 설명하고 싶다는 열망"에는 언제나 신선한 충격이 수반된다는 점을 발견하는데, 그녀는 오빠가 아무 이유 없이 자신을 못살게 굴거나, 가족 친구의 자살과 같은 상황을 "적절한 시간"에 "잘 설명할 수" 있다고 의식하면서, 자신의 무능력과 직결된 무기력감이 소멸됨을 느꼈다(1976, pp. 70-72).

상상력은 학생들의 삶에서 중요한 것과 마찬가지로 교사들의 삶에서도 매우 중요한데, 이는 상상력이 상징하는 바를 사용하고자 하는 젊은이들과 의사소통이 불가능하기 때문이다. 상상력이 자신의 감정을 이입하여 다른 처지에 있는 이들을 이해하는 능력을 향상시킨다면, 상상력이 부족한 이러한 교사들에게는 공감능력이 결핍될 수밖에 없을 것이다. 신디아 오지크(Cynthia Ozick)는 "고통에서 해방된 사람(의사)은 고통 받는 이들을 상상할 수 있다"고 은유적으로 표현한다. "그 중심에 있는 사람은 소외된 이들의 삶을 상상할 수 있다. 강한 이들은 약자를 상상할 수 있다. 이제 밝음 속에 있는 사람은 어둠 속의 삶을 상상할 수 있다. 황혼의 시인들은 별의 불길을 상상할 수 있다. 우리 이방인들은 이방인들에게 동병상련을 느낄 수 있다"(1989, p. 283). 상상력이야말로 우리가 상대방의 얼굴의 이미지를 통해 그 다른 이들과 마주치게 하는 원천이 아닐까? 그리고 이 얼굴은 허리케인 생존자나 소말리아 어린이 또는 거리 구석에 앉아있는 노숙자 여성의 얼굴일뿐만 아니라, 교실에서 조용한 또는 안절부절 못하거나 혹은 절망적인 아동의 얼굴들, 그 소년 소녀들이 아닐까?

상상력은 젠더 경계를 포괄하여 많은 선들을 넘나들게 한다. 클라렌스 토마스(Clarence Thomas) 대법원장에 대한 미국 상원국회의원의 청문회에서, 증인으로 나선 아니타 힐(Anita Hill)은 "그들은 정말 뭔지 이해 못한다!"라고 절규하는데, 이는 남성 상원의원들이 상황 파악을 못 하는 이유가 단순히 무관심 때문만이 아니라, 상상력의 결여라는 것을 암시하는데, 이러한 실패는 교사들에게도 교훈이 된다. 아니타에게 있었던 성희롱이 무엇이었는지 혹은 타자로서의 삶이 무엇인지 상상할 수 있는 능력 없이, 상원의원들은 그들의 상상력의 결함을 보여주었고, 결과적으로 이는 공동체라고 불리는 지역사회를 만들어내거나 거기에 참여할 수 없는 무능력을 입증하였다. 이는 억압받는 이들에게 벌어지는 상황일 뿐만 아니라 억압자의 입장에도 해당되는데, 특히 고통 받는 소수자들을 주류 구성원들의 삶의 범주 안으로 몰아넣을 때 발생한다. 물론 가장 신랄한 점은 다른 문화적 배경을 지닌 사람들의 어려움인데, 주류 문화의 사람들이 이들을 "소수자"라는 범주로 단정 짓는다. 랄프 엘리슨(Ralph Ellison)의 소설『투명 인간(Invisible Man)』에 나오는 화자는 자신의 투명성은 "내가 접촉한 사람들의 눈에 담긴 독특한 성향 때문에 발생한다. 이는 그들 내면의 눈의 구조에 대한 문제이며, 육체적인 눈을 통해 현실을 응시하는 그러한 눈이다"라고 기술한다(1952, p.7). 이 특별한 내면의 눈은 경제적, 사회적, 그리고 단순히 인종 차별적인 요소를 통해 구성되었음에 틀림없다. 그러나 그 뿌리에는 상상력의 결핍, 다시 말해 화자가 다른 모든 사람처럼 살아 있는 인간임을 바라볼 수 있는 능력의 부재이며, 이는 마치 햄릿이 묘사한 "만물의 영장"(the paragon of animals)이나 "한낱 먼지에 불과한" 존재와 같다(II.ii.307-308). 이는 엘리슨의 소설 속 화자와 같이 진지하게 괴로워하는 개인의 문제일 뿐 아니라, 화자가 알게 되었듯 그들의 존재의 중요성 자체에 의문을 품게 되는 그러한 개개인에 대한 이야기이다.

당신은 단순히 다른 사람들의 마음 속의 유령이 아니었는지 궁금합니다. 잠든 이가 전력을 다해 파괴하려고 노력하는 악몽 속의 인물을 생각해 보세요. 분개에 넘쳐 다른 사람들과 부딪히게 되는 바로 그러한 느낌이 들 때입니다. 그리고 고백하건대 당신은 대부분의 시간을 그런 식으로 느낍니다. 당신은 현실 세계에 존재한다는 것과 자신이 모든 소리와 고통의 일부라는 것에 대한 확신의 필요성에 아파하고, 주먹질하고, 저주하고, 당신을 알아차리게 하겠다고 맹세합니다. 그렇지만 아쉽게도 거의 성공하지 못했습니다.(pp. 7-8).

점점 더 다문화적으로 변해가는 교실에서 모든 교사들이 엘리슨의 예술에 힘입어 비가시적으로 되는 것의 의미가 무엇을 상징하는지 그리고 비가시적인 사람 역시 그들과 연계되어 있음을 깨닫게 되어 상상하는 바가 무엇을 의미하는지 생각해 보라. 그들이 토니 모리슨(Toni Morrison)의 소설『비러비드(Beloved)』속의 등장인물이 특정 여성에 대해 어떻게 느꼈는지 묘사하는 노력이 무엇을 의미하는지 생각해보라. "그녀는 내 마음의 친구입니다. 그러니까, 그녀는 나를 수집해요. 그녀는 나의 조각들을 모으고, 모든 것을 정렬하여 나에게 되돌려줘요. 아시다시피, 자신의 마음의 친구인 그러한 여성을 갖는다는 건 좋은 일이에요. 당신은 당신의 마음속 친구인 그녀가 있을 때당신을 알 수 있어요"(1987, pp. 272-273). 이는 상상력을 상상하는 또 다른 방법이다. 그것은 누군가의 마음의 친구가 되어, 그 사람에게 일종의 온전함을 돌려줄 수 있는 놀라운 힘이 있다. 종종 상상력은 조각난 부품을 한꺼번에 가져올 수 있고, 이들을 올바른 순서대로 통합할 수 있고, 전체를 만들 수 있다.

우리가 상상력을 가능성에 대한 감각과 다른 인간에 대한 우리의 대응 능력과 연결시킬 수 있다면, 그것을 공동체를 만드는 일과 도 연계할 수 있지 않을까? 젊은이들이 함께 모여 세상에서의 자신들의 경험을 이름 짓고 이에 대한 해석 능력을 장려할 수 있지 않을까? 상상력의 중심에 대해 기술하면서, 매디슨(Madison)은 "상상력이야말로 자유를 유지하고 우리가 경험해 왔고 단순히 우리 자신 이상의 존재로 탈바꿈하는 과정에서, 우리가 누구인지 무엇인지 자연스럽게 되고, 창조적인 상상력을 통해 우리 자신이 되는 순수한 가능성의 영역이다"라고 말한다(1988, 191). 나는 매디슨이 묘사하는 일종의 되어감은 우리가 보통 고려하는 공동체의 일원이라는 생각에 의존한다고 믿는다. 결핍이라는 꼬리표를 달고, 호박구슬 속의 파리들처럼 그 범주에 갇혀있는 이들은 그들의 존재 그 이상의 무엇이 있다는 감정을 느낄 기회가 거의 없다. 소외된 가운데, 그들은 (대개 지지와 함께) 그들의 "충격"을 설명하고 그 이상으로 나아가지 않는 한 무력함으로 남겨진다.

　　다른 가능성의 기회를 제공하는 그러한 종류의 공동체를 이해할 수 있을까? 우리가 알다시피, 민주주의는 언제나 진행 중인 공동체를 의미한다. 샘솟는 연대감, 특정 믿음에 대한 공유, 타인에 대한 대화로 표시되는 가운데, 이는 이주민에게 열려 있어야 하고, 지나치게 오랫동안 추방된 이들에게 열려 있어야 한다. 이는 교실과 같은 공간에서 벌어질 수 있는데, 특히 학생들이 그들의 목소리와 그들의 이미지를 찾도록 격려하는 가운데 발생한다. 한나 아렌트(Hannah Arendt)는 한때 다양한 사람들이 그들이 '무엇'이 아닌 '누구'인지 서로 이야기함으로써, 그들 사이의 "중간의 공간(in-between)"을 형성함의 중요성을 기술했다(1958, p. 182). 이어지는 다른 장에서 서로 다른 사람들이

"중간의" 공간을 창조하는 개념에 대해 확장하여 설명하겠지만, 많은 사람들은 아이들이 일기장에 아이디어와 감정을 기술하고, 이 일기들을 그들 주변의 다른 아이들이 읽는 가운데, 혹은 기쁨이나 고통을 공책에 그리거나 색칠하여 다른 이들이 볼 수 있게 전시하는 가운데, 이러한 중간의 공간이 창출됨을 목격해 왔다.

공동체를 생각할 때 우리는 제작, 창조, 짜깁기, 말하기 등과 같은 과정 중심의 단어를 강조할 필요가 있다. 공동체는 단지 합리적인 공식화나 법규를 통해 만들어지지 않는다. 자유와 마찬가지로, 공동체는 구성원들이 함께 인식하고 공통적으로 인식하는 것을 발견할 수 있는 공간을 제공하는 사람들에 의해 성취되어야 하며, 그들은 상호주관적인 감각을 창조하는 방법을 찾아야만 한다. 다시 말해 이는 일종의 상상력의 인식으로 가득 찬 공간으로서, 참여자들이 자기 자신의 형성과정과 타인의 존재의 과정에 대한 대안적인 가능성을 상상하는 공간이다. 공동체는 어떤 사회적 계약이 참여하고자 하는 개인에게 가장 합당한지에 대한 질문이 아니다. 그것은 공유하는 대상을 추구하는 과정에 어떻게 기여할 수 있는지, 그리고 공존의, 상호성의, 공통된 세계로 향해 나가는 방법에 대한 질문이다.

2장에서 설명한 것처럼, 다른 이의 범주화 혹은 내적인 시각으로 고정화되고, 유행과 성향에 사로잡히고, 주도적인 역할이 필요한 행동 대신 소극적으로 참여만 하는 것을 피하고자 한다면, 새로운 시작들에 대한 지속적인 의식이 필요하다. 마틴 루터 킹(Martin Luther King, Jr) 목사가 교회의 개개인에게 설교를 통해 개인 차원에서의 가능성을 새롭게 할 뿐만 아니라, 시민으로서의 인권에 관심을 갖는 공동체의 구성원으로서 자신을 기술하는 모습을 생각해보라. 전에는 거의 상상할 수 없었던 생동감 있는 삶의 장면으로 그들이 의식화되면서, 그들은 특별한 방식으로 함께 존재하는 초월감을 느끼게 되었다. 초월은 종종 개인적인 차원이지만, 이를 경험하면서 변화된 공동체로 함께 모였다. 그러한 의미에서, 그들은 초심자의 공동체로서, 그들이 함께 행동하면 무엇이 될지 상상하기 시작하였다. 그들 중 많은 수가 백인 중심의 세계에서 멸시 당하던 어린이였다. 가치 있는 인간으로서의 책임감, 상상력 그리고 가치 있는 인간으로서 그들에 대한 사랑이 그들 자신을 넘어서서 그들의 삶을 변화시켰다.

시민운동과 그 이후에 이어진 동성애자나 노숙인 지원을 위한 운동들은 공동체 의식이 생성되기 전부터 서로 다른 사람들 사이에서 일어나는 적극적인 상호협력주의의 필요성을 나타내는 것처럼 보인다. 고등학생들이 노숙인 동급생을 위해 오래된 건물을 복구하기로 결정할 때, 에이즈 환자에게 도움을 주는 상황에서, 정원 돌보기와 과외 같은 경우는 아렌트가 논하듯, 진부함, 단조로움, 혹은 젊은 이들의 자극을 추구하는 일상의 "자동화의 과정을" "파괴한다"(1961, p.169). 정치적 견해로 감옥에 갇히면서 절망적인 지루함과 감옥 생활의 절망을 경험한 하벨(Havel)은 그러한 상황에도 불구하고 아내에게 보내는 편지에서 인류 공동체성에 대한 희망을 표했다. 그는 편지에서 그러한 공동체성의 더 나은 전망이란 반드시 새로운 프로그램이나 프로젝트에 있지 않고, "기본적인 인간관계의 복원"에 있다고 전한다. "사랑, 자선, 동정, 관용, 자기 통제, 연대, 우정, 소속감, 가까운 사람들에 대한 구체적인 책임을 수용하는 것. 이들이야말로 내 생각에는 새로운 '상호실존(interexistentiality)'의 표현인데, 그 자체로 사회 형성과 세상의 운명을 결정짓는 새로운 의미를 불어넣을 수 있다"(1983, p.372). 하벨은 가식이나 공리주의를 피하고, 다른 이들에게 생명력을 부여하도록 선택하기 위한 반성과 대화의 필요성을 인식한다. 그는 (희박하게도) 희망에 열려 있으며, 상상을 통해 "젊은이들의 저항 운동과 진정한 평화 운동, 인권을 보호하기 위한 다양한 활동"에 적극적으로 참여한다. "요약해서 말하자면, 이러한 움직임은 위기에 처한 세계에 저항하며 진실하고 의미 있는 공동체를 창출하기 위해 끊임없이 되풀이되는 행동양식인데, 이는 단순히 위기에서 벗어나고자 하는 노력뿐만이 아니라, 명확한 숙의의 과정과 진정한 신념을 수반하는 겸허함으로 전력을 다해 세계의 건전한 상태를 위해 책임지는 모습이다"(p.372).

그리고 우리는 또한 아이들의 건강에 대해서도 책임져야 하는데, 이 아이들의 정체성은 인간적인 공동체의 존재 여부와 직결된다. 개인의 정체성은 관계와 대화의 맥락에서 형성되는데, 우리는 모든 어린이들이 자신을 가치롭게 여기고 행동가의 모습으로 성장하도록 도와주는 일종의 상황에 관심을 가져야 한다. 너무나 빈번하게 "장애인" 또는 "낮은 I.Q." 또는 "저소득층"이라는 이름으로 젊은이들이 "치료" 또는 "훈련"의 대상이 되고, 때로는 "돕기"를 바라는 사람들의 우선적인 시혜 대상이 된다. 사회적으로 그런 젊은이들을 상상할 수 있고, 선택할 수 있고, 자신의 유리한 고지에서 인식할 수 있는 가능성에 따라 행동할 수 있는 존재로 간주하지 않는다. 대신, 그들은 외부의 압박, 조작 및 예측의 대상이 된다. 기존의 지원 체계는 그들의 쉼터에서 더이상 활동가로서 사용되지 않는 대신에, 오히려 그들에게 크게 다를 바 없이 펼쳐지는 치료, 중재, 통제를 합법화한다.

바로 이것이 교실에서 예술의 중요성을 격렬히 논해야 하는 이유 중 하나이다. 우리가 나누는 이야기가 어떻게 도움이 되는지, 그림 그리기가 어떻게 도움이 되는지 알아가고 있는데, 새로운 것을 매일 학습자의 삶에 추가할 수 있는 상황에 대해 생각해 볼 필요가 있다. 포스트모던적 사고에서는 피험자를 이미 결정짓거나 미리 정의하지 않는다. 그것은 과정 안에 있는 사람들의 존재 가치를 추구하고 그들 자신의 희망의 가능성을 생각한다. 어떤 사람들은 거대한 경기장에서 싸우려는 노력보다는, 제한적이나마 지역 공간에서 벌어지는 권력의 행사에 대한 저항을 논의하기 시작했다. 이제는 (이전과 다르게) 어느 특정한 고착물과 구조화된 범주를 유지하려 애쓰는 모습을 파괴한다는 것이 무엇인지 고려할 수 있는 가능성이 있고, (가능하다면) 특정 아동들을 있는 그대로 인정할 수 있다. 이러한 아동들의 차이점과 그들의 연계성에 구체적으로 관심을 보이고, 아동들의 세계를 읽고 아동들의 밑그림을 돌보는 것을 천직으로 여기면서, 교사들은 자신들이 상상력을 통해 이 아동들에게 대응하고, 윤리적으로 다가가는 자신들을 발견할 것이다. 나는 공평함이란 부주의하게 소외되어 위험군이라고 불리는 있는 이들을, 선택할 능력이 있는 살아 있는 존재로 마주하는 것이라 믿는다. 그런 방법으로 우리는 규범적인 공동체, 공평함과 원리, 그리고 책임감과 보살핌에 의해 조명되는 공동체를 시작할 가능성이 높아진다.

　　젊은 독자들은 자신들의 삶에 비추어 경험을 더 넓고 깊게 하면서 동시에 익숙하지 않은 방식으로 이러한 상황들과 마주해야 한다. 이러한 확장을 통해 독자는 자신의 경험에 대해 일반적으로는 보이지 않는 미지의 차원을 발견한다. 새로운 관계를 향해, 공동체를 향해 나아갈 뿐만 아니라, 그러한 독자는 또한 새로운 방식의 자기-정의로, 차이와 가능성 모두에 대한 발현적인 인식을 통해 새롭게 출발한다. 이러한 연계성은 친숙한 독자 자신과 토니 모리슨의 소설 속의 피콜라의 자아나 철도 노동자 또는 맘보 춤꾼 사이에서 발견되고, 상상력이 자유롭게 되어 창문들이 실생활 안에서 열리고, 삶에 대한 모든 종류의 새로운 대안들이 명확해진다.

물론 자신이 활동가라는 의식이 있고, 자신을 대변할 준비가 되어 있는 그러한 사람들의 공동체를 건설하는 가운데 다양성과 차이의 가치를 승인하기는 어렵다. 그러나 교실에서의 많은 목소리의 차별성에 주목한다면, 공동의 신념을 식별해야 하는 중요성이 높아질 것이다. 다시 말하지만, 이러한 신념은 대화를 통해서만, 타인의 자유에 대한 존중과 그들의 가능성에 대한 존중을 통해서만 나타날 수 있다. 예술과 이야기 나눔의 풍부한 경험을 통해, 교사는 자신들의 개인사와 학생들의 역사 간의 연결점을 지속적으로 찾을 수 있다. 학생들은 자신의 이야기를 나누거나, 춤을 추거나, 노래할 수 있는 더 많은 기회를 제공받는다. 학생들은 상상력을 바탕으로 그들의 이야기를 미디어로 전환하는 방식을 통해 친구끼리 서로 바라보기 시작하고 자신들의 작은 세계의 공간을 함께 넓혀가도록 함께 움직이도록 자극받을 수도 있다. 다양성에 대한 확장된 감각을 감안할 때, 그들의 이야기와 그들의 협력은 종종 부정, 부조리, 그리고 위법에 대한 분노로도 표출된다. 교사와 학습자는 함께 이야기하고 선택해야 할 뿐만 아니라, 상상력이라는 퓨즈에 불을 지피고, 그 가능성으로 변형한다는 의미를 탐사하기 위해 아직 밟아보지 않은 가능성을 바라보아야 한다.

교사로서 우리는 세상에 있을 수 있는 보편적인 세계를 예측할 수 없을 뿐 아니라, 어떠한 종류의 공동체를 다른 것보다 확정적으로 정당화할 수 없다. 그렇지만 우리는 젊은이들이 모이는 장소에 따뜻함을 가져올 수 있고, 독백과 엄격함을 경계하는 대화와 웃음을 가져올 수 있다. 그리고 분명히 우리는 정의와 자유, 그리고 인권에 대한 존중에 대한 신념을 중심에 놓는 그러한 원리를 확정하고 재확정할 수 있는데, 이러한 가치 없이는 환영과 위험군의 정도에 관계없이 모든 이를 포용하는 가치의 고귀함에 응답조차 할 수 없다. 오직 더욱더 많은 사람들이 그러한 원칙이 탄생하는 방법을 배우고 그러한 원리에 따라 실천하고 말하기를 결정할 때, 그때 비로소 우리는 공동체를 형성하게 된다. 우리가 할 수 있는 일은 열정을 품고서 설득력 있게 다른 사람들과 이야기하는 것이다. 우리가 할 수 있는 일은 서로의 눈을 바라보고 서로에게 새로운 시작을 촉구하는 것이다. 우리 교실은 반드시 서로를 자라게 해야 하고 사려 깊은 동시에 공정해야 하며, 참 인간이 무엇이고 생동감이 무엇인지에 대한 다양한 개념이 살아 움직이도록 박동하도록 해야 한다. 교실에서 젊은이들이 대화를 통해 설명하고, 언제나 미완성인 대화의 소리들에 귀 기울여야 하는데, 여기에는 언제나 더 발견하고 더 말할 내용이 있기 때문이다. 우리는 학생들이 서로가 폭넓게 각성되도록 격려하고, 상상적인 행동을 취하고, 가능성의 의식을 새롭게 하는 가운데 우정을 쌓아가도록 희망해야 한다.

04

◆

교육학의 발견

한나 아렌트가 일전에 (브레히트의 말을 빌어) "암흑의 시간들"이라고 불렀던 내용을 소개하고자 한다. 여기서 언급하는 시간들은 "공공 영역에서 훤히 밝혀져야 할 불빛들이 '불신의 틈'과 '비가시적인 정부'에 의해서, 진실을 숨기고 감춰둔 채 진행되는 연설에 의해서, 도덕적이든 아니면 여타 방식이든 크게 상관없이 옛 진리를 고수하는 명목으로 모든 진리를 무의미하고 사소한 것으로 평가절하하는 그러한 간곡한 권고에 의해 소멸된다"(1968, p. viii). 그녀는 사르트르의 소설『구토(Nausea)』에 묘사된 이와 똑같은 조건들, 다시 말해 모든 것이 "불투명하고 무의미한 존재함(thereness)"으로 살아가는 모습을 언급한다. 그리고 그녀는 하이데거의 저서『존재와 시간(Being and Time)』에 나오는 유사한 경험을 지적하는데, 이는 특히 "그냥 한 얘기"가 진정성과 현실에 대한 폭력이 되는 경우이다(1962). 암흑의 시간들에 대한 이러한 견해가 오늘날 교육학에 어떠한 의미를 부여하는가? 진정성을 어떻게 확보할 수 있을까? 의미가 어떻게 복원되는가? 어떻게 소멸된 불빛을 다시 밝혀, 교사와 학습자가 서로 만나 연설과 행동을 통해 그들이 누구이며 무엇을 할 수 있는지 보여줄 수 있을까?

이번 장에서는 주요 답변에 대한 탐색을 이미지, 가능성에 대한 몇 가지 개념들, 그리고 몇몇 주위를 기울여야 하는 언어에 대한 탐색으로 시작하고자 한다. 그러한 이미지는 상상력이 풍부한 문학 작품에서 비롯하는데, 다큐멘터리 자료와 달리 문학은 대개 심금을 울리기 때문이다. 즉, 단어는 그들이 표명한 것 이상의 의미를 포괄하는데, 다른 이미지, 기억들, 소망하는 것, 상실한 것, 결코 완전히 파악되거나 이해되지 않는 것에 주위를 기울이는 그러한 의지를 불러일으킨다. 이러한 이미지들을 통해 나는 독자들에게 상호 주관적인 세계의 모습의 면모, 다시 말해 교사들이 현장에서 직면하는 위험하고 위기에 처한 세계를 상기시키고자 한다. 우리는 세상을 변혁시킬 수 있는 상황 속에서, 어떻게든 이 세상을 이해하고 다른 이들이 이를 이해하도록 자극해야 한다. 첫 번째로 제시하고 싶은 이미지는 "독성 구름(noxious clouds)"이다. 이 유독한 구름은 돈 드릴로(Don DeLillo)의 소설 『화이트 노이즈(White Noise)』에 등장하는데, 중서부 대학 도시의 철도 차량에서 치명적인 화학 물질이 누출되는데 일상적으로 눈에 보이지는 않는다. 청소년 하인리히(Heinrich)는 그 "구름"을 암시하면서, 일상적으로 우리를 둘러싸고 있는 라디오, TV, 전자레인지, 전력 공급선, 고속도로의 과속 탐지기와 같은 방사선이 진정한 문제라고 지적한다. "그들은 수 년 동안 적은 양의 노출은 위험하지 않다고 우리에게 설명해 왔다"(p. 174). 사람들은 무명, 무취, 무제한(ubiquitous)과 관련하여 무엇을 하는가? 그들은 해석하거나 이해하지 못하는 무게감

아래에서 무엇을 하는가? 드릴로가 상상하는 것처럼, 그들은 슈퍼마켓에 가서 쇼핑을 하거나, 죽음의 두려움을 떨쳐 버릴 약을 구하러 다니거나, 기술적이고, 컴퓨터화 되며, 비인간적인 모습으로 점유된 히틀러 연구를 도피처로 삼는다. 소설 끝부분에서 작가는 이렇게 마무리한다. "이곳이야말로 나이에 상관없이 우리가 함께 기다리는 곳이고, 카트에는 화려한 제품들로 가득 차 있다. 천천히 움직이는 계산대에서 그 앞에 진열된 연예잡지, 다시 말해 미신과 외계인에 대한 이야기들, 기적의 비타민, 암 치료, 비만 치료, 연예인과 죽은 자에 대한 추종의 내용이 담긴 이 잡지들을 둘러볼 여유에 만족한다"(p. 326).

물론 일부 사람들은 적어도 대중문화와 관련하여 문자 그대로의 의미이든, 기술적인 의미이든, 상징적 감각이든 구름이 의미하는 바를 이해하려고 노력한다. 그러나 라디오에서 "깃털 기둥(feathery plume)"이라고 묘사한 독성 구름을 어떻게 파악할 수 있을까? "방대한 데이터베이스에 기반한 집계"에서 누군가 사망하리라는 기술자의 설명을 (그리고 그 사람도 결국 자신의 데이터의 "합계"라는 면모를) 어떻게 파악할 수 있는가? 비록 이 자료가 "그와 같은 방식으로 최소한 오늘이나 내일은 아니더라도" 당신에게 필연적으로 벌어지리라는 것을 의미하지 않을지라도 말이다. 마이렉스 장비를 갖춘 사람들이 구석구석에 숨어 있는 독성 물질을 탐색하는 저먼 세퍼드 탐색견과 함께 지속적으로 등장하는 모습을 어떻게 이해하는가? 호스로 연결된 마스크를 착용한 사람들의 얼굴을 볼 수도, 그들의 표정을 읽을 수도, 그들이 무엇을 아는지 알 수도 없다.

다양한 방법으로 숨겨진 지식을 생각하자면 움베르토 에코(1983)의 소설『장미의 이름』에 등장하는 수도원의 미로 도서관이 떠오른다. 중세의 수도원의 도서관에서 수사들은 입을 막기 위해 살해당한다. 창문들, 서적들, 암호 및 조각과 거울 및 일반 가정용품들은 기호와 상징들의 현실을 반영하는데, 이들은 오직 해방된 마음을 통해서만 그 암호가 풀린다. 도서관의 책과 책에 담긴 지식은 소유되고, 통제되며, 비밀로 유지된다. 거기에 존재하는 "배움의 보물"(p. 195)은 다른 사람들이 처분할 수 없다. 여러 가지 범죄를 해결하기 위해 파견된 영국 수도자인 윌리엄은 "지식에 대한 욕망"(p. 395)을 발견하는데, 이 욕망은 도서관의 비밀을 지키려는 수호자의 특징으로 묘사되고, 수음(onanism)과도 연관되는데(p. 396), 왜냐하면 그 지식이 결국 자신의 이익을 추구하기 때문이다. 그렇지만, 우리는 선택적으로 현재의 미혹에 대한 은유로서 지식의 수호자격인 수도사들의 모습을 볼 수도 있다. 오늘날 공공 기관에는 육각형 모양의 방들도 없고, 조각 난 출입구도 없으며, 봉인된 책을 보관하는 스테인드글라스로 꾸며진 공간도 그리고 미스터리에 휩싸인 수도사도 없다. 그러나 위르겐 하버마스(Habermas)가 지적하듯 맥락에 대한 고려가 없는 의사소통(1971, p. 164), 즉 비용과 혜택에 대한 언어, 현상을 "설명"하기 위해 기계적인 논리를 남용하는 언어는 "왜곡"이다. 정보를 제공하는 납품업자 중에는 단순히 기호나 상징으로 해독할 수 없는 현실을 제시하면서 다른 이들을 기만하는 이들도 있다. 그들이 제시하는 지식은 자신을 위한 지식도 아니고 오히려 비밀스런 지식이며, 그럼에도 불구하고 그 암시하는 바가 매우 위험하다. 이를 지키고 소유하고자 하는 사람은 자신의 방식으로 욕심에 차 있고, 탁월한 안목으로 지식을 접하는 방법을 모른다면 그들에게 도전장을 내밀 방법이 없다.

그리고 익명으로 존재하며 자신들에게 통제의 권한을 부여하는

"그들"은 누구인가? 내가 전에 언급한 다른 이미지를 통해 그 질문에 답변하고자 한다. 조세프 콘라드(Joseph Conrad, [1902], 1967)의 소설 『어둠의 심연(Heart of Darkness)』에서 화자인 말로우(Marlow)는 회사 책임자, 변호사, 그리고 회계사 세 사람에게 지구의 "어두운 장소"에 대해 논의하고, 광막함에 대면하는 것이 어떠한지, 그리고 "다행히도 진실이 숨겨진" 이해할 수 없는 삶을 사는 것에 대해 언급한다. 이를 통해 정복자의 모습을 설명하려 하고, 탐욕과 야비한 권력행사가 주는 매혹, 그리고 "무력한 은폐, 항복하는 이들, 증오에 찬 이들"에 대해 무언가 지적으로 설명하려 한다. 그러나 그는 또한 그들이 자신을 이해할 수 없다는 점을 깨닫고, (아이러니하고도 신랄하게) "조심하라. 우리 중 누구도 이것을 정확하게 느끼지 못한다. 효율성, 다시 말해 효율성에 대한 헌신만이 우리를 구한다"(p. 214)라고 말한다. 권력 구조 속에서 흠뻑 취해 자신의 역할을 다하며 이 속에서 자연스럽게 정착된 나머지 이 세 명은 화자의 발언을 이해하지 못한다. 실제로, 정복자였으나 추후에 자신의 암흑의 공간에 머물게 된 커츠(Kurtz)를 탐색하려고 언급하는 많은 순간들을 저지하려고 애쓴다. 말로우는 "당신은 이해하지 못한다. 견고한 포장도로 위에 서 있고, 주위에는 친절하게 자신을 응원하거나 혹은 짓밟을 준비가 이웃들이 휩싸고 있다. 이들은 정육점 주인과 경찰관 사이를 섬세히 걸어가고 있는데, 당신이 어떻게 할 수 있으려고?"라고 울부짖는다. 말로우는 일부 사람들은 너무 어리석은 나머지 "암흑의 세력"에 의한 폭력을 눈치 채지 못하거나, 혹은 일부 사람들은 "너무나도 격양된 나머지 천상의 광경과 소리만" 보고 들을 수 있는 시각·청각 장애인과 같다고 말한다. 그러나 우리 대부분에게 "이 세상은 우리가 여러 광경, 소리, 냄새도 참고 살며, 오 주여(By Jove)!, 이른바 죽은 하마 냄새를 맡고, 소위 말해 오염을 참고 살아야 할 공간이다"라고 주장한다(p. 261).

말로우는 청중이 ("둔한" 그리고 "격앙된"과 같은) 애매모호한 태도를 취하는 그러한 살아있는 세계에 관심을 기울인다. 하지만 그러한 세상은 인과관계를 분명히 설명할 수도 없고, 벌어지는 일들에 대한 계량적인 측정이 불가능하다. 기껏해야, 거주민들의 관점에서 유추할 때 다양하고 잠정적인 의미가 된다. 말로우가 살아간 세계에는 상아 사냥꾼, 관리인들, 배 조종사들, 흑인 조타수들, 원주민 여성, 커츠의 "위대함과 관대함"을 영원히 믿는 소녀, 그리고 죽기 전에 "공포, 공포!"라고 외쳤던 커츠 그 자신이 공존한다(p.289). 물론, "진실은 숨겨져 있다". 그러나 의미를 향한 가능성이 남아 있어야 하며, 우리 삶의 세상이라는 강을 따라 내려갈 때 선택이 오염되어서는 안 된다.

구름, 비밀 지식, 그리고 현실에 대한 무지의 욕망과 같은 이미지를 현재 상황에 적용해보자. 우리가 유년기의 현상학, 해석학, 기호학, 문학 비평과 같은 인문과학을 "접할" 때, 우리는 일종의 움직이지 않는 구름에 의해 촉발된, 그리고 비가시적인 무언가에 의해 오염된 사회 세계와 어떻게든 관련되어 있다. 이 구름이란 우리에게 주어진 것, 당연시 여기는 것을 "자연스럽게" 여기는 것, 그리고 사물에 대한 일상적인 접근이다. 나는 또한 현대의 세상이 모든 종류의 공식 언어로 구성되고 관리되는 세계라는 점을 명심해야 한다고 생각한다. 종종 그들은 지배, 권리 및 권력의 언어인데, 평범한 인간의 말에 경청하고 우리의 교수법을 어떻게든 개정해야 하지만 끔찍한 침묵으로 일관한다. 현대 세계는 또한 우리가 전통이라고 간주하는 것들이 화석화되고, 사적으로 고립되어 있거나 혹은 삶의 경험, 우리 삶의 지평에서부터 멀어진 미묘한 분위기에 휩싸여 있다.

　　일부의 사람만이 코드를 해독하고, 이에 내포된 의미를 발견하고, 그들이 적법한지를 파악하는 비전과 시각을 지닌다. 확언컨대 교육자인 우리 모두는 젊은이를 이해하고 우리 자신의 인식의 지평을 회복하려는 노력이 교육학적인 실천의 관념과 연결되어 있어야 한다고 믿고 있다. 그리고 우리가 고안한 교수법을 통해 학생들의 의식을 고양시키면서 이들을 일깨우고, 그들이 자유를 추구하는 역량을 키워 결국에는 자신들의 삶의 세계를 변혁할 수 있어야 한다고 확신한다. 그렇지만, 우리가 학생들을 교육시키고 (그들을 통해 배워나가면서) 신비하고 위험한 세상을 해석하고 어려움을 극복하는 동시에, 이들이 창출해 가는 의미의 통찰력을 소중히 여기고, 그들이 공유하는 직관들을 더욱 깊게 성찰할 필요성도 있다. 우리는 학생들의 삶을 그르치는 틀을 깨고자 노력하고 있지만 동시에 급진적인 사회적 정치적 관점을 바탕으로 활동하는 이들의 비평을 진지하게 받아들여야 한다. 우리 모두는 비밀 장소라고 불리던 대상들을 탐구하고 복구하기를 소망하지만, 파울로 프레리(Paulo Freire)가 "인간화"(1970, pp. 27ff.)라고 부르고, 한나 아렌트(Hannah Arendt)가 "보편화된 세계"(1961, p.196)라는 이름으로 활동하는 그러한 비밀 장소를 공공의 영역으로 연결해야 한다.

　　사르트르가 제안하듯, 특정 방식으로 행동하고, 더 나은 사회 질서를 선택하며, 결과적으로 존재로서의 가치를 실현할 수 있을까? 무엇이 우리가 인지하고자 하는 "다른 상태의 현상", 즉 "우리의 어려움과 고통에 새로운 빛을 부여하고" 우리가 "이들을 참을 수 없다고 결정"하도록 돕는가? 아직 현실화되지 않은 가능성을 향해 나아가기 위해 필수적인 "교육과 반성"을 통해 우리는 무엇을 상상할 수 있겠는가?(Sartre, 1956, p. 435).

더 나은 사회 또는 전보다 더 나은 학교 시스템을 위한 구체적인 청사진은 없다. 그러나 우리는 문학에서 더 많은 이미지를 탐구함으로써, 우리의 상상력을 만들기 시작할 것이다. 나는 이러한 이미지들을 제공하면서, 독자들이 실제를 넘어서서 스스로를 찾고, 가보지 않은 가능성을 향유하기를 바란다.

마음속에 제일 먼저 떠오르는 이미지는 소설『컬러 퍼플(The Color Purple, 1982)』의 끝부분에서 앨리스 워커(Alice Walker)가 묘사하는 햇빛 가득한 정원의 남성, 여성 및 어린이 한 명이다. "헨리에타(Henriett)는 왜 7월 4일에 항상 가족끼리 모이는지 질문한다. 하포(Harpo)도 백인들은 영국에서 독립한 7월 4일을 기념하느라 정신없으니, 우리 흑인 친구들은 일할 필요가 없다. 우리는 그냥 서로 축하하면서 하루를 보내면 된다고 말한다.(p. 250)." 또 다른 장면으로는 상게(Ntozake Shange)의 소설,『무지개가 충분할 때 자살을 고려하는 유색인종 여성들(For Colored Girls Who Have Considered Suicide, When the Rainbow is Enuf)』이 떠오른다. 이는 한 여성에 대한 회상인데, 그 당시 유색 인종인 자신에게 금지된 성인전용 도서관 방으로 달려가서, 투상 루베르튀르(Toussaint L' Ouverture)를 접하면서, "나에게 주어진 현실을 시작하게 된 장면이다"(p. 26). 그 첫 이미지는 결합과 가족간의 사랑이고, 두 번째 이미지는 초월과 아동의 관점 이상으로의 발돋움인데, 그녀는 "선구자적인 소녀들, 신비한 토끼들(magic rabbits), 대도시 백인 소년들"이 자신을 참을 수 없는 장소에 가두어 두었다는 사실을 깨닫는다.

세 번째 이미지 역시 도서관에서 벌어지는데, 버지니아 울프(Virginia Woolf)는 영국 박물관에서 책을 찾는 여성을 묘사한다. 그녀는 트레베리안(Trevelyan)의『영국의 역사』라는 책에서 여성을 어떻게 기술하고 있는지 읽게 된다. 책을 다 읽고 난 후 그녀가 내린 결론은, "만약 여성이 남성들의 기술한 소설 속에 존재감이 없다면, 누군가는 그녀를 가장 중요하고, 매우 다양하고, 영웅적이고 야비하며, 훌륭하고 냉소적이며, 무한정 아름답고 최고로 끔찍한 존재, 결국 남자처럼 훌륭한 존재, 누군가는 남자보다 훨씬 더 훌륭한 사람으로 상상할 것이다. 그렇지만 이는 허구 속의 여성이다. 사실 트레베리안 교수가 지적하는 그녀는 감금되어 있고, 구타당하고, 방에 넘어져 있다"([1929] 1957, p. 45). 버지니아 울프가 이러한 현실을 참을 수 없다고 판단하고 "자기만의 방"을 가져야 한다는 그녀의 요구로 옮겨간 것이 지금 이 순간은 아니었을지 모른다. 그 여성은 독서를 통해 반성하고, 거부했다. 사르트르의 표현대로라면, 그녀는 교육을 받게 되었다.

　네 번째이자 마지막으로 소개하고자 하는 이미지는 반성과도 관련이 있으며 또한 윤리적인 문제, 전염병에 걸려 세상을 살아가는 이들에 대한 거부에 대한 내용이다. 알베르 카뮈(Albert Camus)의 소설 『페스트(The Plague, 1948)』에 등장하는 타루(Tarrou)와 닥터 리유(Rieux)를 생각하게 되는데, 그들은 정신적으로나 육체적인 전염병에 대항하여 투쟁하는 가운데 우정을 선보인다. 실용적으로 그리고 은유적으로 사람들이 "그들 자신을 돌봐야 하는지" 꾸준히 생각해야 할 이유를 생각하면서, 타루는 전염병에서 안전한 사람은 없다고 설명하며, 부주의한 순간에 호흡기를 통해 누군가를 다른 사람에게 호흡시켜 미생물을 전염시킬 가능성이 있다고 설명한다. "남에게 감염시키지 않는" 좋은 사람이란 "타인에 대한 관심을 최소화하는 사람"이다.

리유에게 자신의 삶의 이야기를 전하면서, 타루는 이렇게 언급한다. "아시다시피, 나 자신이 모르는 척하고, 타인도 외면하면서, 그들이 살인 혐의를 인정할 만큼 많은 논쟁을 들었습니다. 그리고 나의 모든 어려움이 평범하고 명료한 언어를 사용하지 못해 생겨났음을 깨닫게 되었습니다. 그래서 나는 항상 명료하게 말하고 행동하도록 결심하였는데, 이는 나 자신이 올바른 길로 움직이게 하는 유일한 방법이기 때문입니다. 그것이 전염병과 희생자들이 있다고 말해온 이유입니다. 단지 그것뿐입니다. … 그래서 나는 모든 역경 속에서 피해자를 대변하면서 피해를 줄이기로 결심했습니다"(p. 230). "연민의 경로"를 취하면서 그는 "신이 없는 성인"이 되고 싶어 했다. 대부분의 우리의 고민이 명료하게 말하지 못한 탓은 아니지만, 교리와 권위에 대한 열정적인 거부를 연민과 연결시키면서 가능성에 대한 비전을 제시한다. 그 무엇보다도 "전염병"이 (살인을 승인하고 굴욕을 승인하는) 무관심, 추상성, 그리고 공모를 의미한다면, 이들과 투쟁하기 위해서는 신중함이 참으로 필요하다. 그리고 아마도 신중함과 돌봄이 우리의 교육학이 펼칠 방향이라 생각한다.

이와 같은 이미지를 초월하여 그들이 제시하는 교육학을 그려보는 가운데 몇 가지 주의해야 할 단어를 떠올리게 된다. 미셸 푸코(Michel Foucault)는 교직에 있는 많은 이들은 서구 지식인의 독특한 문화적 의식을 공유한다는 점, 그리고 우리가 일정 부분 "권력이라는 시스템의 대리인"으로 존재할 수밖에 없다는 점을 상기시킨다(1977, p. 207). 그는 "의식"과 담론에 대한 책임감을 가지려는 우리의 생각이 그 체제의 일부를 형성한다고 지적했다. 비록 구속 없이 해방된 것처럼 보일 수 있을지라도, 우리의 언어 그 자체 안에 권력이 포함되어 있다. 예를 들어, 비판적 사고와 상상력이 풍부한 미래를 가르치는 방식으로 교육하기를 희망하는 사람들과, 보수적인 사회를 지키기 위한 요구 사이의 불협화음을 관찰해 보라. 푸코는 어떤 형태의 담론도(비록 많은 것은 그 규모가 작을지라도 말이다) 저항심을 키울 수 있다고 믿었고, (겁먹고 획일화된) 근본주의자들이나 다른 보수주의자들의 새로운 교수법에 대한 저항들을 생각할 때면, 나는 혼란으로 빠져들었다. 이 저항이야말로 분명히 교사와 교사 교육자들이 직면하고 고려해야 할 사항이다.

에너지의 자유로운 움직임, 널리-깨어있음(wide-awakeness), 진실성, 그리고 적어도 우리의 교실에서 목격하고 싶은 도덕적 감수성과 같은 사회 구조와 관련이 있는 단어에도 주의를 기울일 필요가 있다. 우리는 불평등, 무례함, 이데올로기의 압력을 무시하거나 방치할 수 없다. 또한 불평등하게 전달되는 지식, 아동들에 대한 차별적인 교육, 빈곤층과 이민자 경험에 대한 무례한 접근, 단면적인 개혁에 대한 제한 등은 모두 기존 사회 구조와 경향이 작용하는 방식이다. 그렇다고 해서 결정론적으로 학교가 외부 세계에서 일어나는 일을 필연적으로 반영해야 한다고 제안하는 바도 아니다. 하지만 나는 학교와 기존 사회경제적 질서 간의 상호작용에서 벌어지고 있는 악순환들, 즉 기회를 제공하기보다 사람을 가로막으면서 걸러내고, 이들을 해방시키기보다는 저지하며, 개인을 자유롭게 하기보다 미리 고정화된 행동방식으로 대면함으로 인해 벌어지는 일들의 의미를 성찰해보도록 제안한다. 관료주의와 행정적인 성격을 감안할 때, 나는 교사들이 이러한 의미에 저항할 수 있다고 온전히 낙관할 자신이 없다. 그렇다고 계단식 승진에 대한 생각과 우리가 현재 논의 중에 있는 "수석 교사"에 대한 규정을 편하게 생각하지도 않는다. 능력주의, 위계질서, 승진과 관련하여 당연하다고 여기는 태도는 새로운 종류의 비판적 해석과 삶의 세계에 대한 새로운 방식의 질문방식을 요구하는데, 인문학의 기원이 그러한 태도를 버틸 수 있을 만큼 견고한지는 예상하기가 어렵다.

　마지막으로 소개하고자 하는 우리가 주목해야 할 단어는 인간의 조건 그 자체와 관련이 있다. 이는 존재 자체에 대한 우리의 질문들이 공허한 침묵과 대면할 때 느끼는 즉 우리가 겪어야만 하는 삶의 어리석음의 경험들이다. 이는 생명의 유한성, 무작위성, 결핍, 그리고 공허함과도 관련이 있다. 알프레드 슈츠(Alfred Schutz)가 "근본적인 불안"이라고 지적한 바를 다시 떠올리게 되는데, 이 불안이란 우리의 삶이 본질적으로 무의미하다는, 그리고 땅을 밟고 평생 살아왔으나 우리가 살아 온 흔적을 남길 수 없다는 느낌과 관련이 있다(1967, 247). 그렇지만 그러한 불안감은 여러 프로젝트를 기획하고 행동을 계획하는 아이디어를 창출한다. 그러한 계획을 세우고, 참여자들을 예상하며, 그들에게 경건하게 다가감으로써 삶의 한 가운데에 우리의 정체성을 형성한다. 사르트르가 말했듯이 특정한 인간의 행위는 선택을 구체화하면서 사회 환경 전반으로 영향을 주고, 주어진 조건에 대한 부정이 아닌 주어진 조건을 그 기반으로 하여 세상을 일정 부분 변화시킨다. 그러므로 우리의 변혁적 교수법(transformative pedagogies)은 현재의 상황은 물론 현재의 상황을 초월하는 그 무엇과 관련된다. 사르트르가 언급하듯, 이처럼 초월한다는 것은 한 개인을 근본적으로 규명하는 바이고, 그 개인의 성장과정에 기초하여 한 개인의 성공을 의미한다(1963, pp. 92-93). 한편으로 이런 종류의 행동은 프로이드가 "문명과 불평등"(1953)이라고 명명한 것에 대한 반응인데, "문명화"의 정도를 "교육 받은" 정도라고 정의하는 것을 부정할 사람이 있겠는가? 문명화가 어느 정도는 쾌락에 대한 추구를 포기하고 다른 사람들을 존중하면서 욕망에 대한 어떤 억압이라는 점을 누가 부인할 수 있겠는가? 교사의 공동 관심사 중 하나는 원시적인 지평(primordial landscapes)을 압도하는 대안적인 견본과 도식에 대한 발견이어야 한다. 덧붙여, 욕망의 잠재성, 다양한 에너지의 추진력, 놀이를 통한 활력과 변화에 대한 의도를 용인할 수 있는 문명화를 창출함이 필요하다.

교사인 우리는 한계에 맞서기 위해 **의식적**으로 노력해야 한다. 구속 받지 않는 주체성의 재발견이나 전체적인 결정론에 대한 수용에서는 그 대안을 발견할 수 없다. 모든 인간 상황은 변증법적 관계성에서 이루어지는데, 이러한 관계란 개인과 환경, 자신과 사회, 또는 살아있는 의식과 대상 세계 간의 관계일 수 있다. 그러한 각 관계는 살아있는 상황의 반성적인 차원과 짝을 이루는 차원 사이의 중재와 긴장을 제시한다. 두 가지 차원은 모두 똑같이 중요하기 때문에 긴장감은 주체성 또는 객관성의 승리를 통해 극복할 수 없고, 변증법으로는 결국 해결할 수 없다.

더군다나, 과거로부터 항상 생존자가 존재하며, 항상 압박감이 상존하고, 삶의 상황에는 어떠한 종류의 **무게감**이 언제나 존재한다. 이 무게감은 환경이나 과거의 외상으로 인한 무게감, 혹은 소외감, 빈곤 혹은 이념의 영향으로 인한 경험이다. 우리는 그러한 무게감 또는 결정주의에 대면하고 부분적으로 그런 무게감을 초월하는 가운데 자유를 성취한다. 그러나 우리를 억누르는 것(또는 조건이나 한계)을 장애물로 인식할 때 비로소 자유를 추구하게 된다. 억압이나 착취, 오염, 또는 전염병이 자연스럽고 으레 있게 마련인 것으로 생각하는 곳에 자유가 있을 수 없다. 사람들이 대안을 구체화하거나 더 나은 상태를 상상할 수 없는 곳은 배가 정박해 있거나 잠수해 있는 상황과 같다.

우리 교사들이 인간적이고 해방을 지향하는 교육학을 개발하고자 한다면, 우리는 변증법적인 관계 속에서 우리 자신을 참여시켜야 한다고 느껴야 한다. 우리가 만약 가끔씩이라도 우리 자신의 잃어버린 즉흥성을 통제할 수 있고 아이들과의 소통, 심리치료, 예술 작품과의 교류를 통해 우리 자신의 배경에 대해 인식할 수 있다면, 우리는 경험하는 바를 더욱 발견하거나 해석할 가능성을 높일 수 있다(6장에서 이를 더 자세하게 논의한다). 그러한 참여는 합리성 자체가 아마도 원시적이고 지각적인 차원에서 이성적이기 직전, 성찰적이기 직전의 무언가에 근거한다는 점을 성찰하도록 자극할 수 있다. 워즈워스, 멜빌, 엘리자베스 비숍, 그리고 토니 모리슨을 읽을 때, 세잔, 고흐의 그림을 감상할 때, 이것이 사실임을 확신한다. 메를로-퐁티는 "지각은 초기의 **로고스**이고, 교조주의의 영역 밖에서 우리에게 교리의 본질을 알려주며, 지식과 행동의 임무를 가르쳐 준다"고 저술하였다(1964, p. 25). 객관성의 조건은 당연히 유동적이고, 보고, 만지고 듣는 등 사물에 대한 구체화된 의식의 유리한 지점과 관련이 있다. 메를로-퐁티는 지식을 감각으로 환원하지 않고, 주어진 의식의 관점에서, 사고하는 인간(cogito)이 의미하는 바가 나타내고자 하는 삶의 경험 속에서 합리성이 어떻게 시작되는지 제시함으로써, "합리성의 의식"을 회복하고자 노력한다.

젊은이들이 언어라는 삶으로 이동함에 따라, 메를로-퐁티(Merleau-Ponty)는 그들이 경험을 주제에 따라 분류하고 상징화하는데, 그는 인식의 수평선이 갈라지고, 지평선이 변화하며, 경험이 명료해진다고 믿었다. 선험적인 성찰, 즉 우리가 성찰하기 전 인지하는 대상들은 합리성의 출발 장소가 된다. 그리고 실제로, 우리 자신에 대한 현존은 완전함과 개방성으로 지각되는 세상과 지속적으로 연계되고, 우리의 아이디어를 표현하는 보편 문화로 우리의 의식을 개방하면서 그러한 세상을 **사고하려는** 우리의 능력에 크게 의존한다.

예를 들어, 『암흑의 심연』이라는 소설에 등장하는 세 명의 관료들은 (가령 그러한 능력이 주어진다 하더라도) 더 이상 위에 제시한 방식으로 존재할 능력이 없어 보인다. "나의 의도, 내 영역, 내 경력, 내 생각"에 대해 이야기하는 경멸적인 커츠(Kurtz) 또한 그러하며, "거짓된 명성, 허위를 통한 차별성 … 모든 성공과 권력의 모습"을 향한 그의 욕심 또한 그러하다(Conrad, [1902] 1967, p. 282). 전염병에 걸린 이들도 그러하다. 자신들이 지식을 소유할 수 있고 그 지식이 완벽하다고 간주하는 이들도 그러하다. 가능성에 대한 나의 이미지가 색과 모양 및 동작과 관련이 있는 이유이며, 이들이 연결성, 연민 및 돌봄의 표현으로 확장되는 이유이기도 하다. 이는 불완전성이 아주 중요하게 여겨지는 이유이며, 거짓된 결말과 사상의 전체 **체제**에 대한 거부, 그리고 때때로 "상호공존"이라고 불리는 것을 중요하게 생각하는 이유이기도 하다(Rorty, 1979, pp. 315ff.).

우리는 아이들에게로 그 초점을 맞출 필요가 있다. 우리는 그들의 인식이 외부 사건의 경험을 구성하고, 자기를 주변과 일치시키는 우리의 초기 방식이라고 알고 있다. (엘프 요정과 유니콘에서부터 아직 접하지 못한 성인 세계와 아직 살아 있지 않은 모험에 이르기까지) 상상의 세계를 구성하는 상상력처럼, 그들의 인식은 알고 있는 대상과 알려진 대상 사이의 관계를 바탕으로 기본적으로 작동한다. 가족과 다른 관계와 관련된 감정과 함께 살아있는 현실을 구조화하는 그러한 초기 방식은, 어린이들의 언어 학습과 경험에 대한 지적 학습과 관련이 있다. 이러한 통찰력은 우리의 아이들이 자유롭게 자신의 이야기를 나눌 수 있는 중요성을 분명히 지적하는데, 우리가 그 이야기를 경청하려는 목적뿐만 아니라, 그들 자신의 합리성을 의미 있게 탄생시키고 창출하는 데 기여한다. 이는 또한 세상을 해석하는 우리의 가치관과 양립할 수 없는 것처럼 보일지라도, 여러 종류의 경험적 타당성을 지지하는 일의 중요성을 상기시킬 수도 있다.

급진적인 비평가들은 종종 부정적인 결과를 초래하는 분위기를 논하는데, 이는 이방인으로 간주되는 어린이들의 삶을 배제하거나, 그러한 어린이들의 삶과 지식이 잘못되었다고 간주하는 혼란스러운 정보를 제공한다. 교사인 우리들은 우리가 가르치는 많은 사람들이 우리의 언어를 모방하고 우리의 용어를 암기하여 단순히 우리를 수용하고 있다는 느낌에 너무 친숙하다. 거리를 두려는 행동은 때로는 그런 식으로 보일지라도 대개 저항이 아니다. 그것은 종종 어린 시절의 소외감이나 의식에 대한 분열의 표현이다. 특별한 프로젝트를 기획하고 그 이상의 단계로 넘어가기 위한 노력들은 그러한 소외 문제를 해결할 필요성을 바탕으로 교사인 우리가 더욱 더 노력해야 하는 많은 이유 중 하나이다. 우리는 아동들의 말을 경청하는 방법을 이미 듣고 배운 사람들로부터 배울 수 있고, 그들이 말하고 기술하는 것에 주의를 기울일 수 있다. 우리는 아이들이 자유롭게 말로 표현하고 작문할 수 있는 환경의 조성을 위해, 그리고 그들이 무엇을 어떻게 왜 사고하고 그들이 무엇을 어떻게 관찰하는지에 대해, 그들이 말하고, 글 쓰고, 그들의 세상에 의미를 부여하는 방식에 대해 의식적으로 더 많은 일을 할 수 있다.

메를로-퐁티는 "경험을 통한" 탈중앙화(decentering) 과정과 중요한 질서 내에서 상호호혜성에 근거한 점진적인 성취를 논의한다. 이는 아이들이 상호간에 그리고 주위의 다른 사람들과의 관계에 서로 영향을 미치고, 새롭고 지속적으로 회복할 수 있는 과정의 일부이다. 메를로-퐁티가 말하는 이 중요한 질서는 기존의 주어진 조건이 아니라 가상의 조건을 통해 이루어지는 균형잡힌 상태이다. 개인은 자신에게 적정한 환경을 만들기 위해 일반적으로 허용되는 한도를 초과하여 가상의 조건을 현실화한다(Merleau-Ponty, 1967, pp.145-146). 상제(Shange)의 소설에 등장하는 갈색 옷을 입은 여성이 어린 시절 성인 전용 독서실로 이동한 일이 떠오를 것이다. 그리고 메를로-퐁티는 개개인이 중요한 질서에서 "인간으로서의 질서"로 나아간다고 논하는데, 인간으로서의 질서란 새로운 조건과 구조를 생산하는 일을 포괄한다. 그는(대부분의 교사들이 생각하듯이) 살아있는 인간 의식의 구체화 과정을 정의하는 일이란 "다른 사람들을 창조하기 위해 이미 창조된 구조를 넘어서는 능력"이라고(1967, p. 175) 믿었다. 이는 컴퓨터와 타블로이드, 외계인 이야기를 넘어 다양한 관점을 선택하고 생성할 수 있는 능력과 관련이 있다. 그것은 인지적인 의식, 표징을 통한 개개인과 상징적인 세상과 연관이 있다.

아이들을 포함하여 모든 인간들이 그들의 삶의 세계로부터 대상들, 진리들, 가치관들을 구성한다는 사실을 깨닫기 위해서는 교실에서 벌어지는 교육활동에 그 근거를 삼아야 한다. 어린이들이 표징의 대상이 되고 동시에 표징을 부여하는 세계를 가질 수 있도록 하는 것은 인도적이고 중요한 교육학의 중대한 관심사 중 하나이다. 메를로-퐁티는 **로고스**를 태초부터 염두에 두어야 한다고 생각하는데, 이는 (우리 자신이 어렸을 때와 마찬가지로) 우리의 학생들이 세상에 펼쳐진 프로파일과 불완전성을 인식하며, 영원히 관점과 지평이 변화하는 세상에 살고 있음을 제안한다. 도로가 굽어지는 것이 무엇처럼 보이는지, 매일 아침 일찍 부모님은 어디로 가시는지, 불명료한 목소리가 실제로 무엇을 말하는지, 어둠이 지닌 것이 무엇인지 등을 상상해보라. 그들은 발견을 인지하게 되고 그들이 모아 둔 지식의 의미가 퇴적되고, 유동적이고 다양한 형태의 세계를 **읽는 것에** 대해 무언가 발견한다. 그리고 더불어, 그들의 경험 또한 변증법적이기 때문에 그들은 의존성의 제약과 주어진 구조, 사실성 그 자체에 맞서 싸우고 있다고 느낄지도 모른다.

개개인이 지각하는 풍경을 이해하는 방식은 기억, 상상력의 헌신, 그리고 그 과정에 대한 반성에 국한되지 않는다. 우리의 교육학을 발전시켜 나갈 때, 우리는 구조주의적인 접근과 기호학적인 접근을 제외시켜서는 안 된다. 한 가지 예를 들자면 우리는 한스 게오르그 가다머(Hans-Georg Gadamer)가 "과학적 방법과 과학의 익명적인 권위(anonymous authority)에 대한 우상화"를 "현대 의식의 독특한 허위"라고 묘사한 그 생각을 간과해서는 안 된다. 가다머는 문제 해결법에만 휩싸이기보다 이해에 주목하고 상대방을 염려하도록 요청하고, 과제를 전문가에게 떠맡기기보다 "시민으로서의 가장 고귀한 임무, 즉 자신의 책임에 따른 의사 결정"을 지지하도록 촉구한다(1975, p. 316).

이는 교사들이 일상적인 틀을 깨기 위해 부단히 노력해야 하고 학생들의 의식을 감화시켜야 한다는 나의 주장으로 돌아온다. 은유적으로 말해 그것은 보이지 않는 구름과 은폐와 거짓된 의식과 무력에 대한 우려에서 비롯된 논쟁이다. 이는 젊은이들이 주도권을 가지고 행동하는 것과도 연결되는데, 결과적으로 이들은 대학살(holocaust)에 대한 위협과 두려움과 맞서고, 성장 과정에서 중요한 선택을 할 만큼 충분한 지식과 이해력을 필요로 한다. 확실하게도 오늘날의 교육이란 젊은이들이 비판적인 판단력을 통해, 때때로 변혁적인 행동양식을 바탕으로 그들의 상상력 넘치는 프로젝트를 통해 세상을 열어가는 방식이 되어야 한다. 우리가 제시하는 바가 성인 중심의 교수법이라며 반대하는 사람들도 있는데, 이들은 푸코가 지적한 권력에 대한 욕망이 절망적이게도 우리 안에 스며든다고 판단한다. 그들은 이 접근법을 억압적이라 판단하고 종종 아이들을 방임하는 방식을 선택한다. 아이들이란 구속되지 않은 자연적인 창조물로서의 능력이 있어서 헤게모니의 무게에서 일단 해방되어 어느 정도 이상적인 방법으로 행동한다는 신념을 지닌 이들이 있다. 그러한 사상가들은 어린 아동들이 그들의 때묻지 않은 순수함과 창의성으로 더 좋고 더 참신한 세상을 구성한다고 믿는 것 같다. 이러한 견해는 인간의 조건에 대한 현실과 핵 위협의 도전들과, 사고, 고문, 불평등을 간과한다. 우리는 소비자 중심의 사회와 기술 문화가 초래하는 고정성과 부패를 인정해야 한다. 우리는 기술과 폭력의 언어를 고려해야만 하는데, 학교에서조차도 이러한 비교육적인 방법이 진행되고 있다. 결국 그들은 대개 자기 복제와 현상유지의 요구로 충만한 위계적이고 관료적인 기관들이다. 본질적으로, 이런 기관들에서 탐험과 비판적 사고가 일어날 수 있는 열린 공간을 창출하기란 매우 어렵다.

그러나 우리 모두는 그 구조 속에서도 공동체를 창출하고 욕망들을 해방시킬 수 있는 틈새를 발견할 수 있다는 점을 알고 있다. 우리는 다양한 배경을 지닌 젊은이들이 언제나 새롭게 발생하는 문화 속에서 지속적으로 대화에 참여하도록 하는 방법을 배워야 한다. 교육을 통해 우리가 맡은 특별한 책임이란 그 대화를 갱신하고, 여성의 목소리, 이민자의 목소리, 히스패닉과 동양, 아프리카, 아랍, 미국 원주민의 목소리처럼 기존에 미국에서 오랫 동안 침묵해오고 들리지 않았던 목소리를 포함시키는 것이다. 이는 과학과 인문학 분야에 대한 개방된 작업일 수 있는데, 이들은 어린이와 젊은이들이 자신과 우리의 공동의 세계에 대한 새로운 시각을 발견하도록 인도하는 가능성이다. 우리는 모두 "문화적 재생산"이라고 불리는 문제와 피에르 부르디외(Pierre Bourdieu)가 "경제성의 상징적인 자본으로의 전환"(1977, p. 196)이라고 규명한 바를 잘 알고 있다. 우리는 문화를 전파하는 과정이 경제와 관련된 모순과 부인을 거르고 심지어 부정하는 데 사용될 수 있는 정도를 알고 있다. 그러나 그 문제는 교실에 있는 모든 다양한 학생들의 문화적 형태를 다시 활용하도록 자극하는데, 이는 해석적 · 비판적 접근에 대한 강조를 통해, 영역을 개척해나가고 새롭고 기대하지 않은 독서를 통해 모든 종류의 형태를 만들고자 하는 지속적인 노력을 통해 이루어진다. 의미는 단순히 주어지거나 드러나 있는 것이 아니라 다양한 방법을 통해 얻어낼 수 있다는 것을 인지하면서, 우리는 젊은이들이 "의미의 영토"(Schutz, 1967, p. 231), 즉, 세상으로 관심을 기울이도록 허락하는 여러 통로로 진출할 수 있는 새로운 방법을 찾아야 한다. 위압이나 통제가 아니라 자극과 해방을 통해 아이들이 어떻게 의미를 찾고자 뻗어 나가고, (조금 열린 문 틈으로) 통상적인 제약에서 벗어나고, 일관성과 설명들을 찾아나서는지 이해할 수 있다.

젊은이들은 일단 자신의 세계를 명명하기 시작하면서 여러 가지 현실을 구성할 수 있는 역량을 갖추고 있다. 그리고 그 이름 짓기는 개념적 네트워크와 기호 체계, 즉 문화가 납득이 가능한 방향으로 규정되는 방향성에 대해 아는 정도를 높이는 기능을 한다. 젊은이들은 만약 자신의 특정한 관점을 인정받고, 해석적인 대화를 환영받고, 예리한 질문들이 살아 있는 가운데 자신을 의식적이고, 성찰하는 명명가이자 연사로 간주할 수 있는 힘을 부여받을 수 있다. 일상적이고 진부한 방식으로 세상을 이해하는 일은 항상 존재할 것 같지만, 그 젊은이가 속한 문화를 통해서 구체화될 수밖에 없다. 젊은이들이 인간 지능의 전 범위를 다루는 일, 교육학의 일환으로 언어나 수학적 언어뿐만 아니라, 그들이 전달할 많은 언어를 가지도록 도와주는 일은 더욱 중요해진다. 어떤 어린이는 이미지를 통해 구체화하기도 하고, 어떤 아동은 몸을 통해 또는 음악을 통해 구체화할 수 있다. 의사소통이 문화의 작은 영역들 이상으로 커져간다면, 다양한 언어를 습득하는 일은 필요하다. 다양한 언어 없이는 생생한 지평을 그려나가고 장시간에 걸친 경험을 주제화하기가 무척 어려워진다. 다른 사람들과 이야기하고, 다른 이들과 일하고, 다른 사람들과 놀고, 다른 사람들과 사물을 만들 때, 젊은 사람들은 그들 사이의 관계망을 만들려고 노력하면서 관점에 대한 협동심을 키울 수 있다. 나는 한때 "지성의 집"이라고 부르던 곳으로 이들을 이동시키자고 이야기하는 것은 아니다. 나는 그들을 삶의 경험과 공유된 경험을 배제하는 방식으로 지식인들의 사회 체계로 인도하려는 시도를 말하는 것이 아니다. 물리학자, 문학 비평가, 인류학자 등 전문가가 되기 위해 지속적으로 노력하는 이들조차도 자신의 유리한 지점, 그들의 지평, 살아가는 삶의 상호주관성과의 연속성을 놓쳐서는 안 된다.

　해석적인 경험을 통해 현실을 인식하고, 주어진 맥락과 주지된 규정에 따라 여러 관점과 해석이 존재한다는 사실을 간과해서는 안 된다. 이를 인지할 때 비로소 그들의 그리고 종종 우리의 "백색 소음(white noise)"의 통제에 대한 감각이 줄어들고 왜곡된 의사소통의 장막이 거두어질 것이다. 이런 일을 실천하기 위해 교사는 교과뿐만 아니라 어린이와 젊은이들의 삶의 장에 대해 개방적이고 해석적인 접근 방식을 유지해야 하고 젊은이들이 "바다 저편이나 복도 건너편에 있는" 다른 이들이 어떻게 세상을 유의미하게 구성해 나가는지 발견하면서 그들이 성취하려는 의미들에도 열려 있어야 한다(Geertz, 1983, p. 154). 이를 위해서 우리는 어린이라는 존재가 의미를 부여하고 이것들을 정립해나갈 수 있다고 인식하고 있어야 한다. "어떻게 의미가 변하거나 그렇지 않은지, 일종의 담론에서부터 텍스트에 이르기까지 합리적으로 훼손되지 않는지", 상호주관성과 어떻게 떨어진 개개인들이 "합리적으로 유사한 것을" 구상하기 위해 오거나 오지 않는지, "사고의 틀이 어떻게 변화하고" "사고의 규준들이 어떻게 유지되고 사고의 모델들을 획득하는지" 고려해야 할 사항이 많이 있다(p. 154). 의미는 주체를 위해 존재한다. 우리는 그것을 알고 있다. 그리고 의미는 항상 현장에서 식별된다. 문화의 "이종어(heteroglossia)"(Bakhtin, 1981, p. 273)는 인지적 의미나 상식적인 의미뿐만 아니라, 길거리 전시회에서의 의미들, 극장에서 접하는 의미들, 친밀한 의미들, 민담, 일화같은 것들을 포함한다. 아무튼 교사와 탐구자는 그들 자신의 의식의 다양성과 도달하고자 노력하는 젊은이들의 세상을 읽기 위해 노력하면서 그러한 이종어에 진출하게 된다.

개인의 해방, 계몽을 위해 삶의 세계를 드러내도록 도와주는 것만으로는 충분치 않다. 삶의 세계 그 자체는 성찰과 변혁에 개방적이어야 한다. 문화와 그 전통은 현재의 언어들, 독성 구름, 산재된 서적, 세상의 사회경제적 현상이 그러하듯 맥락의 일부를 구성한다. 나는 대화를 위한 더욱 넓은 공간으로 나아가기를 소망하는데, 이 공간에서는 자신의 목소리를 낼 수 있도록 힘을 부여받은 다양한 학생과 교사가 상호존중의 중간의 영역으로 뻗어 갈 수 있도록 함께 성찰한다. 그들은 구체화된 의식을 통해 한나 아렌트가 제시한 "관계망(web of relations)"(1958, p.184)을 형성해 나간다. 이뿐만 아니라, 그들은 함께 모여 새로운 인간 세계를 구성하는데, 이러한 세상이란 튼튼하고 지속적인 혁신에 개방적이기에 충분히 가치 있고 반응성이 뛰어나다. 물론 이는 학교 교실, 운동장, 주민 센터 같은 지역 공동체에서 시작해야 하고, 서로의 이름을 아는 그러한 장소에서 시작해야 한다. 그렇지만 점점 더 많은 공통 관심사가 구체화될 수 있는 공공의 장소로 확대해 나아갈 수 있다. 이는 "대화"를 격려하고 공지하면서, 그리고 공동으로 창출하는 것에 스스로 개방적인 역량을 키워가면서 확장된다. 우선 그들의 마음이 열리고, 그들이 정보를 공유하며, 그들이 자신들의 많은 유리한 지점에서 언어와 행동에 몰두한다면, 그들은 대상을 더 나은 상태로 정의할 수 있을 것이고 변혁으로 한 걸음 전진할수 있을 것이다. 때로는 그것이 유일한 희망이라고 믿는다.

그리고 각 모험은
새로운 시작이요, 불분명함에 대한 습격(raid)이다.
…

상실한 것을 복구하려는 투쟁만이 있고

그리고 다시 발견하고 또다시 잃어 버리고; 그리고 지금의 조

건에서

이는 불공평해 보인다. 그렇지만 이익도 손실도 아닌

우리는 그저 시도할뿐이다 [Eliot,(1943) 1958, p. 128].

그 시도란 바로 자유에 대한 추구와 비판적 이해, 그리고 (우리에게

행운이 있다면) 삶의 세계에 대한 변혁이다.

05

◆

사회적 비전과 삶의 춤사위

최근 전통적인 이성주의에 대한 비판적 시각이 증가하면서, 더더욱 많은 이들이 철학을 사회비판의 각도에서 이해하기 시작했다. 즉, 철학은 불평등과 공유된 규범을 위반하는 잔혹성에 대해 질문을 던지는 방법으로 인식된다. 이는 또한 자연과학과 대비되는 사회과학에서 유용한 기술적이고 탐구에 대한 혼란스러운 방법들에 의해 의사소통이 왜곡되는 방법들을 들춰내는 것과도 연관된다. 종종 철학적 비평은 우리를 이념에 대한 조사와 사고에 대한 강압적인 효과를 고려하도록 이끈다. 그것은 사람들이 또한 어떻게 그들의 인위적인 개념에 압도되어 있는지 그리고 "일반적인 대상화"가 자신들을 생생한 삶과 사람들과의 연계성에서, 그리고 사물의 가치와 특수성에서 소외시키는지 고려하도록 동기를 부여한다. 메를로-퐁티의 에세이 『눈과 마음』에서 중요한 점을 몇 가지 지적한다. 즉, 우리는 자신의 상황에서 알게 된 지식을 고수하고, 과학적이고 사이버적인 사고에 기초한 "존재성"에 회귀하며, "감각적이고 개방된, 우리의 삶이요 우리의 몸인 세상의 영역으로 이동한다. 이러한 우리의 몸은 정보 기계로 간주하여 공식화되는 대상이 아니라, 내 것이라고 부르는 실제적인 몸으로서 나의 언어와 행동에 따라 조용히 서 있는 그러한 존재이다. 더 나아가 연계된 몸들은 **나의** 몸과 함께 앞에 제시된다"(1964, pp. 160-161).

　유사하게 파울로 프레리(1970)도 저서를 통해 삶의 경험의 관점에 기초하여 그 중요성을 강조한다. 어떤 상황이 어떻게 제한되고 절망적으로 간주되는지 고려하면서, 그는 추상적인 공식들에서 벗어나 개개인이 실제적으로 자신을 찾아가는 구체적인 상황으로 접근해야 하는 필요성을 피력한다. 그가 언급하기를 이런 일이 발생할 때, "개개인은 객관적인 실제에 대해 새롭게 행동하기 시작하며, 현실은 끝이 막힌 골목길처럼 앞이 보이지 않는 모습으로 나타나는데, 이것이야말로 인간으로서 부딪혀야 할 도전이다"(p. 96). 여기서는 존 듀이가 "현실의 실제적인 성격"이라고 명명한 내용 또한 적절하다. 듀이에게 철학이란 가장 적극적으로 하루를 새롭게 시작하고 "현실적이고 개인적인" 일들에 가장 큰 자리를 내어주는 일이다. 또한 그에게 있어 지식이란 사물에 변화를 주고 사물이 변화하는 것이며, 앎이란 "현실의 변화"이다.

　이러한 관점에서 볼 때 사회적 비평이란 주관-객관의 이분화를 초래하는 현실에 대한 절대적이고 고정화된 관점을 거부함으로써 그릇된 의식을 극복하려는 지속적인 노력을 포괄한다. 그와 동시에 이는 사람들이 함께 모여 단순히 이름뿐만이 아닌, 그들의 간주관적인 세상을 바꾸고 변혁하도록 새로운 해석의 질서를 창출하는 것을 포괄한다. 그리고 이러한 일이 현실화되기 위해서는 비판 행위가 진정한 자기 성찰과 삶의 다양한 맥락에 대한 지식을 전달할 수 있는 진중함을 필요로 한다. 일단 제한점들과 관점들, 그리고 새로운 가능성에 개방적이면, 이러한 마음의 태도는 규범, 가능성, 당위성을 재조명하게 된다. 그 시점에서 이는 더욱 인간적이고, 완전히 다원적이며, 더욱 정의롭고, 더욱 즐거운 공동체에 대한 사회적 비전을 탐색하게 된다.

교육에 종사하는 우리들에게 이는 더욱 중요하게 여겨지는데, 교육에 대한 비평과 비전은 우리가 학습 공동체라고 인식하는 공간에서 발달할 뿐, 그 밖에서 이루어지지 않기 때문이다. 우리 대부분이 개개인은 자신의 당연하고 일상적인 삶에 침체되지 않을 때 더욱 명료히 잘 보게 된다는 믿음과 친숙하다고 확신한다. 실제로, 맑시즘, 네오 맑시즘, 프로이드, 프랑크푸르트 학파, 혹은 포스트모던의 관점을 취할 때, 우리는 텔레비전, 대중문화, 복음주의, 상업주의, 미국 사회의 그릇된 약속들과 안위 안에 내재된 헤게모니를 인지하고, 좀 더 효과적으로 이에 저항할 수 있다. 우리 사회에 팽배한 문화적 침투, 다시 말해 연예 잡지를 읽고, 열정적으로 토크쇼를 경청하고, 복권을 사는 것에 익숙한 이들을 생각해보자. 그렇지만 그들의 기술을 향상시키기 위해 이른바 "고차원적 인식(higher consciousness)"을 삶으로 보여주는 이들에게 더욱 이끌린다. 우리는 그들이 자신의 관점들을 더욱 확장해 나가기를 소망한다.

그렇지만 마이클 왈저(Walzer)는 비판적인 권위와 분리 혹은 소외성에 근거한 외부자의 분리와 소외의 방식을 거론하면서(1987, p. 37), 일부 폐쇄적인 비평가들은 조작과 강요로 실행자들을 압박한다는 점을 강조한다. 그들은 표준화된 준칙이 없이 중재하는데, 이들은 사회 도처에 팽배한 강압적이고 심지어 야비한 이들보다 더 우위에 있는 것으로(고차원적으로) 보인다. 우리 중 일부는 작고한 하이랜더 포크 학교의 홀튼(Horton)과 그의 추종자들을 통해서 미성숙한 상태에서 중재하고자 하는 유혹에 저항하는 일이 (얼마나 어렵고) 필요한지 배웠다. 우리는 또한 시민운동이나 사회복지 운동, 혹은 빈곤과의 전쟁에 자발적인 운동가로 참여한 경험을 통해 이와 같은 교훈을 배운 것을 기억할 것이다. 결국 왈저는 공동체의 내부자가 되고 급진적인 분리(radical detachment)의 수혜자가 되지 못하는 비평가들의 주목을 받으면서, 그러한 비평의 일환으로 "공동체적인 반성, 내부로부터의 비평"을 요청한다(p. 64).

　　나는 또한 "내부로부터의 비평"에 대해 생각하기를 좋아하는데, 이는 연대의 맥락, 변화하는 인간 공동체 내에서 공유된 인간의 이야기들의 맥락에서 발생한다. 마티스의 〈춤〉이라는 회화에 담겨 있는 인간 연대와 자유분방함에 대한 아름다운 묘사를 떠올린다. 나는 "삶의 무용"이라는 공유된 맥락 안에서 비판의 행위를 상기한다. 마티스의 작품은 진정한 타인과의 관련성과 자연세계를 표현할 뿐 아니라, 어떻게든 우리를 무용가의 움직임으로 이끌고 우리가 살고 있거나 삶을 살아야 하는 생생한 네트워크를 제시한다. 니체는 우리가 읽거나 듣는 것들의 가치는 작가나 음악가가 얼마나 걷거나 춤추는지 여부에 크게 달려 있다고 기술한 적이 있는데, 만약 그들이 그렇지 않다면 갇힌 조건하에서 창작활동을 해야 하기 때문이다. 우리가 심사숙고 중에 걷더라도 우리 자신에게 주어진 파이프를 따라 춤춰야 한다. "당신이 실패자라는 사실이 뭐가 문제인가? 그 와중에도 얼마나 가능성이 많은가? 그러니 자신을 넘어 힘껏 웃기를 **배워라**! 뛰어난 무용수들이여, 심장을 고양시켜라 … 그리고 힘찬 웃음을 잃지 말라"([1883-1892] 1958, p. 407). 웃음, 혹은 웃음에 대한 아이디어는, 마르쿠제가 "신체적으로 구체화된 개개인을 충족시키고 행복하게 하는" 요청으로 간주한 바를 포괄한다. 그리고 사회적 비전에 대한 방어막에서 행복은 명료함과 합의, (다른 이들이 이미 논한 바와 같이) 사랑이 논리만큼이나 중요하다는 것에 동의한다고 말한다(1968, pp. 96-97). 우리가 삶을 고찰함에 따라 삶의 춤으로 몰입한다는 아이디어에서는 박틴이 "카니발과 같다"(1981, p. 273)고 묘사한 점과 그 역할, 그 안의 대중들, 그리고 우리의 현실과 우리의 언어와 문학에서 등장하는 광대를 떠올린다. 예를 들어, 박틴은 중세 시대 두 인물의 삶에 대해 기술한다. "한 명은 공식적이고, 매우 심각하고 숭고하며, 엄격한 위계질서에 사로잡혀 있고, 두려움, 교조주의, 헌신과 경건함에 사로잡혀 있다. 다른 이는 공공 장소에서 축제를 즐기고, 자유분방하며, 두 가지 상반된 감정이 교차하는 웃음이 있고, 신성 모독과 같으며, 모든 신성한 것을 저주하고, 균형 없고 받아들여지지 않는 행동, 모든 이와 모든 대상과 친숙히 연계된다. 이는 카니발이 대중문화의 표현이기 때문은 아니다. 동시에 화려함과 권위적인 것에 도전하고, 거대함을 줄여가고, 공허한 경건함에 구멍을 낸다. 제스 헤름(Jesse Helms)은 경악스러운 사진 전시회에서 가식적인 순수함과 정의에 대한 도전이 발생하는 순간을 예시로 제시한다.

　분명히, 나는 단순히 춤추거나 웃는 것만으로 충분하다고 말하는 것이 아니다. 나는 건물청소부, 보모, 관료, 관리인 등 "모든 이와 모든 것과의 친밀한 접촉"을 허용할 수 있는 그런 종류의 에너지에 대한 공개의 중요성을 말하고 있다. 바로 친밀한 관계이다. 적어도 그러한 에너지는 지역 사회 **내에서** 비판의 토대가 될 수 있다. 나중에 더 자세히 기술하겠지만, 그러한 에너지의 가치는 우리의 관점에 상관없이, 우리의 교육에 예술과 인문학을 포함시키는 것과 관련이 있다.

　나는 오랫동안 철학과 펼침(releasing)과 해방(emancipation)의 경험에 매료되어 왔다. 많은 이들이 철학적 탐구에 참여하도록 자극받는 것을 보아왔는데, 그들은 사고의 감금, 에너지의 쇠퇴, 암흑 속에 갇혀 감금당하는 살아있는 존재에 대해 분노를 표명해왔다. 당연하게도, 인류 역사의 시작과 함께 작가와 시인들은 억압, 감금 또는 소외의 주제를 강력하게 다루어왔다. 플라톤의 저서『국가(Republic)』에서 동굴에서 풀려 나온 죄수가 태양빛에 기울이며 멈칫하는 순간을 기억하지 못하는 사람이 있겠는가? 혹은 베이컨이 자신의 비전을 왜곡하고 합리적인 능력을 왜곡시키는 "우상"들에 주위를 기울이도록 독자들을 안내하는 장면을 잊을 수 있는가? 아니면 데이빗 흄(David Hume)이 궤변과 환상에 맞서 싸우는 장면은 어떠한가? 나는 마르크스가 어두운 공장 구석에서 일하는 창백한 아이들과 "가장 비참한 상품 수준으로" 추락한 노동자들에 대한 분노를 바탕으로 경제학을 공부하고 철학을 깊이 논했다고 확신한다. 오늘날에도 나는『공산주의 선언(The Communist Manifesto)』([1848] 1935, p. 26)에 등장하는 그 에너지에 대한 찬가, 즉 "단단한 모든 것을 녹여버리는" 부르주아적인 에너지(bourgeois energy)에 감동하게 되는데, 이 공산주의 선언에서는 시장 가치가 에너지를 흡수할수록, 그리고 시장성이 없는 모든 것이 억압되는 인간 가능성의 제약들에 대해 기술한다. 윌리엄 제임스가 고정된 것과 결정론을 거부하고 우연성과 그가 "가능성의 바다"라고 명명한 장면을 기억해보라([1897], 1912, p. 150). 뒤부아(Du Bois)는 자유와 지식을 통한 문명의 비전을 지지한다. 우리가 알고 있듯이 듀이는 단순한 습관, 반복, 파멸로 이끄는 부동성과 맞서 싸운다. 윌리엄 블레이크는 "마음을 채우는 수갑"([1793], 1958, p. 52)의 존재를 인식하는데, 오늘날 우리들에게 이 수갑은 옛 조상들이 경험한 바대로 채찍, 철제문과 장막처럼 암흑의 시대의 형태로 외적으로 드러나지 않는다. 오히려 의식의 수축, 사고와 감정의 변형, 거리감, 그리고 개인주의처럼 직접적이지 않은 형태를 경험하게 한다.

사람들은 여러 동기로 인해 평생교육으로 접어든다. 어떤 사람들은 현재 상황의 한계를 뛰어 넘기 위해, 더 일반적으로는 더 큰 성취를 달성하려는 것이 동기가 된다. 어떠한 교사도 더 높게 도달하고, 다르게 변화하고, 능숙하게 되려는 노력을 비난할 수 없다. 동시에 우리는 오늘날 공공 영역의 축소, 의사소통의 침체, 대화 공간에서의 침묵을 알 수밖에 없다. 효율성, 수월성, 그리고 판매가능성이 규준이 되면서, 시민의식의 이상을 빼앗아가 버렸다. 실제로 앞서 언급했듯이 오늘날 교육에 거는 기대는 시민 사회에 대한 노력보다 "세계적 수준"의 기술 성과와 관련이 있다.

동독인들이 베를린 장벽을 기어오르는 광경, 폴란드에서 벌어진 연대의 승리, 체코슬로바키아의 "벨벳 혁명"은 민주주의에 대해 다른 이들이 추구하는 노력을 목격하게 하였다. 그들은 희생을 주저하지 않았고, 그만큼 민주주의적 유토피아의 가치를 위해 목숨을 바칠 수 있다고 생각했다. 한편, 미국과 같이 부유한 나라에서는 우리를 점점 더 냉소적으로 만드는 불평등과 위법에 경악하게 된다. 오늘날 소위 자유주의(liberalism)를 맹비난하게 되고 희망을 잃어간다. 우리는 약 200년 전 미국의 경험에 기반을 둔 민주주의의 전통을 진지하게 생각하는 데 시간을 쏟거나 희망을 가지지 않게 되었다. 이제 우리는 비평, 해방적 사고, 성찰적 수행과 유의미한 변화에 필수적인 특별한 교육학에 대해 사고하는 가운데에서도 평등과 자유에서 무엇이 문제인지 드물게 생각하게 되었다. 실제로 우리는 학생들이 필수적으로 배워야 하는 문해능력의 범주에서 민주주의와 자유와의 관계, 문해능력과 공공영역에서의 대화, 행복과 사회 문제에 대해 거의 생각하지 않고 있다.

드 토크빌(De Tocqueville) 시대 이래로 미국인들은 물질적인 성공과 심지어 평등조차도 인간의 행복을 보장하지 않는다는 것을 깨달았다. 토크빌은 민주주의 시대를 살아가는 사람들의 열정과, 그 열정이 부에 대한 추구, 다시 말해 사람들이 점점 더 서로를 좋아하고 그들의 삶에 근본적인 단조로움을 부여하는 데 수렴되는지 논한다([1835] 1945,, pp. 48-56). 1세기쯤 후 듀이는 "사회기관들과 조건에 대한 효과적인 탐구에 강력하게 대응하는 사회적 병리학"에 대해 기술하였다. 사회병리학은 그 자신을 불평을 토로하는 방식, 불능의 표류, 잡기 어려운 산만함, 장기간에 걸친 이상화, 은폐로 가장되는 경솔한 낙관주의에 대한 쉽지 않은 포획, '현상유지'에만 몰두하는 소란스러운 영예로움, 모든 반대자들을 위협하는 방식, 특히 사고를 억누르고 분산시켜 미묘하고 무의식적인 설득으로 운영되는 것과 같은 수천 가지 방법으로 명료화 한다([1927] 1954, p. 170). 이 사회의 개인들은 이제 막 그 병리학을 이해하고 그 해결책에 대한 비판을 발전시키기 시작하였다. 이는 바로 교사인 우리가 자신의 사고를 생각하고 자신의 의식을 의식할 만큼 충분히 반성적인 사람이 되어야 할 중요성을 강조하는 이유이다. 사람들은 자신이 다른 사람들과 함께 살면서 현실을 구성하는 방식, 다시 말해 사물의 모습을 어떻게 파악하는지, 그들의 삶의 세계를 어떻게 그리고 언제 조사하는지, 상식이 통하는 세상에 대한 감각을 만들기 위해 필요한 다양한 관점을 어떻게 인정하는지에 대해 인지해야 한다.

약탈과 위반의 비정한 사회를 직면하면서, 우리 교사들은 치료적인 교육으로는 충분치 않다는 점을 알게 되었다. 미국 내 약물 중독의 범주(그리고 빈곤층을 위한 약물 치료센터의 부재), 에이즈의 무서운 확장, 학대받는 수많은 아기들, 버려진 아기 및 노숙자, 인종차별주의, 퇴학, 폭력들을 고려하고, 이 모든 문제들 안에 우리가 살고 있다는 점을 인식하면서, 이러한 사회적 병폐를 고치기 위해 어떻게 협력하거나 단체 행동을 할 수 있는지 선택할 수 있는 그러한 상황을 조성하는 방법을 모색해야 한다. 아마도 우리는 현재 존재하는 네트워크나 전통적으로 합리적인 틀이라고 간주되는 기준들, 예를 들어 정의, 인권, 자유, 타인에 대한 존중 등에 의거하여 파생된 규범과 원칙에 비추어 이를 수행할 수 있다. 이들은 표준, 즉, 공동체 내의 모든 지성 있는 개인에게 기대되는 심사숙고적인 면이나 우리가 믿고 있는 그러한 표준이다.

듀이는 민주주의는 결국 절대 달성할 수 없는 어떤 목표를 향해 간다는 의미에서 이상적이라는 것을 알아냈다. 공동체 자체와 마찬가지로, 민주주의는 항상 진행형이다. 듀이에게 있어 공동체는 협력 활동을 포괄하는데, 이에 참여하는 이들이 결과적으로 선을 추구한다고 판단한다. 공공선은 그와 같은 방식으로 현실화되고 이를 유지하기를 열망하는 사람들에 의해 공유된다. 공동체는 바로 이런 일이 생길 때 존재한다. 그리고 민주주의적인 아이디어란 공동체적인 삶에 대한 분명한 의식이다([1927] 1954, p. 148).

이는 우리가 민주주의와 연관시키는 평등, 정의, 자유, 그 밖의 항목들을 수반하는데, 이 항목들이 매우 중요하다면 맥락에 대한 고려가 필수적이다. 그들은 공동체 생활의 거래와 상호 교환 안에서 이해되고 실현되어야 한다. 더 나아가, 개인이 타인과 공유하는 삶의 관점에서 볼 때, 그러한 삶을 살아가는 개개인이 이들을 **선택해야** 한다. 결국, 모든 교육의 주요한 면모는 규범 중심의 상황에 의도적으로 들어가는 것인데, 이러한 상황이란 바로 학생들이 의무감과 책임감의 경험이 무엇인지 발견하고, 타인을 배려한 경험, 그리고 학교에서 보호 받는 느낌들, 그리고 정의와 평등에 대한 개념에서 비롯된다.

돌봄과 걱정의 부재에서 어떠한 패턴이 반복적으로 형성되는가? 미국 문학을 보면, 미국 생활에서 반복되고 지속적으로 반복되는 형태를 나타내는 많은 이미지가 있다. 예를 들어 멜빌의 소설『모비 딕』에 등장하는 선장 아합(Ahab)은 압도적인 이미지를 가지고 있는데, 혼자서, 두려울 정도로 자율적으로, 자신의 한 쪽 다리를 앗아간 백색의 향유고래를 잡기 위해 자신의 미치광이와도 같은 몰두의 모습을 보인다. 그는 자신의 선원들을 신비화하여, 각자의 상상이 무엇이든 그들 앞에서 "현찰, 현찰!"이라고 외치며 이들을 강타한다"(1981, p.216). 헨리 제임스(Henry James)의 소설『여인의 초상(The Portrait of Lady)』이라는 소설에 등장하는 길버트 오스몬드(Gilbert Osmond)는 그 생각에 비천하다고 생각하는 사람, 빈곤자들의 삶에 대해 무관심한 삶을 살며, 전통이라는 텅빈 형식에 따라 살 수 있는 부에만 근본적인 관심이 있다. 그의 아내 이사벨은 남편의 신념의 정체를 깨달으면서, 그의 신념이 곰팡이와 부패된 음식과 같아, 그녀가 추구했던 모든 희망, 호기심, 해방은 "암흑, 어리석음, 그리고 질식의 집"으로 만들어 버렸다고 말한다([1881] 1984, p. 478). 그리고 소설『위대한 개츠비』에서는 주인공 개츠비가 피살된 후 벌어지는 무서운 장면이 등장한다. "모든 것이 매우 부주의하고 혼란스러웠다. 톰과 데이지는 무관심에 사로잡힌 사람들이어서, 그들은 물건과 창조물들을 부수고 난 뒤 다시 그들의 돈으로, 혹은 거대한 부주의 혹은 그들을 함께 연결시켜주는 그 무언가로 돌아갔으며, 다른 사람들이 자신들이 초래한 이 혼란을 치우도록 시켰다"(Fitzgerald, 1925, 1991, pp. 187-188).

이 이미지들을 제시하는 이유는 우리의 학생들이 모두 너무나 개인주의적이고 이기적이고 무관심하여 어떻게 해서든지 구제해야 하기 때문이 아니다. 나는 미국 문화에는 언제나 무관심, 자유와 관련한 분리주의적인 면모와 같은 그늘진 곳이 있으며, 우리가 교육을 할 때 그리고 학교개혁을 생각할 때 그 그림자를 고려해야 한다고 생각한다. 이탈리아의 소설가 이그나지오 실론(Ignazio Silone)은 이 그늘진 면과 내적 비평의 필요성을 동시에 생각해 왔다. 교사들이 가르친 원칙에 대해 비판적이고 진지하게 사고할 때, 급진적인 비평이 종종 시작되는 것을 관찰하면서 관찰한 바를 기술한다. 즉, "이러한 원칙들은 오늘날의 사회적 기초로서 선포되는데, 만약 누군가가 이들을 진지하게 간주하고 그들을 사회 조직의 형태를 시험하는 잣대로 사용한다면, 이 둘 사이에 급진적인 대립이 분명히 존재하게 된다. 실제로 우리 사회는 이러한 원칙들을 무시한다. 그러나 우리에게 이들은 진지하고 신성한 것이다. … 사회가 이들을 죽이는 방식, 이들을 가면이나 속임수의 도구 그리고 사람들을 속이기 위한 도구로 사용할 때, 우리는 분노와 울분으로 가득 차게 된다"(1937, pp. 157-158). 다시 강조하지만, 우리는 많은 철학의 시작점인 분노, 감금과 수축의 모습을 한 격분을 직면하는데, 이제 우리는 교사들이 학생 개개인들이 자신의 감금을 볼 수 있게 하는 지식의 일부를 제공하고 있는 장면을 목격한다. 우리는 교육을 공공 영역에 대한 개방으로 간주하는데, 이 영역에서 학생들은 자신의 목소리를 내고 자신이 구상한 행동방향성을 실행하며, 자유와 평등, 정의와 다른 사람들에 대한 관심과 같은 덕목과 관련하여 자신을 정의하고 선택할 수 있다. 우리는 인식을 통해 의사소통하기를 소망하는데, 여기서 말하는 인식이란 타인 앞에 나서는 자신의 모습을 인식할 수 있을 때 자신의 목소리로 이야기하고, 공동의 세상 속으로 이러한 모습들을 수반하기 위해 노력하는 가운데 사람들이 좀 더 충분히 자기 자신이 되고 세상을 향해 개방하는 방식을 말한다. 이러한 공동의 세상은 지구 반대편까지 뉴스가 전달될 수 있을 만큼 진중하고 신성한 규준을 실현할 수 있을 것이다. 일부분 이는 이야기를 통해, 개인적인 관점이 받아들여지고, 타인의 이야기를 경청하고, 동의를 찾고 이를 확대하고, 공유의 대상을 확장하려고 노력하는 가운데 창출된다.

그러한 공간을 향해 개방적으로 되는 방법을 고안하는 것이 나의 관심사이다. 그 공간에서는 모든 이가 함께 이야기하고, 그들의 생각을 구체화할 유의미한 방안을 모색하고, 너무 자주 당연하게 여기는 가치를 재고한다. 아메리칸 드림이나 삶, 자유, 그리고 행복의 추구의 관점에서 미국 사회를 규정하는 일이 만약 사람들이 그러한 이상에 대응하고 이를 실현하기 위해 부름 받았다는 소명 없이는 무의미하다는 점을 잘 알고 있다. 막다른 골목들과 그 개방된 가능성들과 함께 모든 모호성 속에서 구체화된 세상에 세심한 주의를 강화해야 한다. 그리고 듀이와 프레리가 우리가 볼 수 있도록 도왔던 것처럼, 주의집중은 단순히 명상이 아니다. 이는 변화를 수반할 수 있는 방법에 대한 지식으로의 이동이다. 어떠한 종류의 변화인가? 그 비전은 무엇인가? 우선 "지역적인 지식(local knowledge)"의 차원에서 생각해 보기를 권한다. 클리포드 기어츠(Clifford Geertz)는 이를 "즉각적인 느낌(a feeling for immediacies)"(1983, p. 167)이라고 정의한다. 이는 우리가 속한 기관, 이웃, 주변의 거리, 현관, 창문, 그리고 거리의 사람들에 대한 즉각성이다. 거기에서 출발하여, 교육자인 우리와 학생들은 종종 확실성과 혼동되는 거대한 추상물 속에 우리 자신을 상실하는 위험에 대한 부담 없이 혹은 종종 글로벌 위기가 내재된 상태에서 글로벌에 대한 정의를 묵인하는 위험 없이 가까운 곳에서 먼 곳으로, 특수성에서 보편성으로 나아간다. 교육에 관련한 거대한 해결책은 맥락이나 구체적인 일들과 거의 연관성이 없다. 지역적인 지식과 지역중심의 협력은 마치 특수한 것, 일상적인 것, 그리고 구체적인 것에 대한 의식적인 접근법이 그러하듯이, 추상성에 대한 성향과 대치된다(문학과 예술 작품을 교사 교육에 도입하면 교사는 이러한 의식적으로 관심을 갖는 일을 발전시킬 수 있을 것이다. 문학은 구체적인 사건을 다루며, 다른 이의 관점에서 자신의 삶을 보고, 느끼고, 상상하도록 유인한다).

그렇다면 특수성에서 더 넓고 넓은 방면으로의 이동이란 일부분 더더욱 많은 특이성을 통해서 관찰하는 일이고, 다른 이의 질문과 비전의 한 단면을 넘어서는 초월성을 발견하는 길이다. 대화가 깊어짐에 따라, 다른 한편으로는 중간의 공간으로의 점진적인 구성을 도모한다. 또 다른 한편으로 이는 규범적인 공동의 세계에로 점진적인 진입을 허용한다. 그리고 아마도 만약 그 세계에 사는 이들이 다른 사람들과 우호적인 관계를 맺고 그 관계 맺음이 개방적이고 상호 존중에 기반을 둔다면, 점점 더 많은 사람들이 공유된 세계를 다르게 바라보는 즐거움을 발견하게 되고, 그들의 절대적인 이해의 확장을 느끼는 가운데 다양한 관점을 지향할 것이다.

물론 우리가 민주적 공간을 정의하는 선택적인 원칙에 대해 질문을 제기할 수 있다. 이들이 객관적인가? 보편적인가? 리처드 로티(Richard Rorty)를 인용하자면, 민주적 공간에 대한 정의란 고정화된 진리에 대한 추구보다, 우리 사회에서 친숙한 절차와 정당성을 기술하는 일이 우리가 할 수 있는 최선이다. 로티의 실용주의처럼, 우리는 진리와 관련한 이론을 탐색하는 것이 아니라, 협력적인 인간 탐구의 가치에 대한 우리의 입장을 윤리적으로 뒷받침할 것을 제안한다. 우리가 할 수 있는 최선이란 우리의 믿음과 공유물을 최대한 분명히 기술하는 일이다(1991). 천안문 광장 사건처럼 비참한 사건을 겪은 후 많은 이들은 그러한 참사가 현대 사회에서 허락되어서는 안 되고, 이는 범주적으로나 객관적으로 잘못 되었다고 생각한다. 그렇지만 우리 자신도 그런 상황에 놓여 있을 때 그릇된 믿음에 근거하여 행동하는 사람처럼 선택할지라도, 우리는 그럼에도 불구하고 그러한 그릇됨이 전혀 객관적인 상황이 아니었다는 점을 어떤 차원에서 보자면 알고 있었다. 확실히 중국의 원로 지도자들은 자기의 선대의 지도자들이 저지른 대학살이 그릇되었다고 인지하지 못하듯, 그들의 잘못한 점에 대해서도 인지하지 못했다. 절대적인 그릇됨에 대한 감각은 살만 라쉬디(Salman Rashdie)나 더 거슬러 올라가자면, 일부 사람들이 (물론 모든 사람은 아니지만) 대학살이나 그 후 아돌프 아이히만(Adolf Eichmann)에 대한 심판에서 느꼈던 그 느낌과 다르지 않다. 그렇듯, 우리를 초월하여 허공에 존재하는 그 진실 또는 선에 기준하여 자신을 정의할 수 없는 것은 고통스럽다. 그러나 우리가 공유하는 것에 대한 기본과 그에 대한 표현이 우리가 할 수 있는 일인데, 우리 공유물의 기초에는 삶의 경험과 희망, 지속적인 희망이 있다는 사실을 확인하고, 이를 통해 결과적으로 다원성을 확장하며, 더 많은 이들이 자신들의 자유를 위해 활동하고자 하는 절대적인 인권을 기꺼이 선택할 수 있게 된다.

한나 아렌트(Hannah Arendt)는 "인간관계의 망"(1958, p. 183)이라는 미적인 표현을 통해 어떻게 사람의 행동과 언어가 종종 그들의 세계관과 목적에 대한 관심으로 직결되는지 묘사한다. 이러한 관심은, 예를 들어 모임을 준비하고, 에이즈 환자를 돌보는 그룹을 설정하고, 문맹 퇴치 프로그램을 시작하는 등, 사람들 사이의 관계를 설정하고 결과적으로 그들을 연결하고 결합시킨다. 우리의 모든 언행은 이러한 종류의 중간의 공간과 관련이 있는데, 결국 모든 언어와 행동은 (식료품 목록, 자동차 수리, 사업에서의 이익과 손실, 대학 입학, 연극 경험, 공유한 종교적 믿음과 같은) 현실과 관련이 있는 동시에, 행동을 개방하고 말을 통해 적극적으로 참여하는 행위를 수반한다. 아렌트는 행동가들의 개방성 속에서 주관적인 이러한 중간의 공간, 다시 말해 사람들이 서로 직접적으로 행동하고 말하는 행위에 기본을 둔 접근들은 대부분의 객관적인 관계 속에서 핵심적이고 결과적으로 객관적인 이익을 초과한다고 설파한다. 주관적인 중간의 공간은 구체적이지 않고, 진행 중인 회의, 어르신들을 위한 카페, 에이즈 환자 상담 센터에 그 자취를 남기지 않는다. "그렇지만 모든 무형의 면에서 이 중간의 공간보다 공통점을 가지고 주목하는 사물의 세상이 더 현실적이다. 우리는 이러한 현실을 '인간관계의 망'이라고 부르는데, 이는 그 만져지지 않는 특성을 잘 나타낸다"(1958, p 183).

　우리 자신을 주관적으로 개방하자는 아렌트의 발상, 다시 말해 우리가 함께 뭉칠 때 유일하고 독특한 사람으로 드러나는 일은 나에게 매우 중요하며, 특히 이를 공동체와 협력활동이라는 명목으로 단합할 수 있을 방안을 고려함에 있어서 중요하다. 이는 또한 원칙, 체득해야 할 규준을 만들고, 우리가 이러한 원리에 따라 살기로 결심할 때, 타인도 같이 원칙을 수행하도록 설득할 때 중요하다. 오직 **주체**만이, 결국, 선택할 수 있으며, 주체만이 자신이 정박해 있는 사슬을 끊어버리고 자신을 특별한 종류의 정체성과 책임감, 주변을 둘러싸고 있고 무엇이 현실화되어야 하는지 고민하는 가운데 특별한 형태의 가치로 자신을 몰입한다. 이러한 긴장과 상상력이야말로 삶의 춤사위의 일부가 되어야 하고, 우리가 무용을 감상하고, 말러, 모차르트 또는 스트라빈스키를 감상하는 가운데, 혹은 시나 소설을 읽거나 이야기를 들을 때 그 일부가 되어야 한다. 예술은 우리에게(나 혼자만의 체험은 아닐 것이다) 많은 상상력을 제공했다. 노예, 노예 탈출, 그리고 자식의 상실에 대한 토니 모리슨의 소설『비러비드(Beloved)』를 읽을 때 이러한 현상이 벌어졌다. 예를 들자면, 베이비 서그즈(Baby Suggs)의 이야기를 읽는 가운데, 자신의 품을 떠나 노예로 팔려가는 자신의 아이들을 보면서 양육과 모성애에 대해 다시금 새로운 관점을 발견하지 못하는 여인들은 없을 것이다.

　　[그는] 그녀의 마지막 자녀인데, 그가 태어났을 때 거의 보지 못했다. 왜냐하면 앞으로 성인이 되어가는 과정을 보지 못한다는 사실을 이미 알면서 이 아이를 보는 것 자체가 의미가 없기 때문이다. 이런 일이 일곱 번 반복되었고, 조그마한 발을 잡고, 통

통한 손마디 끝을 잡은 채, 엄마라면 어디서든 내 자식의 손이라고 알만할 텐데 그녀는 이 손이 남자애인지 여자애인지조차 보지 못했다. 오늘날까지도 아이의 영구치가 어떤 모습인지 알지 못하며, 애들이 보챌 때 머리를 어떻게 가누는지도 모른다. 패티는 어눌한 말투를 고칠까? 페이모스의 피부색은 어떻게 자리 잡을까? 조니의 턱에는 금이 간 걸까 아니면 그의 턱이 자리를 잡으면 사라지는 보조개일까? 네 딸들, 내가 마지막으로 보았을 때 겨드랑이에 아직 털이 없었는데. 아르델리아는 아직도 바닥이 탄 빵을 좋아할까? 내 모든 일곱 자식이 사라지거나 죽었다 [1987, p. 139].

모리슨의 창작 세계에 드러나는 이러한 세부 묘사들을 읽으면서, 자녀를 잘 기억하고 아주 깊이 소중하게 여기는 익숙한 세상에서 우리 대부분이 상상도 할 수 없는 세계로 이동한다. 자연스럽게 파괴된 천성이 무엇인지 발견할 것이다. 어떻게 어느 인간이 자녀의 매매에 대해 책임을 지겠는가? 자신이 배 아파 낳은 일곱 자녀를 빼앗기면서 관습, 규범, 내면적 이미지, 그리고 사람들이 의문조차 품지 않는 당연시 여기는 일들을 어떻게 정당화할 수 있는가? 아이를 산 채로 잃어버리는 처절한 기억은 아주 작은 갓난아기를 사랑하고 양육하는 기억과 함께 떠오를 것이다. 그리고 분노가 치밀어 오르고, 진정한 분노, 즉 아이를 노예시장에서 매매하는 모습, 오늘날로 말하면 아이 학대나 유아 실종 사건처럼 반사적으로 밀려온다. 우리는 분노와 아픔을 겪은 후에 문제 해결과 치유를 위한 긴 시간까지도 느낄 수 있다.

이것은 주체가 공공장소에 서 있는 그러한 모습으로 다가올 텐데, 이 공간이란 비전을 형성하고, 사람들이 종종 그리고 가끔씩 자신을 삶의 춤사위의 일부로 느끼는 그런 공간이다.

06

◆

어린 시절에 대한 회고

무엇보다 인간은 이해하고자 안간힘을 쓰는 존재로 세상에 내던 져졌다. 우리에게 주어진 구체적인 위치에서 우리는 지각(perception) 이라는 영역들로 자신을 개방한다. 이를 통해 우리는 다양하고 또 한 편 언제나 미완성이라는 특성을 갖춘 다각적인 형태의 양식, 윤곽, 구 조, 색 그리고 그림자 속에 서식하기 시작한다. 우리는 그 가운데 의 식적으로 존재하면서 외부 관찰자로 방관하지 않는다. 또한 결코 전 체적으로 통합되지 않는 그 양상과 윤곽을 관찰한다. 우리는 세계를 향해 손을 내밀고, 동시에 반성적인 사고 이전의 광경과 윤리로 포장 되기 이전의 모습을 만지고, 듣고, 보게 된다. 우리는 지각의 수평선 으로 뻗어나가는데, 이 수평선은 과거의 것을 넘어 가능성으로 향해 간다. 인간인 우리는 앞에 무엇이 펼쳐질지 예측해볼 수 있는 능력이 있기에, 우리는 유형과 구조를 풍경 속으로 불러들인다. 우리가 언어 를 접근하기 전에, 그리고 우리가 테마를 구성하고 알기 전, 우리는 이미 경험으로서의 삶을 지각과 상상력을 통해 구성해왔다. 우리는 활동을 통해 우리의 존재를 세상에 알리는데, 이러한 활동은 점차 합리성이라는 퇴적물로 모호해진다.

분명, 우리는 이와 같은 반성적 사고 이전의 지평들로 되돌아갈 수 없다. 우리는 이러한 지평들을 반추하면서 그들 앞에 현존한다. 그럼에도 불구하고, 설령 그렇다고 하더라도, 우리가 그들을 반영하려는 노력을 기울인다면, 더욱 더 마음이 평안하고 열린 자아로 존재하게 된다. 이러한 맥락 가운데 메를로-퐁티는 "지각의 원천"에 대해 논하는데, "지각은 사물, 진리, 가치가 우리의 존재를 구성하고 우리 존재의 현존방식이기에 우리 삶의 가장 원초적 기능이다." 그리고 앞서 언급한 바와 같이, 그는 또한 인식을 "내재한 **로고스**로 간주하는데, 이는 모든 교조주의와 객관성 그 자체의 조건을 넘어서는 지식과 행동이라는 과제로 초대한다"(1964, p. 25). 달리 말해, 그는 우리의 지식과 개념이 윌리엄 제임스가 묘사한 "생생함이나 언어유희, 현실의 필수 요소"에 근거한다고 제안했다.([1890], 1950, p. 301).

더 나아가, 지각은 항상 삶의 경험에 기초하여 발생한다. 미완성으로 존재하는 현실을 파악하려는 노력을 살펴보더라도, 우리는 미완성으로 남게 되는 그러한 종류의 활동들 안에서 어느 정도 일관성을 보이기 위해 소환됨을 느낀다. 결국 나는 미완성, 아마도 열린 형태의 질문들을 제안하는데, 이는 지식과 행동의 과업으로 우리를 초대한다. 버지니아 울프가 "모든 것을 전체로" 만들기 위한 "충격"을 언어로 표현한 장면을 떠올려보라(1976, pp. 70-71). 그녀는 알아차리는 것을 아주 결정적으로 간주하는데, 이는 곧 개인의 지각을 삶으로 적극적으로 주입하는 행위다. 알아차림을 인식한 이후에 비로소 프로젝트가 실행되고, 설명을 언어로 기술할 수 있으며, 전염병과 싸우고, 노숙자의 집을 찾아 나서고 비인간적인 학교를 재건하게 된다. 이에 대한 숙고는 우리가 알고 있는 교육이 용서를 위한 교육이라는 점을 확신하게 된다. 교사들은 젊은이들을 자기 지각의 지평과 그 모양새에서 벗어나 미리 결정된 설명의 틀로 집어넣는다. "객관성 그 자체의 진정한 조건"이라는 표현처럼, 우리는 젊은이와 대상, 이미지, 구체화 그리고 그들이 빠져들어 어울리는 다른 이들 간의 관계를 느슨하게 한다.

내 어린 시절의 경험을 형성하고, 내가 이전에 전혀 생각하지 못했던 어린 시절의 경험의 가치를 부여하기까지 여러 여성 작가들, 예를 들어 베렌키(Belenky), 클린치(Clinchy), 골드버그(Goldberger), 그리고 타룰레(Tarule)(1986)가 제시하는 내러티브에 대한 탐색이 도화선이 되었다. 이번 장에서는 삶의 이야기에서 어린 시절을 형성해가는 그 기억들을 기술하고자 한다. 내가 묘사하는 바는 진정 **"나의** 삶의 이야기"라고 말할 수 없다. 왜냐하면 나 자신은 거미줄망을 펼치고 존재하고 그 망은 실제로 나 자신의 존재로부터 출발한다고 하지만, 사실 나의 성별, 동기간의 관계와 어머니의 영향력, 정치적이고 전문적인 현상, 그리고 심지어 "나 자신"으로부터 멀어지게 하는 노화라는 맥락을 배제할 수 없다. 나는 그렇게 "개별적"이지 않기에, 큰 맥락에서 자유롭다고 주장할 수도 없다. 아무리 의식적으로 노력하더라도 모든 다양한 종류의 이념들과 담론으로 이루어지는 삶의 행동들을 통해 살아왔음을 망각할 수 없다. 나 자신의 해방을 위해 저항과 비판으로 노력해 보았으나 이러한 조건을 간과할 수 없다. 내가 나 자신의 "토대, 즉 민감하고 개방적인 세상의 터전으로 돌아올 때," 나 자신과 타인은 연계되어 있다. 다시 말해 "단독적이고, 현존하는, 실제의 존재에 휩싸여" 있는 나는 타인과 얽혀서 함께 존재한다(Merleau-Ponty, 1964, p. 168). 개인의 근간이 되고 한 개인의 삶을 시작한 원초적 지평(original landscape)에는 항상 보편성에 대해 개방적인 의식이라는 감각이 언제나 존재한다. 우리가 대상의 중심에 있을 때, 사물과 다른 이들의 행동을 신체적으로 그리고 구체적으로 경험한다. 추후 거리감과 상징화가 수반됨에도 불구하고, 우리의 삶의 체험을 통해 형성되는 내러티브는 원초적인 지평에 기반한다. 특히 젊은이들과 진정한 관계를 맺으려면, 참으로 그들 앞에 실존적으로 다가가야 한다. 내가 그들을 관찰할 때, 이는 서로를 인지하는 근원적 바탕이며, 사물과 직접 접촉하고 그로부터 개념들과 이론들이 제시하는 개념적 세계관에 의해 분리되지 않은 근본이다.

여기서는 이전에 언급한 탐색하고 추구하는 아이디어를 다시 면밀히 조사하는 것이 적합하게 여겨진다. 찰스 테일러(Charles Taylor)나 다른 사람들과 마찬가지로, 나는 살아 있는 경험의 자료를 삶의 이야기로 형상화하여 의미를 형성하는 원천으로 간주한다. 그것은 우리가 이야기를 구사할 때 자신을 성찰하게 되고, 초기의 **로고스**, 즉, 지각되고, 생생해지고, 추상적으로 시작되기 이전의 바로 직전에 발현하는 우리의 마음을 다시 생각할 수 있게 하기 때문이다. 자신의 이야기들을 창출해나가는 가운데 우리 자신을 "선한 쪽으로 귀향할" 수밖에 없고, "결과적으로 우리의 거처가 그와 연계되어 삶의 방향을 결정한다면," 우리는 또한 " '탐구'로 이루어진 삶 자체를 내러티브의 형태로 불가결하게 이해할 수밖에 없다"(Taylor, 1989, pp. 51-52). 우리의 삶을 탐구로 보는 것은 과정과 가능성 중심으로 우리의 관점을 개방하는 일이며, 또한 "자신과 타인과의 대화를 통해 점차적으로 확실해지고 점차적으로 바뀌어 가는 경로와 경험에 대한” 일이다(Merleau-Ponty, 1964, p. 21). 나는 프로스트(Frost)의 시를 생각한다. “내 서 있는 곳에 두 갈래 길이 있다.” 알다시피 그 길의 끝은 보이지 않는데, 우리 앞에 제시된 길 앞에서 그 순간 우리의 지각에 맞닿은 현실에 기반을 둔 채 어느 길로 갈지 선택한다. 물론 한 가지 길을 택하면서 탐구로 착수하고, 그리고 아마도 “사람의 흔적이 드문 길”이 변화를 수반하리라고 (혹은 수반하지 않으리라고) 여기면서 그 길을 택한다. 어느 길에도 객관적인 확실성은 없다. 정황을 의식하는 유리한 고지점에서 대상을 지켜볼 때, 관점이 열리고, 새로운 전망이 나타나고, 그 모양 자체뿐만 아니라 그림자마저도 가시화된다고 언급할 수 있다. 이것이야말로(프로스트가 재확인하듯) “되돌아갈” 길이 없더라도 지속적으로 유지하도록 희망하게 되는 순간이다.([1916] 1972, p.51).

우리 삶의 여러 시대에 걸쳐 그 유용성이 드러나듯 문학을 통해 경험을 회복하는 일이야말로 내러티브를 창출하고 우리의 삶에서 상상력을 이해하기 위한 반성을 시작하는 방법이다. 독서는 물론 연대기적으로나 특별한 논리적 순서에 근거하지 않더라도 의미 있는 삶의 구조에 대한 이해를 도모한다. 특히 독서는 상상력이 그 날개를 펼치도록 조력하는데, 이러한 일이 벌어질 때에는 (듀이가 언급하듯) 과거의 경험에서 파생된 의미들과 현재의 경험이 서로 상호작용하는 상상력의 관문이 열린다. 현재의 모습을 과거의 경험에서 비롯한 물질들과 혼합할 때, (더 풍부해진) 새로운 경험을 의식화하면서 과거를 새롭게 조명하게 된다. 듀이는 의식이 작용하지 않을 만큼 강한 습관의 관성에 저항해야 할 필요성에 관심을 가져왔었는데, 그것은 “경험으로서의 예술”이라고 부른 예술적 심미성(aesthetic)으로 귀결했다. 다양한 예술 작품들과의 적극적인 교류, 즉 경험의 대상으로서 그들을 실제화하려는 노력은 듀이가 표현하듯 심미(aesthetic)와 대비되는 마취(anaesthetic)상태, 즉 평범함, 진부함, 수레바퀴같은 일상과 대치된다. (역자주: 듀이는 심미를 뜻하는 단어 aesthetic에 부정 접두사 an을 붙이면 마취를 의미하는 anaesthetic으로 그 단어가 전환된다고 설명함). 현재의 경험과 과거의 경험이 마주칠 때, 심미적 경험을 통해 직접적으로 의미를 표현할 수 있고, 그 심미적 경험을 통한 의미가 상상력이 작용하도록 자극한다고 강조하였다(1934, p. 272).

물론 모든 사람이 자신만의 방법으로 그러한 경험과의 연계성을 가지고 있다. 나에게는 소설 『모비 딕(Moby Dick)』에 등장하는 이슈마엘의 우울증, 그를 바다로 가겠다고 이끈 자살과도 같은 슬픔이 "내 영혼의 축축하고 이슬비가 내리는 11월"(Melville, [1851] 1981, p. 2)로 묘사된다. 이는 내 삶에서 11월에 겪었던 수많은 일들을 연상시키고, 현재 내 삶까지 영향을 미치는 수많은 절망과 우울한 순간들을 상기시킨다. 멜빌이 북반구의 대부분의 사람들, 특히 서구의 전통에서 인식할 수 있는 강력한 은유법을 발견했다는 사실은 중요하다. 이뿐만 아니라, 이는 또한 개개인이 추억을 회상하는 방법도 발견했다는 점에서 중요하다. 예를 들어 나에게는 배들이 정착해 있고, 바다가 수평선까지 뻗어 있고, 뻗어나가는 의미, 한계를 넘어서 도달하는 의미, 아직 미완이라는 긴장감이 맴도는 뉴욕 항구에 대한 은유적인 표현들이 의미 있게 다가온다. 과거의 슬픔은 현재의 경험이 변화하고 확대됨에 따라 어떻게든 변화한다. 축축하게 젖은 듯한 11월은 가능성을 향한 새로운 시작이고, 묶여 있던 닻을 풀며 탐색을 향한 선택이다. 되돌아보면, 나는 새로운 방식으로 과거의 경험을 되돌아보고 있음을 깨닫게 되는데, 여러 가지 가능성 중 한 가지 삶을 살아왔다는 것이 무엇을 의미하는지 깨닫게 되고, 아직 가보지 않은 가능성이 열려 있다는 점을 인식하게 된다. 장 폴 사르트르(Jean-Paul Sartre)는 허구와 마주칠 때 독자는 무엇이 개방되고 있는지 그 내용을 만들어야 한다는 사실을 상기시켜 준다(1949). 결국 이슈마엘의 결정은 우리의 결정이기에, 이 소설을 읽는 동안 우리의 삶을 그에게 빌려준다.『폭풍의 언덕(Wuthering Heights)』에 나오는 히스클리프에 대한 캐시의 열정이 바로 **우리**의 열정이다. 토니 모리슨은『재즈』에 도르카스를 살해하고 마는 조(Joe)의 사랑은 우리 자신의 반영이고, 독자인 우리는 그 처절한 맛과 분노를 간접적으로 체험한다.

작가와 독자 모두 독서를 통해 창출된 세계에 대한 책임이 있다. 사르트르에게 이는 독자와 작가의 자유에 근거한 공동의 노력을 의미한다. 이들 모두 평범함과 고정된 것을 타파하고, 미래를 향한 가능성의 면모를 바탕으로 선택한다. 그러한 책은 무엇보다 인간의 자유 즉, 기존의 것을 넘나들고 가능성을 향해 정체성을 창출하는 능력이기(1949, pp. 62-63) 때문에 일종의 선물이 된다. 로널드 바르츠(Ronald Barthes)가 언급했듯, 그러한 방식에 익숙한 독자는 자신의 삶에 비추어 그 텍스트를 다시 기술할 수 있다. 바르츠에게 있어서 우리는 그러한 텍스트에 비추어 우리의 삶 역시 다시 기술할 수 있다(1975, p. 62).

한 가지 예시로, 내러티브를 창출하고 어린 시절의 모습을 탐색하는 중요한 일부 텍스트를 사용하면서 일종의 다시 글쓰기를 선보이고자 한다. 다시 강조하지만 이는 기억을 떠올리는 기억력 게임이 아니다. 이러한 종류의 검색은 원시적인, 인지된 지평의 모양에 가시성을 복원하려는 의도가 있다. 그리고 문학은 (나에게) 시야에서 사라져

버린 것을 가시적으로 만들고, 상실한 비전과 상실한 즉흥성을 재건하는 잠재력이 있음을 발견해 왔다. 물론 그들이 시간이 지나면서 층층이 많은 이성적인 의미를 갖추고 있겠지만, 지각된 세계의 모양과 구조를 제시할 수 있다면, 나 자신의 과거는 변화된 방식으로 나타나고, 현재 체험하고 있는 삶, 즉 나로서는 교사로서의 삶이 더욱 굳건하고, 더욱 날카롭고, 이성적 도구주의는 물론이거니와 논리적 합리성에는 덜 수용적일 것이라 믿는다. 문학적 경험에 대한 기억은 비판적 판단과 여타 (나 자신과 타인의) 인지적 판단에 영향을 받을 수밖에 없다는 것을 깨닫는다. 여전히 그러한 판단은 잠시 판단중지라는 괄호 속으로 넣을 수 있고, 우리가 주위를 기울일 때 예술이 접근 가능하게 조력하듯, 성찰적 경험 이전으로 뻗어나가는 동안 중지 상태로 놓을 수 있다. 그리고 물론, 기억 속의 문학적 접근조차도 마음 안에서 그 다른 무엇도 같은 방법으로 열 수 없는 그러한 경로를 열 수 있다.

내가 도달하고자 했던 한 예로 엘리자베스 비숍(Elizabeth Bishop)의 시 〈대기실에서〉를 소개하고자 한다. 치과 대기실에서 치료중인 이모 콘수엘로를 기다리는 젊은 엘리자베스의 이야기이다. 그녀는 〈내셔널 지오그래픽〉 잡지를 읽으면서, 거기 실린 사진들을 눈여겨 보는데, 여기서 가슴을 드러낸 아프리카 여인들이 "마치 전구의 목 부분처럼 자신들의 목에 철사를 둥글게 묶고 상처 입은" 사진에 당황해 한다. 그녀는 이모가 아파서 지르는 비명에 자신의 고통의 소리를 함께 쏟아냈다. 그녀는 회색 무릎과 부츠를 신은 주위 사람들을 둘러보고, (1918 년 2월 이래로) 지속되는 전쟁을 생각하며, 매사추세츠 주의 볼체스터(Worcester)에서의 밤과 눈과 추위를 기억한다.

나 자신에게 말했다 3일 후면
7살이 될 거라고.
둥글고, 돌고 있는 세상을
춥고, 검푸른 공간으로
추락시키는 그러한 센세이션을
그만 멈추라고 말하고 있었다.
하지만 나는 느꼈다: 너는 나,
즉 너는 **엘리자베스라고**…[(1975) 1983, p. 159].

나와 이 시와의 만남의 가치는 시 속의 장면과 유사하게 눈이 내
렸던 날의 치과 대기실로 되돌아가는 기억의 문제가 아니다. 치과 의
사에 대한 내 자신의 두려움의 기원을 추적하는 문제도 아니다. 다만,
그러한 이미지, 즉 누군가가 떨어지는 모습 혹은 회전하는 세상에서
떨어지는 그 끝에 있는 이미지가 나에게 울리는 일이다. 한 가지 차
원에서 보자면, 그것은 추락에 대한 두려움이고, 다른 많은 경우 이
는 에덴에서부터, 메이폴 댄스로부터, 순수함으로부터의 추락이고,
또는 블레이크의 시에 나오는 굴뚝청소부처럼 굴뚝으로의 추락, 지
옥으로, 빈 공간으로의 많은 추락과 연계된 나의 인지에 대한 충격이
다. 에덴에서부터 많은 폭포에 수반되는 인식(awareness)의 충격이다.
그 이미지는 예상치 못한 쓸쓸한 길에 노출되는 냉정한 현실과 연결
되는데, 이는 마치 7살짜리 엘리자베스가 그 방에 있는 어른처럼 될
것이라는, 자기도 그들 중 하나라는 서로 양립할 수 없는 두려움을
지니고 생각하는 장면이다. 내가 그것을 읽었을 때, 상상력의 중재로
뭔가가 생각났다. 동시다발적으로 여러 가지가 떠오르지만, 지금 나
를 사로잡는 장면은 천둥번개가 요란한 산 속의 움막과 우리 어머니

를 찾기 위해 벽에 기대 두었던 종이인형을 꼭 쥔 채 친구와 함께 달리는 모습이다. 내 친구는 빨리 어머니를 찾고, 자기 갓난아기 동생과 함께 엄마 품속으로 안전히 피난했다. 반면 우리 어머니의 무릎은 이미 쌍둥이 아기 동생들 차지였기 때문에, 나는 숨을 곳도 안전한 공간도 없음을 느꼈다. 어머니가 나를 거부한 것처럼, 그리고 나를 갑자기 성인의 세상으로 밀어 넣은 것처럼 느꼈다. 지금 그 시를 읽고 생각을 추슬러 보면, 그 경험이 확장된다. 검푸른 세상에서 추락하는 아이의 어린 시절의 모습은 내 기억 속에서 천둥번개의 추락, 침실 벽에 기대어 있던 연약하고 작은 종인 인형, 아기로 가득 찬 어머니의 팔, 두려움과 경멸에 휩싸인 채 어머니 치맛자락을 붙잡은 채 여기서 벗어나고 싶어하는 모습이 내 자신의 것이 된다.

그리고 나는 나에게 너무나도 친숙한 다른 종류의 추락에 대해 읽은 내용을 기억한다. 『어린 시절(Childhood)』이라는 소설에서 나탈리 사라로우(Nathalie Sarraute)는 그녀가 소녀였을 때 시를 낭송해야만 했던 일을 연상하면서, "나 자신을 그것을 위해 내맡겼고, 내 팔을 잡고 나를 들어 올리고 그들이 나를 더 잘 볼 수 있도록 의자에 올려놓았을 때 저항조차도 하지 않았다"면서 그 느낌을 표현한다. 그녀는 자신을 바라보고, 이야기하고, 기다리고, 그리고 그녀가 사용한다고 생각하는 아기 톤의 목소리를 사용하는 사람들에 대해 이야기 한다. "나는 이 목소리를 사용하도록 강요받았고, 이 목소리와 이 톤으로 추락했다. 더 물러설 수 없고, 전진해야 하고, 아기 목소리로 위장한 채 가면을 써야 한다." 그녀는 이 사건을 순종을 통해 생각하고, 그녀가 진정 누구인지에 대해 성찰하며 추종한다. "자발적으로, 잘 자란, 이 작은 소녀, 그리고 숨기 위해 도망치던 이 소녀에게 예의를 지키고자 한다. … 누구의 다리 밑으로? 나는 뭘 하고 있었지? … 나를 거기로 데려간 이는 누구이지? 이 소녀는 이러한 발언들을 승인하는 웃음들, 놀림감과 연민의 탄사, 그리고 시끄러운 박수 소리로 뛰어든 셈이다. … ”(1984, p. 52).

우리 아버지도 이와 유사하게 나를 (라디에이터 덮개) 위에 일으켜 세웠는데, 나는 (가끔 공포에 질려 내가 직접 작성한 시를) 암송했다. 주름장식이 들어간 새 드레스를 과시하고 나를 자랑하기 위해, 그리고 그 투자가 가치 있다고 보여주기 위한 행동임을 나는 알고 있었다. 나는 그걸 싫어하면서도 좋아했는데, 이것이 이제야 알 수 있는 핵심이다. 충돌하는 형태와 이미지들, 불협화음의 색깔들, 그리고 불확실한 의미를 나타내는 문학작품 중, 나는 토마스 만의『토니오 크뢰거(Tonio Kröger)』를 떠올리게 되는데, 당연히 초록색 마차의 이미지가 계속해서 떠오른다. 그는 하늘을 등진 무척 큰 사람이며, 울퉁불퉁하고 위험한 언덕길에 저항하여 다른 사람의 비위를 맞추고자 하는, 집에 가려는 욕망을 억누르고 있는 나 자신을 발견한다. 물론 이는 토마스 만의 이야기와는 다르지만, 어린 시절 기억의 영향은 크고, 그러한 이야기가 야기한 바가 어린 시절 내가 형성했던 유형, 그리고 내가 손을 내밀면서 지향했던 지평과 관련이 있는지 이제서야 깨닫게 된다.

토니오는 잘 교육받은 존경스러운 아버지와 피아노와 만돌린을 연주하는 검은 머리의 어머니, 그렇지만 자신의 아들의 변덕과 학교의 실패에는 전혀 무관한 그러한 부모님과 함께 사는 작가 지망생이다. 그는 이렇게 생각한다. “명백히도 나는 나 자신이고 또한 부주의하고, 고집스럽고, 다른 이는 전혀 관심 없는 대상을 좋아하는 모습은 변하지 않고 그럴 수도 없다. 나를 꾸짖고 처벌하면서도 키스와 음악으로 모든 것을 질식시키지 않는 것은 당연하다. 결국, 우리는 초록 마차에 사는 집시가 아니고, 크뢰거 영사 가문으로 존경받는 사람들이다"(Mann, [1903], 1950, p. 9). 그러나 토니오는 자신이 타인들과 다르고, 심지어 그들이 자신을 이방인이라고 간주하더라도 일반적인 사람, 확고한 대다수의 사람을 존경한다. 이후에 그는 금발의, 우아한 잉게보그(Ingeborg)를 추종하는데, 그는 언제나 오직 카드리유(quadrille) 춤만을 고집하는 사람이다. 지금 그 마차, 즉 나의 마차와 집시의 마차의 모양을 바라보고 카드리유의 동작들을 떠올리면서, 소외, 결핍으로부터의 조망과 고통, 그리고 제외되고 **싶은 마음**이 무엇인지 깨닫고 내 살의 이야깃거리를 변증법적으로 형성한다. 그리고 이제와서야 내 삶이 이야기가 펼쳐질 당시에 전혀 알지 못했던 점, 다시 말해 나의 이야기가 여성이라는 젠더의 측면에 얼마나 많은 영향을 받았는지 깨닫는다. 순종해야만, 치마 끝자락을 잡고 청순하게 있어야만, 아버지의 말에 순종할 때만, 자신의 욕망을 억압할 때만, 동의할 때만 좋은 소녀가 된다. 그리고 당신은 또한 동생처럼 예쁘게 생기지 않고 옷을 차려입지 않기 때문에 불행한 소녀, 불쾌한 소녀, 추한 소녀이다. 당신은 고집이 센 안티고네(Antigone)이지, 그녀의 부드럽고 숙녀 같은 자매 이스마네(Ismene)가 아니다. 당신은 『미들마치(Middlemarch)』에 등장하는 도로시아 부르크(Dorothea Brooke)이지 그녀의 사랑스러운 자매 실리아가 아니다. 이제 안티고네의 관점에서 돌이켜보면, 나는 그 드라마를 어느 정도 인지한다고 느끼는데, 이는 바로 그 필드를 규정하는 엄격하고 굴곡 없는 모양이 나에게 개방되어 있기 때문이고, 반응적이고 주위를 맴돌거나 떠나가는 등 흐름에 유연한 다른 모양에 대한 융통성 때문이다. 도로시아는 성녀 테레사가 되고 싶었지만, 여성에 대한 시대의 장벽을 감안할 때, 그 무엇도 창설하지 못했는데, 이를 보며 현관문, 구불구불한 복도, 네트워크, 질감, 그리고 자유를 향해 손 내미는 누군가를 회상하게 한다(Elliot, [1871-1872] 1964, p. 26). 소설『미들마치(Middlemarch)』의 끝부분에서 조지 엘리엇은 도로시아의 삶에 대한 결정적인 행동이 이상적으로 아름답지는 않지만, "불완전한 사회적인 조건, 다시 말해 위대한 감정들이 종종 실수를 하기도 하고, 위대한 신념이 환상의 면모를 수반하는 그러한 젊고 고귀한 충동이 혼합된 결과이다"라고 기술한다(p. 896). 그리고 나의 내러티브 역시 무언가, 즉 표현을 위한, 덜 완전한 사회적 상태에서 고전 분투하는 일환인데, 타인의 삶을 읽으면서 이제야 이들을 제대로 보게 된다. 이제 나는 밖으로 나가고 예의를 갖추고, 감히 글을 쓰고 춤추기도 하고, 내 삶의 외부와 중간에서 잉게보그와(Ingeborg) 같이 금발이 되기를 원하고 갈망한다.

그 후 나는 틸리 올슨(Tillie Olsen)의 단편소설『여기서 다림질하고 있지요(I Stand Here Ironing)』를 떠올렸는데, 이 소설은 "그녀 시대의, 우울증의, 전쟁의, 공포의 산물"인 자기 딸을 대변할 수밖에 없었던 어머니의 이야기이다. 그녀는 "모든 어린 소녀들이 셜리 템플(Shirley Temple)처럼 귀여운 금발이 되기를 원하는 그런 시대에, 마르고 까무잡잡하고 이방인처럼 보였다"(1961, p. 15). 소설의 끝부분에서, 어머니는 이렇게 고백한다. "그녀를 그냥 그 존재 자체로 존중하자. 그녀의 소망대로 절대 이루어지지 않는다. 얼마나 많은 이가 그러하겠는가? 아직도 살아야 할 가치가 충분히 남아있다. 그녀가 알도록 도와주자 … 그녀가 꼭 알아야 할 이유가 있다는 점을 도와주자. 그녀는 이 다리미판에 있는 드레스, 다리미 앞에서 무기력한 그러한 드레스

이상이다"(p. 21). 나에게 그 다리미는 결정주의, 즉 강압적이고, 무겁고 무감각하며, 억누르고, 평평하게 하고, 침묵케 하는 그러한 상징물로 보인다.

나는 그러한 느낌과 이벤트를 청소부, 보모, 경비, 그리고 (종종) 관료주의, 혹은 한나 아렌트가 묘사하듯 우리가 아는 한 가장 최악의 압박인 "무인의 지배(ruled by Nobody)"와 연계시킨 적이 있다(1972, p. 137). 내 삶에서도 파시즘과 관계된 두려움은 제2차 세계 대전 동안 그리고 그 이후에 유럽을 거쳐 퍼지는 뉴스를 수반했다. 엘리 위즐 (Elie Wiesel)의 영화 〈밤과 안개(Night and Fog)〉에는 철조망, 군화, 벨트, 총, 채찍처럼 반복되는 이미지가 있다. 나와 많은 이들에게 이들은 우리의 지평에 있는 다른 이미지, 즉 권위적인 얼굴 표정, 영혼 없는 눈빛, 그리고 낮게 품고 있는 대상들로 얽혀져 있다. 흑인 작가 제임스 볼드윈(James Baldwin)이나 랄프 엘리슨(Ralph Ellison)은 "비존재" 그리고 "투명(Invisible)"이라는 비유를 창출하여, 그들 자신의 존재를 묘사하는데, 그들의 존재는 정의로운 남성과 여성을 넘나들며 억누르는 철제와 같은 압박 아래에서 무기력하고 보이지 않는다. 내가 유사한 고통을 주장할 수 있다고 제안하는 바는 아니지만, 한편으로『투명인간(Invisible Man)』,『네이티브 선(The Native Son)』,『가장 파란 눈(The Bluest Eye)』,『컬러 퍼플(The Color Purple)』, 그리고『브루스터의 여인들 (The Women of Brewster Place)』,『그들의 눈은 신을 보고 있었다(Their Eyes Were Watching God)』, 그리고『비러비드(Beloved)』와 같은 소설들은 나의 과거 경험과 두려움, 현재 내 앞에 놓인 권력과 강요, 비합리적인 경건함, 지속되는 강철과 같은 압박과의 대면에 새로운 의미를 부여하고, 그들은 내 삶의 경험, 최초의 인식의 지평, 나의 "재기억"을 기반으로 한다. 회고하건대, 나는 원리뿐만 아니라 그 원리에 우선 주의를 기울였다. 나는 주위 사람들에 사로잡혀 있는 근간으로서의 나 자신에 주의를 집중했다. 랄프 엘리슨(Ralph Ellison)에 등장하는 화자의 표현 중 떠오르는 가시성과 자신에 대한 논의가 하나의 대답처럼 보이는 순간들이 있다. "지하로 가는 길에서 마음, 그 **마음**만을 제외한 모든 것에 채찍질을 했다. 그리고 삶의 계획을 담은 마음은 그 유형에 대한 인식에 기반을 둔 시각을 잃어서는 안 된다"(1952, p. 502). 유형에 대한 그 아이디어가 나를 감동시켰는데, 이 임시적인 유형은 다른 곳이 아닌 바로 상황적인 관점에서 비롯된다. "누가 알겠어?"라고 화자가 나중에 묻는다. "내가 당신에게 말해줄 수도 있다." 우리 중 그 누구도 전체를 볼 수 없고, 전체를 노래할 수 없다. 어릴 적부터, 모든 관점이 우연에 기반하고 어느 그림도 완전하지 않다는 점을 알았다.

여러 종류의 아침 식사가 있다는 점, 저녁 식탁에 둘러앉은 이들이 다른 관점을 지녔다는 점, 네덜란드식 머리를 한 내 여동생은 나와 음악 취향이 다르다는 점(내 여동생은 물론 자신이 듣는 음악이 절대적으로 최고라고 주장했는데). 이 모든 것이 관점의 다양성에 대한 입문서 역할을 했다. 어려서는 단어를 수집하는 일과 어느 정도 연계되고, 그리고 이 단어들을 다른 이들에게 **보여주고**, 내 자신을 가시적으로 만들고 내 주변의 사람들이 전혀 볼 수 없을 것 같은 사물들을 포착할 수 있도록 어떻게 이야기와 시로 엮을지 발견하기를 간절히 원하는 일과 관련 있다. 돌이켜보면, 나는 결말에 대해 열망했었다. 나는 서로 간의 공동언어로 이야기할 수 있는 그러한 사람, 여러 사람들 중 나 자신을 잘 이해할 수 있고 (남을 잘 이해할 수 있는) 그런 사람이 되고 싶었다. 무엇보다 가정컨대,『결혼식의 멤버(The Member of the Wedding)』에 나오는 어린 소녀처럼, 소속되고 연결되기를 갈망했고, 그러고 난 후 시간이 지나면서 전쟁 중인 세상과 고통과 이별의 세상에 대해 들었으며, 그러한 원인과 연계된 무언가의 한 부분이 되기를 원했다. 오랫동안 나는 1927년 상하이 혁명을 근거로 한 앙드레 말로(André Malraux)의 소설『남자의 운명(Man's Fate)』, 특히 치앙 카이-쉑(Chiang Kai-shek)이 그의 공산주의 연맹을 배반하는 장면에 사로잡혔다. 그에 대한 모든 것, 독자가 특정 주인공을 볼 수 있는 관점들을 이동하는 것에서부터 강가의 안개, 도박장의 흐린 불빛, 레코드 가게에서 흘러나오는 목소리들은 개념적이라기보다 나에게 더욱 가시적으로 맞물리고 합류되었다. 내러티브에 몰두하고 빠져든 나머지, 나는 소설 속 상상(prereflective)의 세상으로 돌아왔다. 말로의 소설을 읽으면서 짓누르는 압박에 저항하고, 사람들을 해방시키며, 카뮈의 소설『페스트』처럼 전염병이 맴도는 시기에 희생자의 편에서 활동하고 치유하는 내용처럼 내 머릿속을 맴도는 메아리에 반응하고 축적하고 싶은 열망들이 다시 살아났다. 이 소설에서 반역자의 패배 이후 수백 명의 상처 입은 이들이 사형 선고를 기다리며 감옥에 갇혀서, 기차의 화염 속으로 던져질 운명에 처해 있다. 지식층 반란가인 쿄(Kyo)는 "자신의 시대에서 가장 깊은 의미와 가장 큰 희망으로 채워진 것을 위해" 투쟁하였고, "같이 살고 싶은 사람들 사이에서 죽어 가고 있으며, 다른 여타의 사람들처럼 그의 삶에 자신이 부여한 의미를 추구하며 죽어간다. 그가 기꺼이 죽을 의지가 없다면 그 삶의 가치는 무엇이었겠는가? 혼자가 아닌 죽음은 쉽다. 이러한 형제적 떨림으로 걸러진 죽음, 투쟁에서 완패한 이들을 많은 사람들이 순교자라고 기억할 것이다"(1936, p. 323). 쿄의 음독 자살에 대해 심사숙고한 이후, 볼셰비키 실존주의자인 카토프(Katov)는 절박한 고문의 상황에서 자살하려고 간직하고 있던 청산가리를 다른 이에게 양보한다. 그는 청산가리를 절실히 필요로 하는 다른 누군가에게 주고, 사방에서 숨소리만 들릴 뿐 침묵 속에 있는 사람들로 가득한 거대한 암흑의 복도를 지나 그의 사형장으로 걸어간다. 그렇다면 이 이야기는 브루클린에서 편안하게 사는 청소년들과 무슨 상관이 있는가? 이들은 한때 진부함을 경멸하고, 지루함과 싸우고, 아무것도 의미 없다고 믿으면서도, 그녀가 대중들을 설득하고 그녀가 만약 충분히 배운다면 혁명을 이끌 수 있다고 확신한다. 이는 허세이고 낭만주의인가? 물론이다. 하지만 오늘날에도 쿄의 독백은 나의 수업을 생각하고, 해방을 생각하고, 오염된 세상에서의 가능성을 생각할 때 내 경험을 넓혀준다.

물론, 한 남자의 혹은 한 소년의 꿈을 영웅적으로 묘사하고, 어떠한 여성도 쿄와 카토프처럼 존엄한 사도로 기대되지 않는다는 점이 나에게 호소력 있게 다가왔다. 말로가 제시한 이 소설의 원제목은 『남자의 운명(Man's Fate)』이 아닌 『인간의 조건(La Condition Humaine)』이었지만, 실제로 소설에서는 남성들의 운명을 보여주었다. 이는 문학에 심취하는 것이 이전에 체험해 보지 못한, 다시 말해 처음으로 반성적인 사고를 통해 유의미하게 존재해 온 대상들을 가시적인 경험과 지각으로 돌아볼 수 있을지 보여주는 좋은 예이다. 그러나 상상력의 관문을 통해 열등감과 성역할에 대한 고정관념 등에 관한 과거의 경험들이 움직일 수 있다면, 현재의 경험은 새로운 인지로 풍성해지고, 진실로 새로운 가능성이 더욱 커지고 복잡해질 것이다.

나는 세월이 지남에 따라, 변화를 일으키고 그 결실을 맺기를 열망하는 미국 여성으로 살아가는 나 자신의 새로운 지각적 통합을 위해 고군분투했다. 물론, 나의 세계와 문학에 샘솟는 새로운 가능성이 있다. 버지니아 울프는 가부장적인 사회에 통합되는 생각을 거부하고, 문화와 지적 자유를 말살하려는 남성 성명서에 대한 서명을 반대하면서 "타자로서의 사회(society of outsiders)"에 대해 언급했다. 그녀는 군대와 남성 중심의 문화가 얼마나 무감각해지는지 묻는다. 그리고 그녀 자신을 거론하면서, "지적인 간음을 저지르지 말라"는 지시를 충분히 따르며 살아온 교육받은 남성들의 딸들에 대해 이야기한다.

여성들은 "별 뒤에 있는 이상적인 세계에 대한 꿈을 꾸는 것이 아니라" 실제 세계의 현실을 고려해야 한다([1938], 1966, p. 93). 이 구절을 읽고, 앞뒤를 살피면서, 나는 동화의 필요성과 외부자로 남아있어야 할 필요성 사이의 연계성에 대해 스스로 질문한다. 나는 시민권을 위한 행진, 평화 행진, 노만 메일러(Norman Mailer)의 『밤의 군인들(Armies at the Night)』, 엘리스 워커의 『메리디안(Meridian)』, 그리고 나 자신이 되고 나 자신을 찾기 위한 나만의 요구에 기초한 행진 등을 생각한다. 다음으로 나는 여성은 최소한 자신의 마음을 타자나 다른 도구를 활용하여 자신의 표현 방식으로 전달할 자유가 있다는 버지니아 울프의 글을 발견한다. 군중들, 대중과의 접촉이 자신을 미약하게 만든다고 생각하는 여성들을 마주하면서, 그녀는 대중이란 "우리와 매우 흡사한 방식으로 방 안에 살고, 거리를 걸어 다니고, 소시지에 질렸다고 말하는 사람"이라고 선포한다. "대중이란 유인물들처럼 지하실에 흩어져 있고, 노점상에 놓여 있으며, 값싸게 팔거나 공짜로 나눠 주기 위해 수레 위에 놓인 채 길거리를 굴러다니는 것과 같다. '대중들'에게 접근하는 새로운 방법을 찾고, 거대한 몸에 허약한 마음을 지닌 거대한 괴물로 치부하기보다, 각각의 사람들을 별개로 취급할 방법을 찾아라." 그녀는 자신을 불쾌하게 만드는 예술가와 작가들에게 진실을 말하고, 자신의 의견을 실천에 옮기며, 전쟁과 같은 내용에 대해서는 읽거나 보기를 거절하라고 여성들을 격려한다. 언젠가 그들은 악순환(vicious circle), 마치 "오디 나무(mulberry tree), 즉 지적인 독선의 나무 주변을 빙빙 도는 듯한 춤"을 끊어버릴 것이다([1938], 1966, p. 98).

　　이를 읽고 표면과 그 내부의 의미를 생각하면서, 나는 사회에 참여하는 여성으로서 무엇을 해야 할지 느끼는 동시에, "교육받은 남성들의 딸들"이라는 일종의 엘리트 자매라는 연대감에서 제외되는 느낌을 받았다. 더 나아가 아동도 중요한 고려 대상으로 간주되지 않는데, 울프가 제시하듯, 이들은 반전운동을 위한 주요 수단이 아니라 기껏해야 죽은 아이들과 폐허를 담은 사진 전시용으로 이용될 뿐이다. 나는 틸리 올슨(Tillie Olsen)과 어린 시절에 대한 그녀의 애매모호한 관점으로 복귀하는 내 자신을 발견한다. 나는 또한 그레이스 페일리(Grace Paley)로 다시 돌아가고, 추락에 대한 아이디어와 같이 나 자신의 유아기 경험과도 유사한 점에 놀란다. 루스(Ruth)와 에디(Edie)의 우정에 대한 페일리의 이야기는 나의 어린 시절에 비추어 여러 모로 공감된다. 그 이후에 그들이 성장하였을 때, 자신의 자식에 대해 논쟁하면서, 그들이 엄마로서 아주 어린 아이들을 위해서 얼마만큼이나 고문의 고통을 감당할 수 있을지 고민한다. 루스의 손녀인 레티(Letty)가 숙모에 대해 기억하고 헛된 질문을 할 때, 그녀는 "루스의 팔에서 벗어나기" 시작한다. 루스는 그녀를 꽉 붙잡고 있고, 레티는 "엄마 … 할머니가 날 너무 꽉 껴안아"라고 소리친다. "그러나 루스에게 그녀를 더욱 꽉 껴안는 것이 필요한데, 아무도 눈치 못 챘겠지만, 장밋빛의 투명한 피부를 지닌 레티는 세상이 창조한 언어라는 새로운 그물

침대에서 인류가 만든 딱딱한 마룻바닥으로 추락하고 있고, 벌써 추락했기 때문이다"(1986, p. 126).

추락의 느낌, 어린 시절의 감각과 소리, 공공 영역으로 진출하고 싶어 뻗어 나가는 욕망, 이들은 나의 경험으로 구체화되었는데, 이는 세상과 나의 삶의 텍스트 간의 연계성이나 그들과의 맥락에서조차도 거의 관련이 없는 방향으로 배치되었다. 이상한 방법으로 나는 그들을 붙잡고 나의 경험의 대상으로 그들을 간주하면서, 그리고 나 자신의 모험을 의미 있게 추구하면서, 나 자신의 질서, 나 자신의 맥락을 부과해왔다. 내가 삶의 여정에서 직면했던 내러티브들은 내가 다른 이들과 연결되는 그러한 유형을 인지하는 가능성을 확장해 왔고, 나 자신의 관점보다 타인의 시각을 통해 관찰하는 법, 그리고 내가 창출하는 것보다 그 이상의 것으로 존재하고 상상하도록 도와주었다.

II.

조망과 현시

07

◆

교육과정에 대한 지속적인 촉구

공교육이 시작된 이래로 지식(또는 인지 기술이라 불리는 것)과 "실제 생활"의 맥락에서 그 지식에 대한 사용이 교육과정에 대한 핵심 논의가 되어왔다. 필연적으로 교육과정에 대한 발상은 문화적, 경제적 변화에 대응하여 변화하였다. 성공과 신분상승을 위해 필요한 기술은 점점 더 복잡해졌고, 공장이나 단순 노동은 줄어들고, 빈곤층 아동이나 이민자 아동, 혹은 문제아가 겪는 환경은 점점 더 어려워졌다. 많은 수의 젊은이들이 동등한 대우를 받으려면 어려운 선택이 수반되어야 했다. 교육과정의 내용과 그 구조 역시 더 이상 고정될 수 없다. 새로운 접목에 대한 논의가 필요하고, "하향식(top-down)" 교수-학습과 장학에 의문을 제기해야 하며, 통합적이고 간학문적인 교육과정을 탐구해야 한다. 더 나아가, 점점 더 기술중심 사회가 되고, 제조업에서 서비스업으로 경제가 이동함에 따라 교육과정과 동일시할 수 있는 지식, 신념, 가치에 대한 순서가 예상치 못한 상황으로 전개되는 것에 대해서도 개방적이어야 한다. 어떻게 확장적인 테크놀로지를 이롭게 하는 동시에 듀이가 명명한 "대중의 명시화(articulate public)"의 발현을 동시에 만족시키는 교육이 가능할 것인가?([1927] 1954, p. 184). 젊은이가 직업 세계 바깥에서 충족함을 느낄 수 있도록 서비스업의 지루함과 진부함을 어떻게 막을 수 있을까? 의미의 탐색을 위한 교육과정이란 무엇일까?

수년간 대부분의 교육학자에게 교육과정은 문화적 재생산, 지식의 전달, 그리고 적어도 어느 정도는 마음의 삶과 관련이 있었다. 그렇기에 이는 항상 젊은이가 그들의 삶의 의미를 이해하고, 연결하고, 의미를 구축할 수 있는 과정을 포괄한다. 결국 교육과정은 애매함을 다루고 관계를 논하고, 종종 변형과 예측불허의 변화로 향하는 길에 대해 개방적이어야 한다. 이번 장에서 특히 예술이 교육과정 탐구에 비전을 제시함에 있어서 다양한 관점들과 아직 추구하지 않은 가능성을 제시하는지 그 초점을 맞추고자 한다. 이를 위해 나는 예술을 통해 그리고 예술 안에서 나 자신이 발견해 온 개인적인 교육과정을 묘사하고, 이를 오늘날의 교육과정의 절박함과 연계하고자 한다.

이전에 이미 월리스 스티븐슨의 〈블루기타를 연주하는 남자〉에 대해서 설명했는데, 그는 악보에 제시된 대로 연주하기를 거부하고 "모양의 딱딱함(crust of shape)," 고정 불변함을 저버리고 우리의 상상력을 통해 새로운 것을 보면서 "상한 이름들(rotted names)"을 버리도록 요청한다([1937] 1964, p. 183). 우리가 새롭게 볼 때, 우리는 지식과 이해가 제공하는 관점을 공유한다. 엘리자베스 비숍(Elizabeth Bishop)은 〈선착장에서(At the Fishhouses)〉라는 시에서 지식을 찬 바닷물, 즉 "바위들 위에서의 얼음장처럼 자유로움(icily free about the stones)"에 비유한다.

손을 넣어야 한다면,

손목이 바로 아픔을 느끼고,

당신의 뼈가 아프기 시작하고, 손이 타오르듯 느낄 것이다.

마치 물이 불의 전달자인 것처럼

그래서 이것이 돌에 전달되고 검회색의 불꽃이 화상을 입히듯.

이를 맛본다면, 처음에는 쓴 맛이고,

그리고는 뻔뻔함으로 혀를 분명히 태울 것이다.

이는 마치 우리가 지식을 상상하는 것과 같으니,

지식은 어둡고, 짜고, 명료하고, 움직이고, 완전히 자유롭고,

바위 같은 젖가슴에서 흘러나오듯,

세상의 차갑고 딱딱한 입에서 출발하여,

우리의 지식이 역사적이고, 흐르고, 흘렀듯이

영원히 흐르고 유입된다 [(1955) 1983, pp.65-66].

어려서부터 나는 상상력이 풍부한 문학의 언어가 세상에 존재하고 세상을 사고하는 대안적 방법을 개방한다는 사실을 알고 있었다. 나는 동화뿐만 아니라 찰스 킹슬리(Charles Kingsley)의 『워터 베이비(Water Babies)』(원래 아동 노동자에 대한 학대로 인해 분노를 일으킨 작품이라는 점을 알지 못했다)와 케네스 그래햄(Kenneth Grahame)의 『버드나무숲의 바람(Wind in the Willows)』을 접했다. 내가 루이스 캐롤(Lewis Carroll)의 『이상한 나라의 앨리스』와 『거울나라의 앨리스(Through the Looking Glass)』를 알기 전에, 제임스 배리(James Barrie)의 『피터팬』은 나에게는 커다란 발견이었다. 네버-네버랜드(Never-Never Land)를 향해 열린 창문으로 날아다니는 은유는 내가 그 단어를 실제적으로 배울 때까지 상상력이 무엇을 할 수 있을지 암시해 주었다. 나는 그 당시 윌리엄 블레이크(William Blake)의

〈순결의 노래(Songs of Innocence)〉를 알게 되었고, 구조화된 권위와 권력은 열린 창문을 쾅 닫아버리고 〈에코잉 그린(Ecchoing Green)〉([1789] 1958)에 그림자를 드리우는 방식에 대해 의심하기 시작했다고 믿는다.

그렇지만 그 다음으로 루이사 메이 알콧의 『작은 아씨들(Little Women)』이 있었고, 다른 많은 소녀들과 마찬가지로 나는 조 마치(Jo March)를 내 롤 모델로 삼았다. 그녀는 남북 전쟁 당시 황량함을 느끼는 가족들의 크리스마스를 위해 새로운 양식의 멜로드라마를 만들었다. 빅토리아양식의 전형을 깨고, 그녀는 자신을 위한 열린 공간과 일종의 영웅적인 언어를 발명했다. 알콧은 독자이자 작가로서 그리고 자유를 **추구하는** 그 누군가로서 충실하고 사랑스럽게, 그리고 용감하게도 주위 사람들에게 책임감을 가지면서 이 모든 것을 감당하였다. 너새니얼 호손의 소설 『주홍글씨』에 등장하는 헤스터 프린(Hester Prynne)은 물론 작은 아씨들의 조(Jo)보다 더 도전적이고 더 당혹스러운 인물인데, 이 소설을 나중에 알게 되었지만 그 이후로 새로운 점을 다시 발견하고자 노력중이다. 나는 헤스터의 간음 혹은 화려한 A라는 글자에 매혹되지 않았다. 오히려 도시의 외곽에서 배척받고 사는 그녀의 해방적인 사고방식에 매료되었다. "자신은 그토록 사색의 위도에서 살면서도" 그녀는 "인간이 설립한 제도권 그리고 사제나 입법자들이 세워놓은 규칙을 타자적인 관점에서 원주민들이 사무용 밴드, 법관의 의상, 칼, 교수대, 화형장, 혹은 교회에 대해 느끼는 것 이상의 그 무엇보다도, 그 누구보다도 더욱 성스럽게 이들을 비판하며" 세상을 바라보았다([1850] 1969, p. 217). 그녀는 또한 동시대의 여성으로서의 조건에 의문을 품기 시작했다. 그녀는 "여성들 가운데 가장 행복한 사람일지라도 자신의 존재 자체를 수용할 가치가 있는가?"라고 자문하는데, 여기에는 결코 그렇지 않고, 이러한 여성이 결코 존재하지 않는다는 확신이 깔려 있다(p. 184). 물론 호손(Hawthorne)은 마치 그녀가 한 번에 그리고 동시에 여성적이고 사변적으로 될 수 없는 것처럼, 그녀의 인생이 열정과 감정에서 끔찍한 고독의 사고로 전환되었다고 지적했다. 그리고 마지막 부분에서 그녀가 뉴잉글랜드 지방으로 돌아와 "상처받고, 버림받고, 그릇됨과 오배치 혹은 잘못되고 죄가득한 열정으로" 고통 중에 있는 여인들을 위로하고 상담하면서, 그리고 새롭게 다가올 새로운 질서에 대한 예언자에 대해 의문을 가지는 가운데 나머지 생을 보내면서 화해를 이뤘음을 깨닫는 데는 오랜 기간이 걸렸다. 천천히, 나는 (지식의 "쓰린" 맛을 경험하면서) 소설이 해결불가능한 문제와 저자가 어느 "편"도 선택하지 않았다는 것을 깨닫게 되었다. 한편으로는 자유롭고 사려 깊고 성적으로 활기 있는 여성이 엄격한 형식의 정교일치를 깨고 장로가 당연시하는 모든 것에 도전해야 할 필요성이 있었다. 다른 한편으로, 비인간적인 공동체에서도 그녀에게는 구성원으로서의 자격에 대한 중요성이 있었다. 명료한 답이 없다는 점, 최종적으로 긴장을 해결할 수 없다는 점을 인지하면서, 문학과의 연계성이 어떻게 삶에 대해 질문을 던지고 삶을 탐색하는지 이해하기 시작하였다. 독서를 통해, 나 자신의 경험 안에서 의미를 추구하기 위해 소설을 읽어나가면서, 이러한 질문들은 영원히 열려 있음을 발견했다. 나는 절대, 결코 확신할 수 없다.

"만약 ~인 것처럼(as if)", 즉 상상력을 통한 나의 비전은, 내가 절대 멈추고 싶지 않은 그러한 탐색으로 나를 지속적으로 인도한다. 이전에 언급한 두 가지 예술 작품을 항상 염두에 둔다. 워커 퍼시의 『영화관객(Moviegoer)』에서 화자는 "탐색의 가능성"을 의식하지 못하는 것이야말로 "절망" 속에 있다는 점을 지목한다(1979, p. 13). 그리고 메리 워낙(Mary Warnock)의 주장에 따르면 "교육의 주된 목적은 사람들이 지루함에 빠지지 않는 기회를 부여하는 것"인데, 이는 곧 "자신의 가치가 어디에 있는지 이미 결론적으로 알고 있는 믿음에 결코 굴복하지 않는다"는 의미에 기원한다(1978, p. 203). 워커 퍼시의 화자가 언급하는 절망은 물론 지루하고 무의미한 느낌과 관련이 있다. 탐색은 아직 존재하지 않는 것, 예측할 수 없이 여전히 경험 가능한 것에 대한 의식을 심어줌으로써 그러한 지루함의 기회를 상쇄한다.

퍼시의 화자도 자신이 "이상한 섬"에 사는 새로운 "표류자"라는 점을 발견한다. 특정한 문학 작품은 나에게 익숙하지 않은 경험을 소개해 주는데, 문학을 통해 이상하거나 친숙하지 않은 관점을 취하는 일은 참으로 한 개인을 이방인으로 만들고 전에 보지 못한 것들을 "보게" 한다는 점을 알게 된다. 멜빌의 소설『모비 딕』에 등장하는 이슈마엘, 콘래드의『암흑의 심연(Heart of Darkness)』에 등장하는 말로의 항해를 생각해 보면, 이들은 내가 평소에 느끼지만 묘사할 수 없는 존재의 일정 부분을 자세히 관찰할 수 있게 도와준다.『모비 딕』에 나오는 "희디 흰 대형 고래를" 마주치면서 내 삶의 현장에서 부딪혔던 수많은 사람들을 규명할 수 있게 된다. 결국 그의 "영혼은 축축하고, 이슬비 내리는 11월"(p. 2)을 느끼며 바다로 항해하려는 그 누군가와 공통점은 무엇인가? 백색을 "무의미한 공허함, 의미 전체, 즉 우리가 잠식되어 있는 무색의 혹은 모든 색깔의 무신론에" 연결하려는 이와 어떠한 공통점이 있는가(p. 198)? "이해할 수 없고" 야만적인 이들과 살아가지만 "효율성에 대한 헌신(devotion to efficiency)" 덕에 이들에게서 구조되었다고 냉소적으로 표현하는 그 누군가와 무슨 공통점이 있는가?(Conrad, [1902] 1967, p. 214)? 그리고 그가 강가의 썩은 나무들로 뒤덮인 암흑 속에서 증기선이 산산조각 날 수도 있는 위험을 감수하더라도 항해하는 모습을 어떻게 설명하는지 그리고 그 묘사하는 과정이 앞에 말한 그 사람과 어떠한 공통점이 있는지, 그리고 어떻게 "그러한 종류의 대상과 그러한 표면의 단순한 사건, 그 현실, 다시 말해 언젠가 소멸되는 그 현실을 설명하는 과정에서 어떠한 공통점이 존재하는가? 운 좋게, 아주 운 좋게도 그 내적 진실은 숨겨져 있다. 그렇지만 나는 이를 언제나 느끼고 있다. 나는 종종 그 신비로운 정적(mysterious stillness)이 내가 부리는 원숭이 묘기같은 모습을 지켜보고 있다고 느끼는데, 이는 마치 각자가 선보이는 줄타기 공연을 지켜보는 모습과 같다. 이게 뭐냐고? 이는 완성도가 낮은 곡예(half-a-crown tumble)와 같다"(pp. 244-245). 가부장적 관점 여부에 상관없이, 콘라드가 아주 유명해진 서문에서 밝힌 그러한 감각으로 내가 세상을 **보게끔** 만들었다. 그는 서문에서 "문자언어(written word)를 통해 당신은 듣고, 느끼고, 결국 이는 당신을 보게 만든다. 이것이야말로 더 이상도 아니고 전부이다. 내가 성공한다면, 당신의 공적에 따라 격려, 위로, 두려움, 매력 등 당신이 요구하는 모든 것, 그리고 아마도 당신이 깜빡 잊고 묻지 못한 진리를 엿볼 수 있을 것이다." 더 나아가 그 작가는 인간을 서로 연결시키고 이들을 "가시적인 세상으로" 이끄는 그러한 비전, 다시 말해 "불가피한 연대감을 느끼는 이의 열정을 불타게 하고, 신비한 시작, 어려움, 기쁨, 희망, 불확실한 운명 안에서 연대감을 느끼는 이의 비전"을 전달할 수도 있을 것이다([1898] 1967, pp. ix-x).

이와 같은 소설들은 인간의 조건으로서 내가 감당해야 하는 부분을 밝히고, 내 존재의 바닥에까지 도달하도록 도와주며, 내가 서 있는 자리 이상으로 나아가게 도와준다고 생각한다. 여성인 내가 상상 속에서 이미 승선한 이 증기선이나 배에서 제외된다는 점을 직시하는 데에는 많은 시간이 걸렸다. 소설『노란 벽지(The Yellow Wallpaper)』에 등장하는 샬롯 퍼킨스 길만(Charlotte Perkins Gilman),『각성(The Awakening)』의 케이트 쇼팽(Kate Chopin), 버지니아 울프의 에세이『3 기니(Three Guineas)』와『자기만의 방(A Room of One's Own)』을 통해 얻은 인식을 통해 소외, 무관심, 그리고 경멸이라는 구체적인 대결구도를 경험했다. 길만의 소설에서처럼 벽지에서 나오고자 하는 여성으로서의 광적인 관점이 필요한 것만큼이나 소설『각성』에 등장하는 에드나(Edna)의 근시안적인 모습과 그녀가 자살하는 장면에서 여러 감정이 겹치는 양가감정의 분노를 느꼈다. 결국 나는 이 소설 속 주인공들을 통해 내 삶을 비춰보게 되었고, 사회 과학적 설명이나 심리학자들이 전혀 분석하지 않을 방식으로 그들을 내 의식 속으로 초대하면서 결국 독서를 통해 나를 변화시켰다. 틸리 올슨(Tillie Olsen)을 나중에 접하게 되었고, 마야 안젤루(Maya Angelou), 마지 피얼시(Marge Peircy), 마가렛 앳우드(Margaret Atwood), 그리고 토니 모리슨(Toni Morrison)을 통해 많은 여성의 다양한 관점으로 세상을 보게 되었다.

나는 가능한 한 다양한 시각과 최대한 많은 관점으로 세상을 바라보고 싶었다. 의도적으로 나는 오랫동안 거울의 반대편에서 사물을 관찰하는 시각을 갖도록 모색하고, 세상에서 삶의 경험으로 지목되는 그러한 "다양한 현실" 혹은 "부분적인 의미"를 체험할 수 있는 방법들을 탐색해 왔다. "현실을 구성하는 그러한 대상들의 존재론적 구조가 아닌 우리 경험의 의미를 통해" 이러한 다양한 관점을 배우기 시작하였다(Schutz, 1967, p. 231). 최근에 들어서야 우리는 성별과 인종이 세상에 대한 해석에서 주요한 부분을 차지한다는 점, 그리고 문학에서 더욱 현저히 드러나듯, 대화 속에서 한 단어 안에 여러 의미가 공존하는 이종어(heteroglossia)가 "언어를 살아 있고 발전하게 한다"는 점을 거부해왔다는 점을 인식하기 시작하였다. 소설『카라마조프의 형제들』에 나오는 미결정, 개방성과 같은 언어에 귀 기울이는 것은 "현실을 인식하고 개념화하는 언어의 헤게모니"를 타파하고(p. 369), 모든 가능성으로 향한 길을 열기 위함이다. 윌리엄 포크너(William Faulkner)의 소설『소리와 분노(Sound and the Fury)』를 읽는다는 것, 그리고 벤지(Benjy)의 어리석은 목소리를 캔디스(Candace), 제이슨(Jason), 퀜틴(Quentin), 혹은 딜시(Dilsey)의 목소리로 대치한다는 일은 안정적이고 "객관적인" 세상이 존재하지 않음을 인식하는 과정이다. 벤지는 "초원, … 그의 동생 캔디스, 불꽃" 세 가지를 좋아하는데(1946, p. 19) 아이러니하게도 그들의 부재를 좋아한다. 그렇지만 냉소적이고 "폭력적인(carnivalesque)"(Bakhtin, 1981, p.273) 관점의 해석 방식이 존재하는 것처럼, 그의 해석 또한 현실이라고 불리는 대상들이 다양하게 해석되는 점을 염두에 두어야 한다.

랄프 엘리슨(Ralph Ellison)의 소설『투명인간(Invisible Man)』을 읽으면서, 나는 이러한 새로운 인식을 깨닫고 놀라게 되었다. 그렇지만, 나는 오래전부터 "[사람들의] 내적인 눈이 어떻게 구성되는지" 보아왔는데, 이는 바로 화자의 투명성이 다름 아닌 인종차별적인 사회의 기능이자 이에 대한 반응이며, 반성적 사고에 대한 교육은 그러한 "시각의 특별한 성향"을 변경하기 위한 주요한 역할을 한다는 점이다(1952, p.7). 이러한 대안적 변경은 범주, 추상적인 형식, 또는 어느 종류이든 처방을 강조함으로써는 성취할 수 없다. 엘리슨이 제시하는 특별한 세상, 즉 공공의 영역, 사무실, 술집, 층계, 인종차별의 상징물인 샘보 인형(Sambo dolls), 전구, 페인트 통, 유분을 함유한 강철 조각("그 안을 감싸고 있는 한 더미 특유한 물건들", p. 336), 맨홀 덮개, 아치형 다리, 지하실 등은 독자들에게 맥락을 제공한다. 독자들은 맥락이 생략된 추상성 안에서 그 내용을 파악할 수 없고, 오직 이 맥락을 통해 해석을 하고 의미를 읽어나가게 된다.

잡지 〈뉴요커〉의 "타운에 대한 담론"이라는 칼럼의 저자는 "모호하고 예측할 수 없는, 이념을 약화시키는 구체성"을 다음과 같이 제시하였다(1989).

> 그들은 상호 관련성이다. 그들은 아이디어만으로는 불가능한 방식으로 당신의 관심을 끈다. 삶의 일부 측면이라도 그 세부 사항을 엿보고자 한다면, 당신이 원하거나 필요한 것보다는 그 이상이 실제로 존재하도록 여유를 남겨야 한다. 그리고 세부 사항은 또한 신비하게도 보편적이다. 만약 허구가 뉴스라면, 이는 대개 타인의 삶에 대한 세부적인 사항에 대한 뉴스이기 때문이다. 만약 허구가 타인의 중요한 관심사가 된다면, 그러한 구체적인 내용 안에서 자신에 대한 내용을 일부분 발견할 수 있기 때문이다. 자신의 삶과 유사하지 않은 세부 내용들에 관심을 가질 준비성이야말로 신뢰를 측정하는 주요한 잣대이다. 세부 사항에 대한 저항은 인종차별의 표현이며, 수줍음의 불안성이요, 자신을 안전하게 지킬 필요성에 대한 표현이다.

서로 연결된 세부 사항에 대한 일정 지식도 없이 타인과의 교류에서의 추상성을 극복하기란 매우 어렵다. 두려우리만치 과도한 단순화가 그 자리를 차지하며, 그 공백에서 "러시아", "학생 운동", "소수 민족"만이 부각된다. 선/악, 흑/백, 이것/저것이라는 이분법으로 사물을 구분하기 쉽다. 우리는 마니교에서 표방하는 선과 악의 이분법적 알레고리의 담보물이 된다. 유대인 대학살의 경험을 연대기적으로 기록한 프리모 레비(Primo Levi)는 이러한 마니교적인 성향이 대중적인 역사와 학교에서 가르치는 역사에 많은 영향을 주었다고 지적한다. 이는 "곧 절반의 색감과 복잡함에서 고개를 돌리고, 갈등 상황의 반복으로 이어지는 인간적인 상황을 감소시키며, 그러한 갈등을 전쟁으로 이끌면서 우리와 그들, 승자와 패자, 선한 이와 악한 이로 각각 이분화한다. 결국 이를 통해 선한 이들은 번창해야 하고, 세상의 그렇지 않은 이들은 전복되어야 한다는 이분법을 펼친다"(1988, pp. 36-37). 레비에게 있어서 유대인 대학살이나 인류에 대한 여타 폭력에 대해 책임져야 하는 사람들과 비교해서 그 누구도 윤리적으로 다른 영역에 존재하지 않는다는 점을 깨닫는 것이 중요하다. 이와 다르게 생각하게 되면 우리 자신을 모호함과 모순에 맡긴 채, 역사적 현실에 대해 그릇된 명료함을 부여하게 된다. 그렇지만 바로 이것이 아이들에게 역사를 소개하고 이야기를 펼치는 방식이다. 다시 말해, 우리 조상들은 욕심이나 권력에 대한 탐욕으로 오염되지 않았고, 승승장구하는 장군들은 전쟁터에서 잔인함, 고통이나 배신에 물들지 않았으며, 민주주의를 대변하는 이들은 편견이나 기만에 물들지 않았다고 전달한다. "우리는" ("우리 편에" 서 있는 이들은) 아주 선한 이들이며, "그들"은 선이라고는 전혀 없는 악의 세력이라고 평가한다.

셰익스피어의 리어(Lear) 왕이든, 조지 엘리엇의 도로시아 브룩(Dorothea Brooke)이든, 헨지 제임스의 이사벨 아처(Isabel Archer)이든 상관없이, 상상력이 풍부한 문학 작품 속에서 그 누구도 "절반의 색조와 복잡함"에서 자유롭지 못하고, 각자의 내면에는 서로 대치되는 목소리들로 가득 차 있고, 리어 왕처럼 성숙한 나이에 접어든 이들도 여전히 그 과정 중에 있다(in-the-making). 그러므로 문학은 항상 이원론과 환원주의를 전복시키고 추상적인 일반화에 의문을 제기하는 잠재력이 있다. 더 나아가, 최종적인 화합이나 일관성에 대한 독자의 기대를 지속적으로 좌절시키는 능력을 지닌다.『독서법(The Act of Reading)』에서 볼프강 이저(Wolfgang Iser)는 독서와 관련하여 사람들이 고전적인 고전적 패러다임에 집착하는 방식에 대해 논의하는데, 그들은 숨겨진 의미를 찾고, 대칭적이고 통합되고 전적인 전체성을 드러내기를 갈망한다(1980, pp. 13-15). 그와 동시에 그들은 전통적인 패러다임이 더 이상 유지되지 않으며, 더 이상 우리의 아이디어와 허구가 "대응"해야 할 객관적인 시스템을 지탱하지 못한다는 점도 인식하고 있다.

이저와 다른 "독자 수용(reader reception)" 이론의 지지자들이 독서를 통한 심미적 경험을 논하면서, 예술과 교육과정 탐구와의 관계성을 조명한다. 사르트르(1949, pp. 43-45)와 듀이(1934, pp. 52-54)와 마찬가지로, 이저와 지지자들은 독자나 예술 작품을 감상하는 이들에게는 탐구적이고 생산적인 **행동(action)**을 강조한다. 교육과정을 연속적인 의미와 의미에 대한 탐구를 포괄하는 작업으로 간주한다면, 우리는 텍스트 또는 예술작품에 대한 파악과 교과를 통해 다양한 관점을 획득하는 사이의 많은 연관성을 보게 된다.

이저의 경우, 독자는 문장에 몰두하여 텍스트에 대한 의미를 파악하는데, 이는 곧 그 문장들이 독서의 다양한 순간순간마다 특정한 관점을 보유하기 때문이다. 예를 들어, 지금 손에 들고 있는 텍스트가 버지니아 울프의 소설 『등대로(To the Lighthouse)』라면, 람지 부인과 그 남편 간의 관점, 젊은 제임스의 관점과 릴리 브리스코의 관점, 찰스 탠슬리와 그 배경과의 관점, "시간이 흐르다(Time Passes)" 부분에 나오는 분열된 비전과 그 책을 선택한 독자의 비전 등이 독서의 관점이 될 수 있다. 이러한 관점들은 지속적으로 변화하고 서로 바뀌기도 한다. 전경(foregrounds)은 배경(backgrounds)과 상호 교환되며, 연상들이 축적되어 새로운 경험을 창출한다. 이러한 이동과 변화 가운데 독자는 한 번에 의미 있고 심미적인 그 작품을 이해하기 위해 노력한다. 듀이철학의 관점에서 이저는 텍스트에 대한 독자의 존재와 심미적인 경험으로서의 습관적 경험 간의 교류가 과거의 경험을 어떻게든 초월한다고 묘사한다. 독자는 유형을 창출하기 위해 노력하지만 확연한 불일치(discrepancies)를 발견하게 된다. 미혼의 여성 화가인 릴리 브리스코(Lily Briscoe)는 분석적인 램지(Ramsay) 교수와는 달리 바다로 둘러싸인 헤브리데스(Hebrides)의 세계를 완전히 다르게 바라본다. 두 사람의 관점 모두 다양한 어린이들, 노년의 시인, 또는 등대지기에게 이상하게 여겨진다. 등장인물들이 사물을 다르게 관찰할 때, 이러한 현상은 독자가 꾸준히 자신이 창출한 일부 유형이나 해석에 대한 부적절함을 인식하게 만든다. 이들은 자기 반성적(self-reflective)으로 변화할 수 있다. 이저가 논하기를,

> 자신에 대한 지각능력이야말로 심미적 경험의 필수적인 요소이다. 관찰자는 이미 관여되어 있고, 관여된 자기 자신을 되짚어보는 중간자적 위치에 있는 낯선 자신을 발견한다. … 축적된 경험에 대한 통합적인 재구성은 독자들을 그 경험뿐만이 아니라 그 경험을 발달시키는 수단마저도 인식하게 한다. 그러한 텍스

트로 이루어지는 규범적인 관찰만이 독자가 재구성하는 과정의
참고자료가 될 가능성이 된다. 여기에 바로 심미적 경험의 실용
성이 적절히 존재한다. 그것은 이러한 관찰을 유도하는데, 이는
곧 의사소통의 성공에 필수요소로 작용할 수 있는 코드로 대치
할 만한 요소이다 [1980, p. 134].

독서에 대한 이러한 접근법은 우리가 어떻게 교육과정을 인지
하고 이를 배워나갈 수 있을지 그 방법을 확고하게 제시한다. 이 접
근법은 주관과 객관의 분리를 거부한다. 발견해야 할 객관적으로 실
존하는 세계에 대한 가정이 없을 뿐 아니라, 독자가 등장인물의 사
고와 인식에 얽히게 되면, 자신의 일상적인 경험에 묻혀 있는 질문
이나 우려에 의식적인 자신을 발견한다. 무언가가 눈앞의 전경으로
펼쳐지고, 이들은 텍스트의 주제가 추구하는 것과 대치되면서 그 배
경 의식으로 전환되면서 그 의미를 점차적으로 파악하게 된다. 예
를 들어, 『등대로』의 가장 중요하고 잘 알려진 저녁 파티 장면을 살
펴보자. 람지 부인은 질서, 안정 그리고 (아마도) 통제에 대한 자신의 욕
구를 충족시키기 위해 저녁 식사를 준비했다. 대화가 지속적으로 진
행되고 있었으며, 황혼은 바깥의 어둠에 그 길을 내어주고 있었다.

이제 모든 초에 불을 밝혔고, 탁자의 양쪽에 배치한 모두 촛불
과 가까워졌으며, 황혼 무렵과는 다르게 탁자 주변에서 파티가
열리는데, 밤은 이제 유리 판 위에서 사라지고, 바깥 세상에 대
한 정확한 시야를 제공하는 데서 멀어지며, 이곳 방 안에서는
이상하리만치 질서 있고 마른 땅처럼 보이도록 찢겨지며, 바깥
에서는 대상들이 물결처럼 구불거리면서 사라지는 자기 성찰

이 존재한다.

마치 이것이 실제로 일어났던 것처럼, 그들 모두를 지나쳐 갔으며, 그 섬의 공백 속에서 의식적으로 함께 파티를 열었으며, 바깥의 유동성에 대항하는 그들의 공통의 원인이 있었다 [Woolf, (1927) 1962, p. 114].

나와 다른 이들, 아마도 여타 많은 독자들에게 사회생활과 심지어 문명조차도 '무(無), 다시 말해 없음(nothingness)을 직면하는 인간의 창조물'이라는 발상은 세상에 대한 일상적인 경험 속에 묻힌 채 결코 대적하지 않는다. 이 나라의 교양 있는 영국 가족들을 조명하면서 이 아이디어와 맞선다는 것은 예측할 수 없이 산산조각나면서 파괴되는 무언가를 수반한다. 이 소설의 맥락에서, 앞에 묘사한 단락들은 "2차 세계 대전 시기, 태어나자마자 죽는 영아들과 전쟁에서 죽은 이들", "앞에 펼쳐진 서 있는 나무들과 꽃을 정면과 여러 측면에서 바라보지만 초점 없이 아무것도 눈에 들어오지 않고 오직 공포만이 있는 혼란과 소란스러운 밤"을 묘사하며 "시간이 흐르다"라는 2부를 서서히 준비한다(p. 156). 이 모든 것을 새롭게 배운 것은 아니며, 더 나아가 내가 보길 원하지 않는 특정 부분을 **보기 위해** 준비되었다. 그리고 일단 경험하고 나면, 비록 단기간이긴 하지만 전에 없었던 에너지를 집결시키도록 감회시키면서, 새로운 의미를 창출하고, 연결성에 영향을 주고, 주요한 질서를 현실화하도록 이끈다. 메를로-퐁티(Maurice Merleau-Ponty)의 진술이 떠오르는데, 그는 "우리가 세상에 존재하기에, 우리는 의미로 인해 타인의 질타를 받는다", 그리고 "우리는 매 순간마다 연관된 경험들의 기적을 목격하지만, 이 기적이 어떻게 작용했는지 그 누구도 우리보다 잘 알지 못하는데, 이는 우리야말로 관계망 그 자체이기 때문이다. … 진정한 철학은 세상을 바라보는 방법에 대한 재학습으로 이루어져 있다"([1962] 1967, pp. xix-xx).

크게 조망하여 볼 때, 내가 교육사와 교육철학 강좌, 그리고 (다소간 최근에) 심미학 강의에서 문학작품을 소개하는 이유는 바로 이와 같은 통찰력에 근거하기 때문이다. 내가 상상력을 단순히 앞을 향해 뻗어 나가는 능력으로만 보지 않고 "만약 ~하다면(as ~ if)," 혹은 "미완성의" 혹은 "가능성"으로 간주하기에 상상력의 중요성이 더 확대된다. 버지니아 울프가 언급한 것처럼, 상상력은 "잘라진 부분(severed parts)들을 함께 수반하며"(1976, p. 72), 평범함과 반복을 타파하고, 다양성을 존중하는 가운데 통합적인 전체(integral whole)를 동반한다. 이는 은유를 아주 명료히 가능하게 만든다. 앞에서 신시아 오지크(Cynthia Ozick)가 어떻게 의사들이 환자들의 고통을 상상하는지 묘사하는 부분을 소개하였다. 그녀는 의사 협회에서 주관하는 주제 강연에 초대받곤 했는데, 참석자들은 많은 의사들이 그러하듯이 환자의 상처받기 쉬운 특성과 의사 자신이 잘 깨닫지 못하는 수용성 사이의 관계를 보지 못한다. 상상력을 "영감"과 연상시키는 과정에서 의사들은 영감 자체를 절실히 여기지 않고 오히려 불편해 하며 "평범한 강연"을 요청했다. 작가, 즉 "교류에 의한 상상가(imaginer by trade)"로서 오지크는 자신이 "무기력함, 두려움, 분리와 같은 정신을 연결시키고 그리고 이에 진입할 수 있는 과정을 제안"할 수 있으리라는 점을 알았다. 그녀는 "의학 분야에서는 '공감'으로 예술 분야에서는 '통찰력'으로 불리는 열정과 연민의 전염성을 보여줄 수" 있었다(1989, p. 266). 시와 영감의 사이, 그리고 은유와 영감 사이의 관계를 생각하면서, 오지크는 "나는 은유가 영감보다는 기억과 연민에 더 가깝다고 설득하고

자 했다. 은유는 우리의 윤리적인 성격상 가장 주요한 요소 중 하나이고, 삶이 더욱 진중해질수록, 은유 없이 할 수 있는 것이 거의 없다"고 말한다(p. 270). 이는 콘래드의 단어인 연대성과 유사한데, 두 가지 통찰력은 모두 관계성, 호환성, 그리고 상호성과 관련 있다.

교사들을 상상력과 은유의 영역으로 초대하지 않은 채, 교육사나 교육철학을 이들에게 가르치는 것은 어렵다. 그 외에 어떠한 방법으로 교사들이 학습하는 분절된 내용들에서 의미를 찾을 수 있겠는가? 그 외에 어떠한 방법으로 그들 자신을 선택을 통해 일하고, 종종 해독불가능한 세상에서 가르쳐야만 하는 실천가로 간주할 수 있도록 하겠는가?

평소 당연시 여기는 것들을 새롭게 보는 능력 또한 똑같이 중요한데, 이러한 능력 없이 우리 대부분과 학생들은 습관에 잠겨 있을 것이다. 우리와 그들은 우리 삶의 역사를 통해 완벽히 "자연스러워 보이는" 것들의 문제점을 거의 발견하지 못하고 의문을 가지지 않을 것이다. 우리와 그들은 결국 반성적인 비평가의 능력을 배양하지 못할 것이다. 물론 일부 신문과 방송에서 암살과 같은 공적 사건을 보도하거나 복도와 길거리에서 사람들이 속닥거리는 내용들을 통해 사람들을 깜짝 놀라게 하는 일도 있겠지만, 예술은 이러한 임의적인 메시지와는 구별되는 힘이 있다. 아서 단토(Arthur Danto)가 상기시키듯, 문학은 다음의 관점으로 볼 수 있다.

> 문학은 일종의 거울인데, 이는 단순히 외적인 현실을 표현하는 측면이 아니라, 거울 없이는 접근할 수 없는 것들, 다시 말해 외적인 요소와 외부적인 측면이 있다는 점을 강조함으로써, 자신과 개개인이 들여다볼 수 있는 기회를 준다는 것이다. 이러한 의

미에서 거울로서의 각 문학 작품은 기존에 전혀 알 수 없었던 우리 자신을 조망하는 새로운 측면을 제시한다. 즉, 사람들은 자신에 대한 추측 이상의 … 면모를 발견한다. 이 거울은 자신의 이미지를 수동적으로 반사하기보다, 그 자신이 누구인지 인지하는 그러한 이미지를 규명하는 미덕을 지닌 독자의 자기-의식을 변혁시키는 데 사용된다 [1985, p. 79].

문학작품들이 인간 현실의 다양하면서도 특수한 인식의 단면들과 의사소통하기 위해 창작된다는 것을 깨닫는 것은 이른바 "대화가 공공의 영역과 우리 각자 안에서" 진행된다는 것과 연관된다(Oakeshott, 1962). 오늘날, 우리 중 많은 이들은 이처럼 맥락이 제시된 대화나 담론이 다양한 목소리를 증진시키는 데 열려 있다고 생각한다. 더 나아가 사고의 역사에 담긴 기회와 불연속의 중요성에 관해 배웠고 (Foucault, 1972, p. 231), 예술의 힘으로 그릇된 명료함(false clarity)에 대항한 우연성을 선택하면서, 우리는 교육과정을 통해 학생들을 변형적인 실행(transfigurative initiation)으로 해방시키고, 또한 우리 자신이 그러하듯 변혁적인 면모를 발견하도록 도와주기를 희망한다.

의미를 추구하는 모험은 학습자가 자기 삶의 영역에서 결핍을 채우기 위해 학습하고, 자신의 삶도 또한 변화시키도록 촉구한다. 나는 언제나 『존재와 무(Being and Nothingness)』에 제시된 사르트르의 관점에 영향을 받아왔는데, 특히 사람들을 변현적으로 행동하도록 움직이는 원동력은 다름 아니라 어떠한 실패와 결핍을 "참을 수 없다(unbearable)"(1956, 435)고 결정할 수 있도록 요구되는 교육과 지식이라는 점이다. 교조문서나 명시적으로 기술된 혁명서적들은 문학작품들이 삶의 대안에 대한 상상력을 발휘하는 것처럼 그 기능을 발휘하지 못한다. 사르트르에게 있어서 예술 작품은 선물인 동시에 하나의 요구사항이다. 예술을 통해 만약 "내가 불의한 세상을 경험한다면, 이는 불의를 보고 냉정하게 지나치는 것이 아니라, 불의에 분개하고, 불의를 드러내며, 억압으로 이어지는 학대와 같은 불의의 본질을 창안해 내기 위함이다." 사르트르는 그러한 분개야말로 "변화로 향하는 약속"(1949, p. 62)이라고 주장한다. 토니 모리슨의 『비러비드(Beloved)』와 같은 문학작품을 생각해보라. 여기서 작가는 특히 엄마로부터 노예로 팔려나간 아이들을 시들어가는 듯한 단어로 묘사하지만, 이는 어린이 인권보호를 위반하는 것에서부터 우리의 분개를 일으키고 변화를 위한 약속을 다짐하도록 이끈다. 현재와 과거를 통해 창작되어온 반전쟁 문학작품들을 생각해보자. 여기에는 나딘 고르디머(Nadine Gordimer)의 소설 『버거의 딸(Burger's Daughter)』과 인종차별정책에 대한 작품들, 『안네 프랑크의 일기』, 엘리 위즐(Elie Wiesel)의 소설, 유대인 대학살과 관련한 프리모 레모(Primo Levi)의 이야기와 에세이, 미국의 여성과 소수인종에 대한 차별을 폭로하는 수많은 작품들이 있다. 만약 이러한 작품이 창작된 세계로 독자의 관심을 끌고 그 작품에 그려진 방식으로 독자를 초대한다면, 정보를 통해 개방적으로 인지된 그들의 경험은 갇혀 있는 자신을 해방시키고 그릇된 교육이 반복적으로 일어나지 않게 할 것이다. 그 대신에 마르쿠제가 논하듯, 인식 그 자체는 "전환점에서 강화될 수(intensified to the breaking point)" 있는데, 이는 특히 노예제도, 아우슈비츠 수용소, 남아프리카 공화국의 소웨토 항쟁(Soweto uprising) 이후 부상당한 아이들에 대한 책임이 창조된 세상의 일환일 경우 그렇다. 마르쿠제가 언급하듯, 세상은 "신비함에서 벗어날 수 있고(demystified)" "사람들의 지각을 일깨우고 강화시키는 것은 결과적으로 침묵했던 이들이 목소리를 내게 하고, 다른 각도에서의 비가시성이 가시화되며, 참기 힘든 이들이 폭발하도록 대상을 변혁시킨다. 결국 심미적 변형은 법적인 기소로 변형될 뿐만 아니라, 이는 불의와 테러에 대해 저항하고 여전히 보호받을 수 있는 것에 대한 축하로 이어진다"(1977, p.45).

일종의 연극이나 영화 작업에서 유사한 경험들이 벌어지기도 하는데, 그들은 상상력이 펼쳐지고 관람객이 그러한 세상을 자신의 삶으로 받아들일 준비가 되었을 때에만 접근 가능하다. 오늘날 영화예술은 우리 삶에서 시각효과가 중요해지고, 사람들이 시각적 이미지의 언어에 더욱 익숙해지면서 더욱 적합할 수 있다. 최근 영화의 위력과 영화가 부여하는 풍부함과 복잡성은 스파이크 리 감독의 영화 『똑바로 살아라(Do the Right Thing)』의 제작을 가능하게 했다. 미국 도시들에서 인종 차별이 다시 새롭게 급증하고, 그에 대한 "설명들"과 진단들이 즐비해지면서, 이러한 질서의 영화는 담론이나 묘사에 충실한 대화와 비교해 보았을 때 예술 작품이 실제로 무엇을 할 수 있는지 생동감 있는 논쟁거리가 될 수 있다. 뉴욕 브루클린의 빈민가를 배경으로 다양한 개성이 돋보이는 인물들이 등장하는데(이탈리아 피자 가게 주인과 식료품 가게를 운영하는 한 쌍의 한국인을 포함하여), 이 영화는 박탈된 삶의 범주와 다각적인 삶의 경험과 정의로움이 무엇인지에 대해 생생하고 다양한 관점을 제시한다. 물론 그럴 수밖에 없지만, 이 영화는 해결책을 제시하기보다 마틴 루터 킹(Martin Luther King)과 말콤 X(Malcolm X)의 인용문만을 제시하면서 끝맺는다. 관객들은 그 눈과 마음에 불편한 범주들(disrupted categories) 즉 수많은 특수성들, 해결되지 않은 긴장들, 잔인한 애매모호함(relentless ambiguity)을 지닌 채 자리를 뜬다. 만약 그들이 전적으로 영화에서 무엇을 중점적으로 보아야 할지, 영상화된 현실 외에 무엇을 인지해야 할지 알았다면, 그들은 거대하고 도발적인 질문을 가지고 남겨졌을 것이다. 그 질문은 듀이가 사회적 탐구(social inquiry)라고 명명한 틀 안에서([1927], 194, 184) 오직 민감한 탐구에 의해, 대화를 통해, 연결성을 통해, 그리고 재구성을 통해서만 정제될 수 있는 그러한 종류의 질문들이다. 동시에, 그리고 신기하게도, 살아 있는 존재들이 자신의 삶을 예술 작품과 견주어보고, 예술 작품을 자신의 경험 속으로 수용할 때에 비로소 예술 감상자로서의 비전이 확대되고, 그들은 결국 관심과 즐거움의 의식을 얻게 된다.

다양한 예술의 언어와 기호 체계는 서로 분명히 다르며, 넬슨 굿만(Nelson Goodman)이 확고하게 언급하듯, 이들은 서로 번역이 불가능하다. 그렇지만 특별한 의미에서 우리는 모든 예술을 "읽고," "회화와 시를 읽어야 하는데, 그 심미적 경험은 정적이지 않고 역동적이다. 여기에는 미묘한 구분과 미미한 관계를 파악하고, 이와 같은 시스템 내에서 기호 체계와 등장인물을 식별하고 이러한 성격이 무엇을 나타내고 또 대표하는지 규명하며, 작품을 해석하고 세상을 작품의 관점에서, 그리고 작품의 관점에서 세상을 재구성하는 것을 포괄한다"(1976, p. 241). 굿만도 객관적으로 존재하는 세계에 대한 복사본을 찾기 위해 예술 작품에 접하는 것이 아니라, 우리가 더 많이 보고, 예술이 아니고서는 뉘앙스와 모양과 소리에 접근할 수 없는 점들을 발견하도록 이끄는 예술 작품의 능력을 경험하기 위해 이들과 접한다.

시간이 흐르면서 나 자신도 시각 예술과의 만남에서 특히 화가와 그의 작품 사이의 오랜 변증법적 투쟁 끝에 일반적으로 드러나는 그림에 대한 인식이 특히 중요하다는 점을 발견했다. 예를 들어 존

길무어(John Gilmour)는 (한편으로 마티스의 붉은 스튜디오[Red Studio]를 상기시키면서) 회화가 의미의 맥락에서 드러나는 점을 깨닫는 점과, "그의 그림의 주제에 대한 예술가의 관심이 철학자의 자기이해(self-understanding)에 대한 추구와 일치한다"(1986, p.16)는 점이 얼마나 계몽적인지 놀랍게도 아주 분명히 만든다. 자신의 삶과 작품에 발생하는 문제에 중대히 대응하기 위해 애쓰면서, 작가는 "**문화의**(cultured) 관점을 반영하는 창조된 그림을 통해 세상을 이해하고자 시도한다"(p. 18). 이를 실현하고 여기서의 의미가 문화적 맥락, 다시 말해 피카소나 마티스나 다른 예술가가 제시한 바에 **상응하여** 우리가 세상을 보게 하는 그러한 맥락에 따라 발달한다는 점을 이해하는 것은 우리 자신을 새로운 방향으로 개방하는 일이다. 또한 이는 곧 회화, 세계 및 우리 자신에 대한 새로운 해석을 창출하기 위해 유동적이다. 어떤 예술가가 언급하려는 그 의미는 "어디에도, 그 어느 것에도 존재하지 않으며, 예술가 자신이나 자신의 정형화되지 않은 삶 안에도 아직 어떠한 의미도 없다. 이는 개인을 이미 구조화된 이유, 즉 '소양 있는 사람'이 자신을 폐쇄하기로 동의한 것에서 벗어나 본래 자기 모습을 담고 있는 합리성으로 소환한다"(Merleau-Ponty, 1964, p. 19). 이것은 본래 인식된 "지평"이나 바탕 그리고 축적되고 변화하는 의미들의 배경을 의미한다. 회화를 대상에 대한 일러스트나 표현이 아닌 **그림 그 자체**로 접할 때, 우리가 탐색으로 계속 정진할 수 있는 원동력을 얻게 될 것이다. 화가 자신뿐만 아니라 감상자 앞에도 그 의미가 펼쳐져 있다. 회화의 영역에서 의미를 위해 맥락이 제시된 가운데 진행되는 탐구에서는 "언어 이전에 본다(Seeing comes before words)"는 의식을 수반한다. 관찰이야말로 주변 세상에서 우리의 공간을 만들어내는데, 우리는 세상을 언어로 설명하지만, 언어는 결코 우리를 둘러싸고 있는 사실들을 해체하지 못한다. "보는 것과 아는 것 사이의 관계는 결코 확정적이지 않다"(Berger, 1984, p.7). 보는 것에 대한 사고 이상으로 회화에 대한 비평이 필요한데, 이는 특히 일반인의 범주에서 벗어나 신비화하고 성스러운 유물로 취급되는 대상에서 그러하다. 존 버거(John Berger)에게 있어, 만약 우리가 이미지의 언어에 대한 사용법에 대해 더 알고 싶다면, "언어로는 부적합한 영역에서 우리의 경험을 좀 더 정확하게 정의할 수 있을 텐데 … [이러한 영역이란] 개인적인 경험일 뿐만 아니라, 과거와 연계된 주요한 역사적 경험, 다시 말해 우리 삶에 의미를 부여하기를 추구하려는 경험, 우리가 적극적인 행동가가 되기 위해 역사를 이해하기 위한 노력을 포괄한다"(p.33).

이 아이디어는 직접적으로 교육과정 탐구에서 무엇이 중요한지 보완해 주고, 일부 교육과정과 관련하여 예술의 중요성에 대한 부분을 요약해 준다. 교사는 학생들이 보고 듣고 읽는 것에 현존하도록 이들을 자유롭게 하는 중요성을 느낄 뿐만 아니라, 학생들이 활동가로서의 감각과 참여 의식을 발달시키고 서로 협력을 통해 이를 달성해야 할 필요성을 상기해야 한다. 알프레드 슐츠가 사회적 교류를 위한 패러다임으로 제시한 "음악의 공동 창작(making music together)"을 생각해 본다. 그는 음악을 연주하는 과정에서 창조되는 흐름의 "동시성(simultaneity)," 즉, 작곡가의 의식의 흐름이 감상자의 의식과 동행하는 모습을 언급했다. 다른 이의 내적 경험의 흐름을 공유하면서, 그는 "공통점이 생생한 현재를 통해 살아간다는 것은 상호 조율 관계, 즉 '우리'라는 경험을 구성하는데, 이는 모든 가능한 의사소통의 기초가 된다"(1964, p. 173).

교육과정의 차원에서 예술을 구상하는 것은 더 깊고 넓은 조율의 모드를 생각하는 일이다. 물론 교과목들이 존재하고 지식의 구조에 점차적으로 익숙해져야 하는 과업이 있지만, 이와 동시에 이미 구성된 이성을 포기하려는, 그리하여 삶을 느끼고 상상하고, 창문을 열고 탐구에 진입하려는 이들에게만 가능한 일종의 삶에 기반한 해석들이 존재해야 한다. 가끔은 엄격하고 가끔은 즐거운 이러한 탐색은 블루 기타의 소리를 동반해야 한다.

08

학습을 위한 글쓰기

캘리포니아 주의 국가 작문 프로젝트(The National Writing Project)는 "자유로운 글쓰기(free writing)"를 격려하고 반성적 독서(reflective reading)와 작문에 대한 동기부여에 초점을 맞춘 프로그램이다. 이 프로그램은 교사뿐만 아니라 학생들에게 정기적으로 글쓰기를 장려한다. 청소년들은 다양한 소책자들과 발표를 통해 시, 이야기 및 일화를 매일 소개한다. 이번 장은 이 프로젝트에서 발간하는 학술지 편집장의 요청으로 작성한 글을 정리하고 다듬은 내용이다. 편집장은 자서전적인 글쓰기가 어떻게 다른 영역의 학습으로 연결되는지 관심을 보였다. 이는 소위 질적 연구로 분류되는 사례이기도 하다.

대부분의 교사가 그러하듯 당신은 이야기할 때 경험 간의 연결고리를 만들고, 유형을 창출하고, 의미가 없어 보이는 내용에 의미를 부여한다. 어린 시절 나는 항상 책을 읽었다. "책벌레"라는 별명이 부끄럽기도 했지만, 독서 자체만으로는 충분하지 않았고, 잠을 자려고 불을 끈 후에 여동생에게 책 내용을 소개해주는 이야기로도 충분하지 않았다. 내가 읽은 것을 나 자신의 감각으로 소화하고, 그것을 구체화하고, 내게 무엇을 말해야 하는지를 **배우는 것이** 나에게 중요했다.

유도라 웰티(Eudora Welty)의 자서전 에세이집 『작가의 시작(One Writer's Beginning)』에 묘사된 가족처럼(Welty, 1984, p.6), 우리 집에도 자랑스럽게 아동용 백과사전인 『지식의 책(The Book of Knowledge)』 전집이 있었다. 사르트르의 독학자(autodidact) 혹은 소설 『구토』에 나오는 오지에(Ogier)를 지칭하는 "독학자(Self-Taught Man)"처럼 『지식의 책』에 나오는 모든 내용을 알기 위해 알파벳 순서대로 읽을 계획을 짰다. 내가 어떻게 "M" 섹션까지 그렇게 빨리 읽어냈는지 아직도 잘 모르겠지만, 멕시코에 대한 순서가 나왔을 때 아버지 생신 선물로 창작소설을 선물해야겠다는 생각이 들었다. 처음 시작 부분은 광산에서 일하기 위해 납치되어 자신의 마을에서 떠나 온 광부들의 이야기로 시작하고, 7살 난 라모나는 납치된 아버지를 찾아 나선다(나 역시 7살이었고, 이는 상당한 의미를 가진다). 나는 라모나가 과달라하라 도시 근처에 사는 것으로 설정했는데, 곧 방랑자의 경로를 설정하기 위해 멕시코의 지리를 공부해야 했다. 이 지식을 배워야 할 필요성 때문에, 그 지역의 지형과 지리학에 관한 많은 것을 공부했을 뿐만 아니라, 20세기 초 멕시코 광산업에 대한 전문적인 지식을 공부했다. 라모나의 탐색에 대한 소설에 결말은 없었지만, 아버지에게 실제로 선물했다. 내 소설 속의 상징들과 은유들을 선택하는 과정에서(프로이드라는 심리학자의 존재에 대해서 전혀 알지 못하는 상태에서) 아버지와 나와의 관계에 대해 얼마나 배웠는지 알기까지 오랜 시간이 걸렸다. 최근에는 엘리자베스 비숍의 시, 〈대기실에서〉에 대응하는 무언가를 쓰면서, 작문을 통해 전달하는 것, 그리고 의미의 창출에 대해 여전히 많은 것을 더 배우고 있다. 앞에서 이 시를 인용한 적이 있는데, 치과 대기실에서 벌어지는 몇 가지 이국적인 사건들, 충격들에 대한 7살짜리 엘리자베스의 충격적인 반응을 묘사하였다. 그녀는,

> 둥굴게 돌아가는 세계에서
> 차갑고 검푸른 공간으로
> 떨어진다.
> 그렇지만 나는 느꼈다:
> 당신은 나(You are an I),
> 당신은 하나의 **엘리자베스**이다 … [(1975) 1983, p. 159].

시에서 묘사하듯 현재도 그렇고 과거를 회고해 볼 때도 그렇고, 글쓰기가 어떻게 "**그들** 중 하나"인 "나"를 인지하는 일과 관련된 것인지 배워 왔다. 어린 시절의 노력과 콜럼비아 대학교, 바나드 대학(Barnard College)에서 미국사(American history) 학위를 받은 직후, 미국 역사 소설을 쓰기로 결정했다. 700쪽이 넘었고 제퍼슨 대통령 선거부터 직전부터 현재 대통령까지 격동의 시기들을 다루었다. 나는 민주주의 연합회를 조사하고, 외국인 규제법과 선동금지법(the Alien and Sedition Act)에 의해 투옥된 사람들, 프랑스 혁명에 동조한 이들, 그리고 그 밖의 일들을 연구하였다. (당연하게도) 혁명 시인인 필립 프레노(Philip Freneau)를 나의 영웅적인 모델로 설정했지만, **나의** 역할은 (아직 미숙해서인지) 그 시대를 비판하는 투쟁가 작곡가였다. 소설을 출판하지는 않았지만, 소설을 쓰는 동안 바나드 대학에서 몇 년간 전공수업에서도

배우지 못했던 미국 역사를 알게 되었다. 또한 그동안 읽었던 상징적이고 정서적인 지식들을 소설 속에 구체화하였다. 의식적으로 주요 사건들을 조정(mediating)하면서 개인과 대중 간의 관련성을 주목하고, 개인적인 관점에서 공공영역을 바라보는 변화가 생겼다. 나는 역사를 대면하면서 유리한 지점의 중요성을 깨닫기 시작했다. 시간이 흘러가면서 글쓰기를 통해 내 자신의 "목소리", 즉 여성으로서의 목소리에 더욱 더 친숙해졌고, 유리한 지점에 대해 그리고 역사에 대해 더 많이 알게 되었다.

버지니아 울프는 "충격에 대한 수용력(shocking-receiving capacity)"이야말로 자신을 작가로 탄생시킨 원동력으로 밝힌다(1976, p. 72). 나는 이미 그녀가 "충격이 찾아오면 이를 설명하고 싶은 욕망이 생긴다"는 점을 어떻게 느끼는지 거론한 적이 있다. 그 이유를 찾는 과정은 그녀 자신이 소극적이고 피해자라는 느낌을 줄여준다고 했다. 버지니아 울프와 같은 대가가 될 가능성은 소수의 사람들에게만 열려있지만, 우리는 여전히 "비존재(non-being)"의 "실타래(cotton wool)" 혹은 당연함에 빠져드는 숨 막히고 침묵적인 결과에 주목할 수 있다. 내 삶에 있어 나 자신과 외부적인 강압, 즉 나를 결정짓고, 조건을 만들고 (여전히) 조작하려는 강압과 변증법적 관계로 나 자신을 규정하는 과정이 매우 중요했었다. 그 강압 중 일부는 나의 개인사와 여성이라는 성별과 관련이 있고, 그들 중 일부는 사회적 정치적 환경과 연결된다. 나를 억압하고, 폄하하고, 자유를 가로막는 그러한 강압들을 경험할 때야말로 바로 이에 대해 **이야기하고** 싶다는 동기가 생기는 때이다. 종종 내가 선택한 (그리고 행동한) 영역이 좁아짐을 느낄 때 충격적으로 다가온다. 글쓰기를 통해서 나는 종종 대안을 생각하게 되고,

나 자신을 가능성을 향해 개방한다. 이것이야말로 내가 지향하는 학습의 방향이다.

철학자 메를로-퐁티는 다음과 같이 기술한다. "세상은 내가 생각하는 것이 아니라 내가 살아가는 것이다. 나는 세상을 향해 열려 있고, 나와 세상과의 의사소통을 의심할 여지가 없으나, 이는 소멸되지 않기에 나는 그것을 소유하지 않는다"(1967, pp. xvi-xvii). 세계를 향한 비소멸성(inexhaustibility)이라는 개념은 바로 구체적인 말로 표현하는 방법과 납득할 만한 방안을 탐색하는 과정이 지속적이라고 제안한다. 물론, 이는 연령과 무관하게 글쓰기를 할 때, "한 개인이 자신의 일상(everydayness)에 침몰하지 않기 위해" 감수해야 할 그러한 탐색과정을 동반한다(Percy, 1979, p.13).

나는 물론 국가 작문 프로젝트가 절망에 맞서 일할 수 있다고 생각한다. 나는 또한 작가들이 그들의 살아가는 세계의 모양과 샛길(by-ways)뿐만 아니라 그들을 멈추게 하고 침묵하게 하는 문제와 어려움들을 명명할 수 있어야 한다고 믿는다. 일정 부분, 우리는 이러한 문제들을 설명 가능한 충격으로 변형할 수 있고, 각각의 충격에 대한 수용 능력을 개발할 수 있어야 한다. 이러한 대안은 매일의 일상 속에서 심지어는 절망 속에서도 샘솟을 수 있다. 나는 틸리 올슨(Tillie Olsen)이 "**잠재적(hidden)** 침묵"에 대해 남긴 글을 기억하는데, 이는 곧 열매 맺지 못한 채 버려지고, 연기되고, 거부당한 일들이다"(1978, p.8). 그리고 나는 많은 교사들이 학생들의 잠재적 침묵에 얼마나 부주의한지, 그리고 학생들을 글쓰기를 통해 자유롭게 하면서 이러한 침묵을 극복하게 할 수 있는지 (이 장을 기술하면서 이를 더욱 잘 알게 된다고) 생각하게 된다.

엘리엇이 "불분명함에 대한 습격(raid on the inarticulate)"이라고 표현한 것처럼, 내가 보기에 내러티브로서의 삶이라는 철학적 주제를 동반하는 글쓰기에 대한 관심이 증폭되는 일은 결코 우연이 아니라고 여겨진다. 알레즈데어 맥킨타이어(Alaisdair MacIntyre)는 개인의 정체성을 내러티브라는 아이디어와 연결시킨다. 그는 누군가의 삶에 대한 내러티브는 "서로 얽혀진 여러 내러티브의 일부"이고, 이러한 인간 삶의 결집은 "내러티브 탐색(a narrative quest)의 집합체"라고 기술한다(1981, p. 203). 최근에 우리가 목격하였듯이, 찰스 테일러는(Charles Taylor)는 그러한 탐구를 선을 향한 방향성으로 연계시키는데, 인간은 우리 삶의 터전과 삶의 방향성을 결정함에 있어 그러한 선과 관련한 방향으로 결정하려고 노력하기 때문이다(1989, p. 52). 그러나 우리는 아마도 또 다른 지점에서 출발할 수도 있을 것이다. 왜냐하면 우리는 선과 관련하여 자신의 터전을 결정해야 하고, 결과적으로 그러한 근간 없이 존재할 수 없으며, 결과적으로 이야기를 통해 우리 자신을 관찰해야 하기 때문이다.

많은 교사들처럼 테일러는 무기력함과 비헌신(disengagement)이 만연하고 그러한 많은 종류의 기술화(technicizations)에 사로잡혀 있는 현 시대 사람들의 적극적인 **활동성**(agency)의 문제를 주목한다. 그와 맥킨타이어는 작문 프로젝트에 직접적으로 관여하지 않았지만, 그들이 제시하는 (일부 철학적 관심의 확장으로서의) 언어, 대화, 대담, 내러티브, 이야기, 그리고 탐구는 잠재적으로 공유하는 경험의 세상에서 살아가는 개개인 간의 자기 창출에 대한 탐색과 연결된다. 글쓰기를 배우는 것은 침묵을 깨뜨리고, 의미를 생성하며, 학습법을 학습하는 일이다.

09

가능성을 위한 가르침

현학적이라고 질타당할 수 있겠지만, 이 장은 미셸 푸코의(Michel Foucault)의 책 『언어의 담론(Discourse on Language)』의 한 인용구로 시작하기로 정했다. "나는 이 강연에 알 수 없을 정도로 빠져들고 싶다. … 나는 언어로 포장되고, 모든 가능한 시작점을 초월하기를 선호해 왔다. 이야기를 하는 지금 이 순간도, 아무도 나를 보지 않고 잠시 멈추었을 것 같은 틈새, 나를 호명하는 듯한 긴장감 안에서 들리는 무명의 소리, 달리 말해 오래전부터 나 이전에 존재하고, 나를 그 안으로 이끌고, 목소리의 운율로 끌어내고, 나를 그 안에 머물게 하는 그러한 목소리를 인지하고 싶다. 아마 아무런 시작점도 없었을 것이며, 대신에 연설이 나를 앞섰을 것이다"(1972, p. 215).

짐작하다시피, 나는 푸코가 다른 책에서 제시한 "설립된 사물의 질서(order of things)," 즉 교육학적인 대상들, 인문학적 소양 교육(liberal education things)에 집중하고자 한다(1973, p. xxi). 내가 수십 년간 사랑한 것들, 내 삶의 바로 그 원천이라고 생각하는 것에 대한 선택에서의 시간을 초월하는 것들을 확고히 하는 데 관심이 있다. 다른 이들이 시작한 위대한 대화(그리고 실제로는 다른 사람들이 이를 유지하는 대화)에 동참하면서, 나는 혼란을 일으킬 필요가 없다. 나는 아무것도 시작할 필요가 없으며, 다만 많은 위대한 사람들이 언급한 내용에 심취해, 그 안에 일부 머무르면 된다고 생각할 수 있다.

그러나 나는 얼마나 많은 출발점들이 자유와 직결되어 있는지, 얼마나 많은 방해요소가 의식과 가능성, 다시 말해 교육과 연관된 가능성과 관련이 있는지 인식하게 된다. 그리고 나와 다른 교사들이 진정으로 우리 학생들이 일상적이고 당연하다고 취급하는 것의 한계를 타파할 수 있도록 그들을 자극하기를 원한다면, 우리 자신의 삶에서 이미 확고히 설립된 것들을 끊어버려야 하고, 다시 계속 시작할 수 있는 자극을 제공해야 한다. 메를로-퐁티는 그의 책에서 "선택과 행동만이 정박된 우리를 해방시킨다"(1962, 1967, p. 456)고 기술한다. 그리고 항상 내 마음 속에 버지니아 울프가 존재하는데, 그녀는 충격에 대한 수용능력이 작가로서의 동기를 부여했다고 기술해 왔다. 두 사람 모두 나를 내 자신의 이야기 속으로, 나 자신의 행동에 대한 선택양식의 양가감정으로 인도하는데, 그 방식은 바로 정박하는 닻을 끊어버리면서 유연성을 회복하고, 다른 이들이 나와 함께 여유가 생기도록 자극함으로써 결과적으로 우리 모두 다른 이들이 되고, 우리 모두가 우리의 현재 위치를 넘어서는 변증법적인 방법으로 나아가게 한다. 그러나 나는 통제의 한계와 맞부딪히는 일이 얼마나 어려운지, 나에게 일정 부분 발언을 허락하고 다른 이들을 억제하는 그러한 배제와 거부의 원칙이 얼마나 힘든지 잘 인지해야 한다. 나는 흔히 계층, 성별,

인종과 같은 쟁점이 수반될 수밖에 없는 현실 속에서 교육이 타인의 경험을 허락하고 또 제한하는 방식을 적절히 설명할 수 있는 단어들을 쉽게 떠올리지 못하고 있다. 제안하건대, 이름 짓기(naming)와 관련한 두려움과 이야기하기 꺼리는 내용을 행위예술로 표현하는 예술가 캐런 핀리(Karen Finley)를 생각해보고, 미셸 파인(Michelle Fine)이 연구에서 만난 "단어의 공포"(1987, p.159)라는 표현을 만들어 낸 학생을 생각해보며, 뉴욕시립대학교(the City University of New York) 신입생들에게 작문이란 "덫"이라고 표현한 미나 쇼네시(Mina Shaughnessy)를 생각해 보라(1977, p. 71). 여러 표현들을 쓰기는 하지만, 우리 대부분이 지금 인지하는 시사점을 회피하지 않고 직면하기는 매우 어렵다. 즉, "모든 교육 제도는 지식과 패권을 수반하면서, 담론을 전적으로 사용하거나 유지하고 이를 수정하는 정치적 수단이다"(Foucault, 1972, p. 227).

우리 교사들이 교육이란 모든 사람들이 자신이 선호하는 담론에 대한 접근성을 부여하는 방법이라고 믿기를 원하는 가운데, 또한 문해능력이 개인적인 성취, 즉 개인적인 의미추구로 향하는 출입문이라고 믿기를 원하는 가운데, 문해능력이 권력과 얼마나 깊이 관여되어 있는지, 그리고 그것이 사회와의 맥락과 관계 속에서 어떻게 이해되어야 하는지 깨닫기 위해서는 많은 노력이 필요하다. 사람들은 문화적으로 정의된 문해능력을 지니고 태어나기도 하고, 일부는 성장하면서 이를 획득해가고, 또 어떤 이는 완전히 숙달하지 못하기도 한다는 점은 분명하다. 가난으로 인해 사회 안에서 생산적으로 참여시키려는 제도적인 노력에서 소외되면서 이를 획득하지 못하는 사람들도 있을 수 있다. 이민자나 소외계층처럼 여러 가지 이유로 주류 사회에서 제외되면서 이를 습득하지 못할 수도 있다. 배제되거나 소외되는 많은 이들은 자신의 목소리, 자신의 상식이 수용되지 않는 것에 좌절감을 느낌에도 불구하고, 자신이 이야기나 내러티브를 구성해 가거나 그들이 이미 알고 있는 것을 새로운 지식의 기반으로 삼을 수 있도록 도와주는 대안들을 제공받지 못하고 있다. 반면에 사회적으로 주류에 있는 이들은 비록 공유하고 있는 젊은이 문화나 저항, 사춘기적인 반항의 순간에 더욱 적합한 담론을 찾으려고 노력을 기울일 수 있지만, 자신들이 자라온 배경 속에서 지배(dominance)나 효율성(efficiency) 혹은 효과성(efficacy)같은 언어에 함축된 의미에 대해 거의 질문하지 않는다. 그들은 문해능력을 형성해가는 과정에서 저항을 통한 실제적인 참여를 목격하지 못한다. 그들이 맥락, 예를 들어 기술적 언어(technical language), 혹은 무엇이 "정상적"인 세상인지 간주되는 객관적인 존재를 가정하는 완전히 직선적이거나 분석적인 담론이나 담화에 도전하는 모습도 거의 보지 못한다.

이번 장은 비판적 질문들을 자극하는 교수법과 관련이 있다. 여기에는 많은 양상의 문해교육, 선호하는 언어, 언어의 다양성, 그리고 이러한 내용의 거대한 문화적 맥락 속에서의 관계를 포함한다. 널리 회자되는 문해능력과 담론은 학습과 표현을 위한 기회로 간주되어야 하는데, 여기에는 삶의 경험, 다시 말해 오늘날 우리 사회를 지칭하는 삶의 다양한 경험에 더 많은 자료들을 개방하기 위한 목적이 있다. 언어의 권력에 제한된 접근성을 지닌 이들, 그들의 삶의 경험을 구체적으로 묘사하기 어려운 이들은 "모든 관습적인 견해가 제한되어 있는 경계를 극복하고 더욱 개방된 영역으로 도달할"(Heidegger, 1968, p.13) 가능성이 희박하다. 물론, 기본 소양을 갖춘다는 것은 주어진 바를 초월하고 가능성의 세계로 진입하는 문제이다. 그렇지만 이는 우리가 벌어진 틈(rifts), 다시 말해 우리의 현실 안에 존재하는 간격을 인지할 때에만 비로소 그곳으로 이동가능하다. 굶주린 자, 체념하는 자, 노숙자, "침묵을 강요받는 이들"처럼 우리가 주변에서 목격하는 이들을 **호명**할 수 있으려면 우리 자신이 충분히 명료해져야 하고 우리의 잠재력을 발휘해야 한다. 이들을 중재가 필요한 결핍된 사람들로 간주할 수도 있을 것이다. 상상력이야말로 이러한 부족함을 의식적으로 인식하기 위해, 그리고 우리의 삶의 세계가 부족함으로 인해 결핍된다는 점을 깨닫는 데 필요하다. 카뮈의 소설『페스트』의 마지막 부분에서 "성인은 아닐지라도 전염병에 굴복하기를 거부하는 이들, 치유를 위해 자신의 최선을 다하는 이들"을 언급하는 의사 리유의 목소리를 회상해 보라(1948, p. 278). 우리 자신을 평범하게 바라보는 이들은 우리에게 위대한 영웅주의나 자기 헌신을 요구하지 않는다. 그렇지만 리유가 그러했듯이, 우리에게는 불의에 대항하고 이러한 방식으로 최선을 다하고, 우리 자신의 시각을 통해 면밀히 관찰하고 자신의 목소리로 의사를 분명히 표명할 수 있는 그러한 능력이 있다.

그렇게 많은 시간을 공들이고 높은 경기에 다다르기 위해 노력을 기울여 왔지만, 오랜 시간이 걸린 다음에야 비로소 해롤드 블룸이(Harold Bloom)이 "서구의 고전, 그 시대의 책과 학파"(1994)라고 명명한 위대한 전통이란 바로 다른 사람의 눈을 통해 관찰하고 그 당시 세상을 기술하는 권위적인 방법을 완전히 습득해왔다는 점을 깨닫게 되었다. 성과 계급과 인종에 대한 나의 신념이 보편적이고 초월적인 한 묶음의 다양한 관점이었다는 점을 깨닫고 충격에 빠진 적이 있다. 나는 이를 나처럼 문화적 소속감이 없는 사람들에게도 희미하게나마 그러한 무명의 목소리로 초대하는, 다시 말해 전통적인 모습을 바탕으로 문화를 논의하는 방향으로 나를 초대하려는 일종의 자선행위라고 생각해 왔다. 지금, 기억에 남는 즐거움과 여전히 내 분야에서 요구하는 욕망의 가운데서, 나 자신의 사고방식과 말하기에 대한 생각들과 내가 몸담아 온 담론들에 대해 직접적으로 도전받는 나 자신을 발견했다.

이는 내 삶에서 여러 요인들, 다시 말해 유혹과 통제를 독립적으로 관찰하는 것을 의미했다. 의식적으로 나는 일종의 금지 명령, 일종의 경건함, 죄책감, 난처함, 두려움에 저항해야만 했다. 내가 발견한 바로는 그러한 저항을 통해서만 우리가 스스로 선택하기를 소망하는 지평을 넓힐 수 있다는 점이다. 우리를 가로막는 벽을 만날 때 단순히 다른 길을 선택하는 것은 저항이 아닌 묵인이다. 변증법을 논의한다는 것은 팽팽한 긴장 관계에 있는 강압, 즉 우리를 붙잡고 우리의 성장을 가로막으면서 서 있는 요소들, 우리가 욕망에 따라 행동하고, 방해물을 타파하고, 다르게 변화하고, **존재하도록** 자극하는 요소들에 대한 논의이다.

우리의 성장을 가로 막는 무언가를 장애물로 인식하지 못하는 것은 억압에 대한 묵인일 수 있는데, 특히 우리가 억압적이고 굴욕적인 상황에 처한 경우에 더욱 그러하다. 이에 대한 대안으로는 밀란 쿤데라(Milan Kundera, 1984)가 묘사하듯, "참을 수 없는 존재의 가벼움", 즉 명료한 가능성 없이 우연성과 우연한 만남에 좌지우지되는 감정일 수 있다. 혹은 이는 숙명론에 순순히 복종하는 것일 수 있는데, 쿤데라의 소설 속 등장인물들의 "꼭 그렇게 되어야만 해!"(Es muss sein, p. 193)라는 외침처럼 필요성을 무효화하는 감각이다. 혹은 (이는 내가 지향하는 방향이긴 하지만) 긴장과 절대 해결되지 않는 변증법적 투쟁 속에서 일종의 열정 가득한 삶일 수 있다. 실제로 손쉽게 해결될 수 있다면, 굳이 우리의 삶에 널리 깨어있을 필요가 없을 것이다.

　　나 자신의 삶을 되돌아볼 때, 긴장감으로 인한 불편함을 결코 극복할 수 없다는 점을 깨닫게 된다. 이러한 긴장감이란 플로베르(Flaubert), 보들레르(Baudelaire), 멜빌(Melville), 세잔(Cezanne), 드비쉬(Debussy), 스티븐스(Stevens) 같은 예술 작품에 대한 나의 견줄 곳 없는 사랑과, 이 작품들이 모두 남성의 상상력과 목소리에 기반을 둔다는 인식 사이의 갈등에서 비롯한다. 이러한 목소리들이 의미를 가지려면 다른 말하기의 목록에서 알 수 있듯이 대상을 다양하게 해석하고 이해하는 것이 중요하다. 처음부터 객관적이라고 간주하거나 객관적으로 **거기에** 이미 존재하는 것처럼 보이는 대상을 우러르며 발견하는 것이 중요한 것이 아니기 때문이다. 이는 내가 가정하고 또한 학습한 능력인데, 이 능력은 그들 작품을 발견할 때 나 또한 그들 예술가의 일원이라는 느낌을 받으면서 그 작품들을 대면하는 방식이다. 이러한 규칙을 지켜가면서, 나는 그들의 비전을 나의 것으로 만들 수 있다고 생각했다. 오늘날 나는 많은 사람들과 마찬가지로 기존의 방식에 불편함을 느끼는데, 이는 발견에 대한 바로 그러한 접근법이 이미 존재하는 비전을 개선하는 데 기여하거나 다양한 아이디어를 제공하지 않기 때문이다. 그러한 작품들을 대면할 때, 다양한 관점을 통해, 그리고 내 안에 깃들어 있는 의식이 창출하는 관점에 주의를 기울여야 한다는 의무감을 느낀다. 내가 만들어 낸 그러한 굴레를 어떻게 타파할 수 있을까? 가다머(Gadamer)가 나의 "선입견(prejudgment)"이라고 부르는 것에 어떻게 대응해야 하는가?(1976, p. 9). 나 자신의 자유를 찾는다는 것은 일종의 불편함과 심문을 수반하는데, 나 자신을 찾으려는 이러한 시도들이 열린 공간에 수용적이기를 요구하면서 지속적으로 선택하고, 그 선택에 따라 행동해야 한다는 의미라고 생각된다. 나는 마틴 부버(Martin Buber)가 언급한 가르침과 "고통을 지속적으로 일깨우기"(1957, p. 116)라는 대목을 떠올리게 된다. 그리고 그가 지적하듯, 그 고통은 교사뿐 아니라 학생의 삶에서 살아 움직여야 하고, 또한 그들의 삶의 이야기를 생생하게 유지해야 한다. 나에게는 진정한 만남이 이 가운데에서 발생하는데, 다시 말해 이는 인간이 서로 함께 모여 동시대의 존재로 살아감을 의미한다.

인식 방법의 일환으로 내러티브와 이야기에 주목하는 시대를 (Bruner, 1986, pp.13-14) 살면서, 내가 여기서 소개하는 내 삶의 이야기를 통해 독자 자신들도 자신의 삶의 이야기에 주목하고 정체성을 향한 프로젝트에서 자신의 경험을 반추해 보기를 희망한다. 예를 들어 내가 대학에서 철학과목을 강의하던 초창기 시절, 다른 교수들이 내가 철학을 하기에 너무 "문학적"이라며 나를 평가절하하던 장면에 대한 기억들이 중요하다. 그 당시 학계에서는 분리되고 경직된 언어분석 철학이 주류를 이루었는데, 그러한 비판들이 내가 이들과 논쟁할 준비가 되어 있지 않다라는 의미라고 생각했었다. 그러나 인지의 대상으로부터 나의 주관성을 객관화하거나 분리할 수는 없다. 나의 감정, 상상력, 의구심의 의식들을 나에게 주어진 인지적인 일과 분리할 수 없었다. 어수선하고 상호주관적인 세상에서 나의 삶과 나의 경험들을 인식의 괄호 안으로 숨겨둘 수 없다. 지금에 와서야 지배적인 선점과 젠더와 관련한 그들의 연관성의 맥락을 이해하려고 노력하고, 학문적 규범과 선진적인 기술화된 사회의 요구 사이의 관계를 규명하고자 노력하며, 고통받는 어린이들과 절망에 빠진 어머니들과 수천 명의 병들고 가난한 이들의 세상에서 도구적인 합리성의 진정한 의미를 붙잡으려고 노력하는 가운데 왜 나를 그러한 종류의 분석에서 보호하려고 했는지 규명하기 시작할 수 있었다. 이제 그에 대한 관점을 얻게 되고, 대상에 대한 더 나은 상태에 대해 숙고해보면서, 확장된 영역에서 내 자유를 맛보기 위해 노력할 수 있게 되었다. 교사로서 그리고 사회실천가로서 비인간적인 것과 사람들을 자신으로부터 소외시키는 것을 변혁시키기 위해 활동하기를 소망한다.

여전히 부버가 명명한 그 고통이라는 표현에 심취하면서, 나는 확실성에 대한 오래된 탐색으로 기울어짐을 느낀다. 나는 이제 법, 규범, 법칙(formulations)이 얼마나 권력자들의 이익을 위해 설립되었는지 알지만, 지금이나 그때나 여전히 이들을 갈망하는 나 자신을 발견한다. 그들은 상대주의를 거스르는 장벽을 제공하는 방식으로 호소력을 발휘했다. 이와 더불어 이는 내가 느끼는 소외감과도 연관이 있었다. 나는 원목으로 장식된 도서관, 권위 있는 지식인, 멋진 도시 카페 같은 위대한 세계에 소속되기를 간절히 소망하였다. 내 교수 경력 초기에 받았던 그러한 비평에 대한 나의 응답은 내 삶의 지엽적이고 특수적인 것에서 벗어나 성별, 계급 및 인종을 초월하는 내재화된 보편 가치를 위한 노력이었다. 실제로 일부 사람들은 오늘날에도 "국가 공동체(national community)"(Hirsch, 1987, p. 137)와 같은 초월적인 개념으로 정당화되는 보편적인 "문화적 문해능력(cultural literacy)"을 통해 개인적인 이익과 지역주의를 극복할 수 있다고 믿는지 그런 개념을 자주 상기시킨다. 그러한 믿음을 여러 가지 이유로 거절하면서, 나는 여전히 "무 기반에서의 관점(view from nowhere)"(Putnam, 1985, p.27)과 같은 것이 존재한다는 아이디어에 여전히 이끌린다. 나는 항상 동굴에서 풀

려난 플라톤의 죄수 중 한 명이라는 느낌과 추상화된(disembodied) 이성이라는 눈부신 태양빛 앞에 서 있는 나 자신의 모습을 선호했었다. 지식을 더 많이 채워가면서 객관적으로 보편적이고 압도적으로 진리라는 생각마저도 좋아했었다.

오랜 시간이 지나서야 불변의 진리를 수반하는 그 위대한 권력가(Great White Father)가 조이스의 소설, 『젊은 화가의 초상』에 등장하는 손톱을 다듬는 무관심한 신과 같이 만들어진 개념임을 깨닫게 되었다. 그렇지만 이것이 상실감을 안겨주거나 나를 낙담시키지 않았다. 나는 사르트르가 아무런 변명도 없이 홀로 있음에 대한 상징을 묘사하면서 종종 언급했던 "쓸쓸함(forlornness)"을 생각한다(1947). 일종의 향수병은 그러한 지식을 수반하는데, 이는 한 개인이 문자 그대로 혼자 남겨지지 않았지만 상호주관성(intersubjectivity)에 휩싸여 외로움을 깨달을 때에도 그러하다. 우리 학생들을 포함하여 많은 이들이 여전히 안정적이고, 획일적이고, 단정적인 방향으로 전환하는 이유가 여기에 있다. 세계가 "점점 더 지속적으로 변화하고, 환원 불가능할 정도로 다양하며, 다양한 모습으로" 여겨지는 가운데, 우리 모두는 위계질서가 무너지는 모습 앞에서 발 디딜 곳을 원한다(Smith, 1988, p. 183). 이러한 증거로 미국 예술 진흥원(The National Endowment for the Arts)의 역할(그리고 심지어 존립)에 대한 논쟁이 대표적인데, 인문학에서 전통적인 고전에 대한 논의나 동화보다 "차이점(of difference)"을 강조하는 교육과정에 대한 저항이 그 예이다.

내가 얼마나 꽉 닫힌 상자 안에 갇힌 사람처럼 전통(또는 폐쇄적인 "대화") 안에서 살았는지 깨달으면서 많은 충격에 휩싸였다. 그러한 위축된 존재를 경계하면서, 메를로-퐁티는 우리의 사고를 개방하여 자연과 문화를 대하는 일의 중요성을 상기시킨다. "잘 생각해보면 사물의 핵심으로 돌진하는 생각은 일관성 없는 아이디어이다. 우리에게 주어지는 길은 점차적으로 그 자신을 명료화하는 경험이고, 그 자신을 점차적으로 교정하면서 그 자신과 타인과의 대화를 통해 전진해 나가는 경험이다. 새로운 발전에 대한 가능성이야말로 우리를 구제해준다"(1964, p. 21). 이러한 대화는 우리 중 일부가 시도하는 글쓰기를 통해 생성되고 풍부해질 수 있다. 지금 이 순간에도 그것은 내가 단어를 찾고, 보고 말하는 가운데 집착에서 벗어나는 데 도움을 준다. 물론, 학생들과의 대화를 통해 나는 이것이 의미하는 바를 전달하려고 하지만, 동시에 나는 그들이 자신의 관점을 개방하여서 그들과 내가 서로 다른 여러 관점에서 이해하고, 다른 측면을 이해할 수 있기를 바란다. 나는 우리가 숨겨져 있는 것을 드러내고, 우리에게 일어나는 일을 맥락 가운데 이해하며, 우리를 변화의 절정으로 유지시키는 변증법을 중재(mediate the dialectic)하기 위해, 우리를 생동감 있게 유지시키도록 함께 일하기를 소망한다.

이는 바로 내가 경험들을 소환하는 이유인데, 이러한 경험들은 살아있는 존재로서의 순간, 일상 속에서 묻혀 있는 나를 깨닫게 하고, 다른 이들도 이와 유사한 방법으로 자신들의 이야기를 나누도록 일깨우기를 소망하게 된다. 움베르토 에코(Umberto Eco)의 "개방성"이라는 표현처럼 우리 자신과 학생들이 함께 읽어가는 텍스트를 다룬다는 점이 무엇을 의미하는지 이해해야 한다. 에코가 논하기를 개방된 작품을 접하는 독자는 일종의 자기 자신에 대한 특별한 조건과 "취향, 개인적인 성향, 그리고 편견"과 같은 정의된(defined) 문화 속에서 자신의 존재 가치에 대한 실존적인 신념을 제공한다. 달리 말해, 작품을 이해하는 데 독자 자신의 관점이 영향을 주고 그 관점을 수정한다. 더 나아가, "예술 작품의 형식은 그 자신의 심미적 타당성을 확보하는데, 이는 그 작품을 보고 이해하는 다른 관점의 수와 비례한다"(1984, p. 490). 이러한 견해와 로버트 숄레즈(Robert Scholes)의 해석에 대한 처리 간에는 주요한 연관성이 있는데, 그의 책『독서의 프로토콜(Protocols of Readings)』에서 프로토콜과 (바르트의 텍스트의 즐거움 [Pleasure of the Text, 1975]과 프레리의 저서에서 인용한) 아이디어, 즉 "우리 삶의 텍스트를 읽어가며 그 텍스트를 다시 기록하는 것과 그러한 텍스트에 기반을 두어 우리의 삶을 다시 기록하는" 방법의 중요성을 묘사한다(1989, p. 155).

물론 독창적인 방법은 아니겠지만, 과거에도 그러했고 현재도 유효한, 어떻게 독서가 나를 다른 관점들로 이끌어주었는지 몇 가지 예를 선보이고자 한다. 우리가 학생들에게 이런 방식을 통해 그들이 발견할 수 있는 대상을 명료히 말하는 법을 가르치고 이를 교실 대화의 일부로 만들 수 있다면, 독서에 대한 이러한 접근법은 언젠가 세상을 읽는 것에 대한 호기심을 넘어, 프레리가 언급한 것처럼 "의식적이고 실제적인 작업을 통해 그것을 변형시키도록"(Freire, 1987, p.35) 우리를 움직일 것이다. 그렇지만 무엇보다도 먼저 우리가 함께 읽은 텍스트를 이해할 때, 삶이라는 텍스트에 기초하여 반성적이고 개방적인 방법에 기초한 대화기술을 발견해야 한다.

7 장에서 나는 엘리자베스 비숍의 시 〈선착장에서(At the Fishhouses)〉의 일부를 인용하였는데, 이 시에서 시인은 노인이 선착장에서 전나무를 배경에 둔 채, 깊고 차가운 물에서 가끔 등장하는 물개를 배경으로 삼은 채 그물을 수리하는 그러한 어린 시절의 체험을 기술한

다. 그녀는 물이 얼마나 무관심하고 얼음장처럼 차갑게 돌 위로 넘나
드는지, 그리고 처음으로 느끼는 "비참한" 맛이 지식과 얼마나 같은
지 설명하고, 그 모습을 다음처럼 묘사한다.

> 세상이라는 차갑고 딱딱한 입에서 나온
> 바위와 같은 유방에서 기원하여,
> 우리의 지식이 역사적이고, 흘러가고, 흘러넘치는 것처럼
> 영원히 흐르고 넘나드는가 [(1955) 1983, pp.65-66].

엘리자베스 비숍의 의도와는 별도로 지식에 흐름과 역사가 있다
는 바로 그 아이디어가 나에게는 도전이자 비판이다. 체계뿐만 아니
라 지식의 분절되고 형식화된 부분들까지도, 마치 존재 그 자체의 변
명이 되듯이 단단한 기초 없는 지식과 같이 여기서는 질문을 던지게
된다. 이러한 모든 구성들이 첫 번째와 두 번째 통독을 통해 나에게는
충격으로 다가오는데, 이는 내가 살아왔고, 내가 살고 싶었던 사고의
그릇이 쪼개지는 것과 같다. 그리고 학생들이 자신의 경향과 편견과
추억을 쏟아내기 시작했을 때 (특히 석조 분수대에서 나오는 쓴 맛과 짠 맛의 선명함 그
리고 놀랄만한 흐름에 대한 반응으로), 나는 우리 가운데서 샘솟는 공통된 텍스
트(common text)와 같은 것, 다시 말해 우리의 다양성에 근거하여 우리
가 읽고, 다시 읽고, 그리고 심지어 다시 쓰게 된다는 점을 발견한다.

이전에 내가 소개한 비숍의 시 〈대기실에서〉를 감상하면서 유
사한 경험을 했는데, 이 시는 어린 시절 엘리자베스가 7살쯤 되었을
때, 치과 대기실에서 어른들이 기다리는 장면을 보면서, "둥글게, 돌
아가는 세상이/ 추락하는 충격"을 느끼게 되고 어린 엘리자베스는

당신은 나이고

당신은 **엘리자베스**,

당신은 그들 중 하나이다.

왜 당신 역시 그중 하나여야 하는가?

나는 감히 그것이 나였다는 점을

거의 보지 못한다 [(1975) 1983, p. 159].

　취조하는 듯한 방식, 우주 공간에 빠지는 느낌과 같은 고통스러운 특수성, 이 모든 것은 체계성과 완벽성을 전복시키는 유리한 지점에 대해 소개한다. 나에게, 그리고 함께 공부했던 일부 사람들에게 이 시는 지속적인 변증법으로 우리의 의식을 고양시킨다. 일종의 경계선 상에 있는 우리 자신을 느끼면서, 우리 모두는 특별한 침묵을 깨고 선택할 수 있는 공간을 개척하려고 노력한다.

　크리스타 울프(Christa Wolf)의 소설 『카산드라(Cassandra)』에서 화자는 소외된 사람들이 항상 서로를 인지하고 이해한다고 설명한다(1984). 이 사고방식은 나에게 새로운 궁금증을 제시하는데, 이는 어떻게 침묵에 대한 자신의 지식과 자신의 목소리를 회복하는 과정에서 느끼는 불확실성이 소수 집단, 다시 말해 흑인 젊은이들과 새로 이주한 히스패닉계 사람들, 그리고 그 밖의 사람들의 세계를 이해하는 방식에 어떠한 도움을 줄 수 있을지에 대한 문제이다. 랄프 엘리슨(Ralph Ellison)의 소설 『투명인간(Invisible Man)』에 등장하는 화자는 타인에 대한 투명성이 아닌 인식을 부여하는 일의 중요성을 언급한다. 나는 화자와 같은 사람 그리고 삶의 상황과 대치되어 만나는 타인들을 인지할 뿐이라는 점을 이해한다. 나는 종종 그들의 시선과 나 자신의 시선을 통해 세상을 보도록 노력할 필요성을 느끼는데, 특히 이들이 대화에 참여하고자 할 때, 그들이 기꺼이 단서를 공유하고자 할 때 그러하다. 예를 들어, 『투명인간(Invisible Man)』에서 화자가 (도스토예프스키의 소설 『지하생활자의 수기(Notes from Underground)』를 참고로 한 마냥) 책 서두와 말미에 등장하는 "지하(underground)"라는 단서를 생각하게 된다. 소설 거의 마지막 부분에서 화자는 다음과 같이 묘사한다. "지하로 가면서 나는 마음, 그 **마음**을 제외한 모든 것을 휘젓는다. 그리고 살고자 하는 계획을 품은 그 마음은 눈앞에 펼쳐지는 혼란 앞에서 결코 그 유형을 인식했던 초점을 잃어서는 안 된다. 이는 개인과 사회 모두를 지향한다. 결국, 당신의 확실성이라는 유형 안에 거주하는 혼돈에 유형을 부여하기 위해 노력하는 가운데 나는 밖으로 나와야 하고, 반드시 나타나야 한다"(Ellison, 1952, p. 502). 엘리슨의 텍스트는 독자들의 내적인 눈, 다시 말해 사람들이 인지 가능하거나 가시적인 점을 부여하는 그러한 시각에 영향을 주는 질문을 제기했다. 이뿐만 아니라 이는(아마도 불편하게) 새로운 텍스트간의 상호관련성(intertextuality)의 발견을 가능케 하는데, 이는 결국 『지하생활자의 수기(Notes from Underground)』라는 소설뿐만 아니라, 에머슨의 〈미국의 학자(The American Scholar)〉라는 연설과 마크 트웨인의 소설 『허클베리 핀의 모험』이라는 작품을 우리 삶의 텍스트를 기반으로 다시 기술하도록 도와준다.

독서를 통해 나는 어떠한 또 다른 새로운 관점을 발견했는가? 토니 모리슨의 작품들은 우리 자신의 삶의 배경과 반대되는 여러 인식의 방식을 개발하도록 도와줄 수 있는 놀라운 충격을 전한다. 예를 들어 『가장 푸른 눈(Bluest Eye)』(1970)에 등장하는 피콜라 브리드러브(Pecola Breedlove)의 이야기를 기억해보고 피콜라가 지배적인 문화의 거대 담론 중 크게 두 가지, 즉 『딕과 제인』전집과 푸른 눈을 가진 셸리 템플의 신비스러운 이미지로 인해 파괴되는 장면을 상상해 보라. 피콜라는 작은 흑인 소녀이고, 어머니에게 사랑받지 못하며, 그녀의 공동체에서 지지받지 못하고, 분명 못생겼는데, 무엇보다도 셸리 템플과 같은 빛나는 푸른 눈을 갈망한다. 그녀는 자신이 다른 눈을 가졌다면, 그녀의 삶은 다를 것이고, 부모님도 자신의 아름다운 눈앞에서는 절대 나쁜 일을 하지 않을 것이라 믿는다. 피콜라는 망가지고 광기로 한 걸음 나아가는데, 우리는 하나의 사건을 체험하게 된다. 이 체험이란 오직 하나로서 존재하는 주류의 이야기, 좋은 평판을 수반하는 하나의 이야기는 많은 사람, 즉 여러 종류의 장애인, 시각이나 청각 장애인, 그리고 특별히 피콜라처럼 학대 받는 작은 소녀들에게 치명타가 된다. 피콜라에게 인간의 현실에 대한 기준은 파란 눈으로 설정되고, 비록 그녀의 관점이 많은 독자들에게는 특별히 낯설게 느껴지긴 하겠지만, 여전히 우리가 세계에 대한 텍스트의 일부분을 다시 기록하게 움직일 수 있다.

소설에서는 사랑받지 못하는 피콜라를 통해 유리한 관점을 제시하는데, 특히 소설의 화자인 클로디아(Claudia)의 말을 빌리자면, 그들의 어릴 적 행동을 "모든 언어를 코드로 분류하고 몸짓도 신중히 분석하면서" 방어하는 두 사랑스러운 어린이들의 모습이다(p. 149). 그들은 자랑스럽고 거만한데, 피콜라와는 달리 그들은 생존하였기에 그렇게 행동해야 하기 때문이다. "우리는 그녀를 보지 않으면서 그녀를 보려고 노력했고, 절대로 결코 가까이 가지 않았다. 그녀가 어리석거나 불쾌했기 때문이거나 그녀가 우리를 공포로 몰아넣어서가 아니라, 우리가 그녀를 실패하게끔 만들었기 때문이다. 우리 꽃들은 결코 자라지 않았다." 시간이 흐르고 단풍나무 진액과 유액이 나오는 풀밭 사이에서 자신의 방식을 선택함에 따라, "그녀 자신이 살아야 했던 세상의 모든 추함과 아름다움 가운데서" 화자는 피콜라에 대한 생각을 정리한 후에야 평안함을 느끼게 된다. "그녀의 단순함이 우리를 치장하였고, 그녀의 죄책감이 우리를 성화시켰고, 그녀의 고통으로 말미암아 우리는 건강하게 되었고, 그녀의 어색함이 우리의 유머 감각을 키워나갔다고 생각하게 했다. 우리 자신의 악몽을 잠식시키기 위해 사용한 그녀를 잠 못 들게 하는 꿈조차도 말이다"(p. 159). 모리슨은 소설『술라(Sula)』에서도 이와 유사한 표정들을 묘사한다. 술라의 친구인 넬은 술라가 집에 오는 것이 마치 눈을 뒤로 젖히는 것과 같다고 생각하는데, 넬에게 있어 "술라와 이야기 나누는 것은 자신과의 대화였다. … 술라는 결코 경쟁하지 않았으며, 그녀는 다른 사람들이 스스로를 규정하도록 도왔다"(1975, p 82).

우리 자신을 정의하려는 투쟁에서 술라와 같은 낯선 사람들이 실제로 우리가 누구인지 선택하는 것과 관련한 변증법으로 진입할 수 있을까? 우리 모두가 함께 다양한 배경에 대해 발견하고, 함께 글을 쓰고, 아렌트의 중간의 공간(in-between)(1958, p. 182)을 창출하는 상호 간의 실존적인 현실을 끌어낼 수 있는 그 방법을 발견하고 싶다. 캐서린 스팀슨(Catherine Stimpson)은 "모든 사람의 해방은 반드시 자신으로부터의 승리여야 한다"고 논한다(1989, p.35). 나는 이를 알지만, 그녀와 함께 그리고 주변 사람들과 함께 그 지평을 열고 우리의 언약이 더 넓고 깊은 곳으로 향할 수 있도록 더욱 더 전진하고 싶다.

물론, 우리의 노력처럼 수용적으로 되기 위해, 우리는 우리 자신의 가정(assumptions), 우리 자신의 편견, 우리 자신의 기억, 그리고 아마도 토리 모리슨의『비러비드(Beloved)』에 등장하는 세쓰(Sethe)가 우리의 "재기억(rememory)"(1987, p. 191)이라고 부르는 그러한 놀이를 통해서만 이해할 수 있다. 공백의 의식(empty consciousness)에 의해 수용되거나 흡수되는 지식이나 정보는 없다. 단지 적절한 전략을 기획하고 이에 동참하고자 하는 이와 어느 정도 이들을 이해할 수 있도록 배우는 가운데, 우리 자신의 해석적인 공동체(interpretive community)를 기반으로 참여할 수 있을 뿐이다. 우리가 "무언가를 성취하고자 하는 공동체, 인간으로서 받아들여지기를 갈망하는 대상들에게 더욱 개방적인" 일상의 영역을 창출할 때까지 그러한 공동체를 지속적으로 확대할 필요가 있다(Said, 1983, p.152).

그것은 엘리자베스 팍스 제노베스(Elizabeth Fox-Genovese)가 정의하는 엘리트 문화에 대한 변형을 의미한다. 이는 백인 남성 학자들이 창출하려는 경향이 있는 문화인데, "여성, 하류층, 그리고 일부 백인들이 제국주의를 통해 식민지 주민들을 지배하는 방식과 유사하다. 더 나아가, 이들은 타인들의 가치를 부인했고, 그 자체를 절대적인 표준으로 부과했다." 팍스 제노베스는 또한 고전이란 바로 "전체성을 대변하는 권력을 지닌 내용이고, 이들은 자연적인 것이 아니라 사회적 관계, 젠더의 관계성과 투쟁에 기인한다"고 한다. "집단적인 엘리트의 전통을 형성하는 이들은 바로 역사의 승리자였다"(1986, po. 140-141). 이 부분을 읽어가면서 내 삶의 모순에 봉착했으며, 나는 또다시 문해능력의 차별성이 부여하는 의미를 떠올리게 되었다. 기술성의 집합체로서 문해능력은 종종 사람들을 침묵시키고 그들을 약화시킨다. 오늘날 우리의 의무는 젊은이들이 그들의 목소리를 찾고, 공간을 열고, 그들의 다양성과 불연속성으로 역사를 되찾는 방법을 탐색하는 일이다. 그러한 여백에 놓여 있는 사람들, 즉 라틴 아메리카, 중동 및 동남아시아 출신들의 숨통이 막힌 목소리에 귀 기울여야 한다.

이는 낭만적인 것이거나 단순한 선의의 문제가 아니다. 우리 교사들은 향후 수천 수만 명의 이민자들을 대면하게 될 것인데, 이들은 방치된 빈민가의 어두움과 위험에서 온 이들이고, 일부는 독재정치하의 어려움에 지쳐 있는 일들이고, 일부는 난민 캠프의 삶에 지친 이들이고, 일부는 거리낌 없이 경제적 성공을 추구하는 사람들이다. 여기에 텍스트가 있다. 우리는 그들을 접근 가능하도록 하고, 프로토콜을 제공하고, 그들을 공개해야 한다. 우리는 학생들이 그러한 텍스트를 통해, 남성작가뿐만 아니라 여성작가가 만든 책을 통해 자신들의 경험을 체계화하도록 기회를 제공해야 한다. 앞에서 언급했듯, 사르트르는 그러한 작품들을 선물이라고 일컬으며 다음과 같이 이야기한다.

> 그리고 나에게 만약 그 불의의 세상이 주어진다면, 나는 냉정하게 생각할 수는 없겠지만, 분개하면서 그들을 움직일 수 있을 것이고, 불의, 즉 억압을 통한 학대라는 그들의 본성으로 그들을 개방하고 창조할 수 있을 것이다. 그러므로 작가의 우주(universe)는 그 자신을 시험, 존중, 그리고 독자의 분개에 이르기까지 모든 면을 깊이 드러낼 것이다. 그리고 관대한 사랑은 유지를 위한 약속이며, 관대한 분개는 변화를 위한 약속이고, 존중은 모방을 위한 약속이다. 물론 문학과 도덕성은 별개이지만, 심미적 당위성(aesthetic imperative)의 심장부에서 윤리적 당위성(moral imperative)을 분별한다. 왜냐하면 작가는 그 자신이 글을 쓰기 위해 어려움을 겪고, 그의(his) 독자의 자유를 취하는 바로 그러한 방식을 통해 인식하고, 독자들은 그 책을 여는 사실만으

로도 작가의 자유, 예술 작품을 인지하는데, 이때 당신이 취하는 방향과 방식이 바로 인간의 자유에 대한 자신감의 행위로 발휘된다 [1949, pp. 62-63].

그가 "남자들"(men/his)이라는 표현보다 "인간들(human beings)"이라는 표현을 썼으면 좋겠다고 소망하면서도, 사르트르가 문학을 "인간의 자유를 요구하는 한" 세상에 대한 상상적인 표현으로 간주하는 것의 중요성을 여전히 발견한다. 심지어 나는 그 단락 안에서 만약 수업이 개방성을 찾기 위해 노력하는 것이라면, 우리가 그러한 선택의 과정을 염두에 둔다면, 이러한 질문들 안에서 수업을 위한 패러다임의 재료들을 발견한다. 독서의 경험과 교수의 경험은 모두 변증법적이다.

마지막으로, 나는 문해능력이 사회적 수행을 위해 존재하고 당위적으로 존재해야 할 감각이라는 것을 다시 한번 주장하고, 다원적인 교실을 추구하여 사람들이 그들 자신 안의 공통점을 찾기 위해 "연설과 행동으로(in speech and action)" 다 함께 모여 다원주의적인 방식을 찾기를 원한다(Arendt 1958, p.19). 여기에는 불가결적으로 의미가 샘솟는 방법을 통해 전해지는 차이를 존중하는 놀이(a play of difference)가 발생할 것이다. 여기에는 인식의 순간들, 의심의 순간들이 있고 또 존재해야 한다. 그러나 다양한 사람들이 그들의 자유 속에서 스스로를 창조하기 위해 노력하기에 끊임없는 취조가 있을 것이다. 나는 『페스트(The Plague)』를 다시 한번 떠올리며 타루의 말을 생각한다. "우리의 모든 문제는 평범하고 깔끔한 언어를 사용하지 못하는 실패에서 비롯된다. 그래서 나는 항상 아주 명료하게 말하고 행동한다. 이는 바로 피해를 줄이기 위해 희생자들의 편에 서기로 결심한 이유이기도 하다"(Camus, 1948, p. 230). 그리고 이는 물론 소설의 핵심인데, 전염병의 시대에 피해자의 편에 서 있으라는 메시지이다. 지금이 우리에게 전염병의 시대일 수 있다. 이는 바로 타루와 같이 우리가 텍스트와 공간에 개방적이고자 할 때, 그리고 젊은이들을 자유로 향하도록 자극하려고 할 때 더욱 주의를 기울이고 신중해야 하는 이유이다.

10

◆

예술과 상상력

실존적 맥락에서 교육이란 〈2000년을 향한 미국교육개혁법 (Goals 2000)〉의 의도를 훨씬 초월한다. 그 맥락은 종종 삭막한 시대를 사는 인간의 조건과 관련이 있다. 그리고 어떤 측면에서 세계 수준의 학업성취와 같은 개념을 만들고, 어리석지 않다면 수준점이라는 (benchmarks) 개념 또한 추상적이고 제한적이라는 점도 알 수 있다. 그러한 교육적 맥락은 가족 파괴, 노숙자, 그리고 폭력과 같은 위협적인 현실, 그리고 코졸(Kozol)이 "야비한 불평등(savage inequity)"(1991)이라고 묘사한 것 이상으로 확대된다. 우리처럼 오늘날 젊은이들과 그들의 보호자들은 두렵게도 도덕적으로 불확실한(moral uncertainty) 세계, 즉 고통을 줄이고, 학살을 종식시키고, 인권을 보호하기 위해 할 수 있는 일이 거의 없어 보이는 세상에 살고 있다. 엄마를 찾아다니는 난민 아이들의 얼굴, 군인에 의해 반복적으로 강간당한 십대 소녀들, 불타버린 교회와 도서관을 바라보는 거처 잃은 사람들, 이들 모두는 "가

상현실"에서나 볼 수 있는 장면이라고 치부될 수 있다. 이들을 가깝게 접하는 일부 사람들은 이러한 고통에 대해 종종 마비된 것처럼 느끼고, 거듭해서 무기력감을 상기하며, 외면하라는 유혹에 설득당한다. 프리만과 같은 평론가는 파블로 피카소(Pablo Picasso)의 "우는 여인들"을 주제로 한 회화들이 우리 시대를 상징한다고 피력한다(Freeman, 1994). 이러한 고통 속에 있는 이들은 공공장소에서 기마자세를 뽐내는 남자의 동상과 전쟁터에서의 남성들을 대치해 왔고, 우리가 한때 싸울 가치가 있고 아마도 목숨을 바칠 가치가 있다고 생각했던 상징들을 가린다. 젊은이들조차도 상실과 죽음의 장면을 대면할 때에는 오늘날 우리 대부분이 그러하듯 "우리가 사랑하는 모든 것을 잊을 수 없는 아름다움으로 요약하는 것이 중요하다"(Leiris, 1988, p. 201). 레이리스(Leiris)가 강조하는 대상은 예술의 역할이다. 피카소가 우리를 자극하기 위해 의도했듯이 품에 죽은 아기를 안고 있는 여성들의 모습이 담긴 작품 하나하나를 지속적으로 바라보는 일이란 결국 삶이라는 직조물 속의 비극적인 결핍(tragic deficiency)에 대한 인식이다. 우리가 만약 그 예술 작품을 우리 경험의 대상으로 삼고, 우리 자신의 삶의 경험에 비추어서 이와 대면한다면 우리는 더 이상 여성을 그렇게 울도록 방치하는 전쟁이 없도록, 무고한 아이들을 살해하는 폭탄이 없도록 사물들의 질서를 개선하는 개념으로 변형할 것이다. 그러한 공포에 저항하려는 의지와 행동 속에서, 우리는 미소 짓는 어머니, 생동감 있고 사랑스러운 자녀의 이미지를 통해 당위성(what ought to be)에 대한 생각을 "우리가 사랑하는 모든 것(everything we love)"과 같은 은유로 표현할 수 있을 것이다.

물론 예술과의 만남이 종종 일종의 질서를 복원하고, 수리하고,

치유하려는 열망으로 우리를 유도하긴 하지만, 분명히 예술이 우리 경험의 대상이 될 때, 예술의 유일한 역할이 욕망의 자극은 아니다. 다만 여러 형태의 예술에 동참함으로써 우리는 자신의 경험에서 더 많이 **보고**, 일상적으로 들리지 않는 소리를 더 많이 **듣고**, 모호한 일상적인 행동들과 습관과 관습이 억압했던 대상을 더 많이 더 **의식하게** 된다. 예술과의 개인적인 대면에 따라, 우리는 다시 한번 사고하게 된다. 예를 들어 토니 모리슨의 소설 『가장 파란 눈(Bluest Eye)』에 등장하는 피콜라 브리드러브(Pecola Breedlove)는 『딕과 제인』이라는 기초 읽기 교재에 있는 암시적으로 드러나는 거대 담론(metanarrative), 혹은 셜리 템플이라는 아이를 보면서 푸른 눈을 절망적으로 갈망하는 눈에 보이지 않는 많은 아이들을 인지한다. 우리는 영화 〈쉰들러 리스트(Schindler's List)〉를 통해 (그리고 빨간 코트를 입은 어린 소녀에 관심을 보이면서) 그 영화와 관련한 수많은 사람들이 겪었던 삶을 엿보게 되는 점을 떠올릴 수도 있다. 우리는 마르타 그라함(Martha Graham)의 무용 〈애도(Lamen-tation)〉에서 보여주듯 신체적인 의식을 통해 말로 묘사할 수 없는 슬픔을 유출하려는 노력을 시도할 수 있다. 꽉 막힌 천 바깥으로 오직 무용수의 발과 손만이 보이고, 그 천의 선을 통해서 고뇌의 모습을 목격할 수 있다. 우리가 더 많이 보고 더 많이 들을 때, 이는 단순히 친숙함과 익숙함에서 벗어나고픈 순간적이고 휘청대는(lurch) 움직임뿐만 아니라, 선택과 행동을 위한 새로운 방향성을 우리의 경험 안에서 개방할 수 있게 되고, 우리는 새로운 시작에 대한 갑작스런(sudden) 감각, 즉 가능성을 가지고 새롭게 도전하도록 만드는 그러한 감각도 획득할 수 있을 것이다.

　체념에 대한 사람들의 일반적인 감정과 더불어 우리 사회에 널리 퍼져 있는 깊은 내면에 존재하는 가치에 대한 냉소주의는 예술적 경험과 관련하여 창조적이고 감상적(appreciative)이기보다, 상충적으로 분주하고 예측 불가능한 학교 분위기를 조성할 수밖에 없다. 이와 동시에 예술의 중요성을 소홀히 하는〈2000년을 향한 미국교육개혁법(Goals 2000)〉정책 제정자들에게 이 교육정책은 교육의 관심이 오직 행정 관리, 예측, 측정으로 정당화하는 데 도움이 되었다. 예술을 국가 교육의 목표에 대한 공식적인 선언서에 포함하려는 시도도 있었지만, 경제적 경쟁력, 기술의 숙달 등과 같은 항목에 중점을 둔 교육적 논쟁 속에서 흐지부지 되었다. 또한 예술 교육의 필요성에 대한 논쟁은 현재 기술에 대한 더 고차원적인 개발, 학업성취, 표준화 그리고 직업 준비를 위한 주요 담론으로 지지를 받았다.

이러한 강조 속에서 교사와 학생 모두를 위협하는 한 가지 위험 요소는 다른 사람들이 규정한 객관적인 상황 속에 갇힌 채 분노를 느끼게 되는 점이다. 젊은이들은 선택과 평가의 핵심이라기보다 "인적자원(human resources)"으로 묘사되는 자신을 발견한다. 여기서 제시되는 바는, 그들 자신이 누구인지 관계없이, 기술적인 서비스와 시장이 자신들을 틀에 맞추어 만들어내려 한다는 점이다. 더 나아가 많은 사람들이 현재 깨닫고 있는 바와 같이, 수많은 젊은이들이 만족할 만한 직업을 찾을 수 없기 때문에, 모든 어린이들이 이런 종류의 교육에 참여해야 한다는 생각과, 그들을 인적 자원으로 여기는 관점이 모든 종류의 속임수를 동반한다. 아마도 많은 교실을 장악하는 분위기가 (불협화음, 무관심, 무질서 중 하나가 아니라면) 소극적인 수용(passive reception)이라는 점에 놀라지 않을 것이다. 언론과 메시지와 관련하여 움베르토 에코(Umberto Eco)는 비판적인 면모를 소개해야 할 절망적인 필요성(desperate need)의 관점을 견지하는데, 이 상황에서는 수동성이라는 수용(reception)에 초점을 맞추는 것이 전달(transmission)에 중점을 두는 것보다 더 중요하다. "기술적 의사소통의 보편성"에 담긴 위협을 발견하고 "매체가 메시지(the medium is the message)"인 상황을 고려하면서, 그는 각 개인이 메시지에 대항하여 진지하게 저항하도록 촉구한다. 즉, "기술 커뮤니케이션(Technological Communication)의 익명을 통한 신성(divinity)"에 대한 우리의 대답은 "아버지가 아닌, 우리가 그 뜻을 이룬다(Not Thy, but **our** will be done)"(Kearney, 1988. p. 382) (역자 주: 주님의 기도 중 '아버지의 뜻이 [하늘에서와 같이 땅에서도] 이루어지게 하소서' 부분을 신 중심에서 인간 중심으로 대치시킨 구절).

나에게 그러한 저항은 상상의 나래를 펼칠 때 가장 잘 나타나지만, 우리가 잘 알고 있듯이, 기술적인 의사소통의 신성을 바탕에 둔 이미지의 폭격은 종종 사람들의 상상력을 얼어붙게 만드는 효과가 있다. 오늘날의 미디어는 시청자들이 자신의 현실을 넘어 행동을 취하도록 자유롭게 하고 대안적인 시각으로 대상을 보게 하는 대신에, 시청자들에게 미리 제공된 개념들과 고정적인 틀에 갇힌 이미지만을 선사한다. 꿈은 돈을 주고 사고 팔 수 있다는 그물에 사로 잡혀있다. 제품의 소비와 소유는 우울함이나 무의미한 감정의 대안책이 되었다. 가능성에 대한 아이디어는 예측 가능성에 묶여 있다. 그러나 내가 제시해온 것처럼 우리의 상상력은 예기치 못한 것들, 예측 불가능성을 분명히 다룬다. 그리고 상상력은 우리의 경험을 통해 드러나는 이러한 기대하지 못하고 예측 불가능한 경로들과 관점들이 존재함을 반성적인 사고를 통해 인지하도록 요구한다. 수동적이고 냉담한 사람은 모두 비현실적 아이디어, 만약(as-if)이라는 상황, 순수한 가능성에 무반응하기 십상이다. 그리고 이러한 수동적인 사람은 예술은 경박하며, 단순한 장식에 불과하고, 후기산업시대의 학습에 무관하다고 생각하며 이를 금지한다.

여러 예술에의 몰입을 통해 우리의 학생들이(또는 일부 사람들이) 상상의 능력(imaginative capacity)이 있고 이를 발휘할 수 있다고 확신한다. 그러나 이것은 자동으로 또는 "자연스럽게" 일어나지 않고 그럴 수도 없다. 우리는 흔히 관광객들이 미술관에서 바쁘게 돌아다니며 표면적으로 예술작품을 관람하는 장면을 목격해 왔다. 반성적인 시간(reflective time)을 보내지 않고, 그 예술에 대해 공부하거나, 선보이거나, 대화를 나누지 않고, 사람들은 단순히 설명판의 정확한 정보를 찾고, 안내서에 제시한 작품 감상법을 따라 예술가들의 작품을 찾아 나선다. 이는 마치 발레에서 몸동작이나 음악이 아니라 이야기만을 보려는 사람과 같고, 음악 콘서트에서 환상에 빠지거나 음악에 대한 이해를 위해 걸린 배경그림에만 초점을 맞추는 것과 같다. 단순히 예술작품을 감상하는 것 자체가 심미적 경험이나 삶을 변화시키는 사례로 충분하지 않다는 점을 강조하고 싶다.

심미적 경험은 예술 작품에 대해 의식적으로 참여를 요구하는데, 이러한 참여란 에너지를 쏟고 연극, 시, 그리고 4중주에서 주목해야 할 점에 초점을 맞추는 능력이다. 가장 보편적인 학문의 방식인 "무엇"에 대해 아는 것은 허구적인 세상을 상상력을 통해 구성하고 이를 인지적으로, 정서적으로 그리고 인식적으로 접하는 것과 완전히 다르다. 학생들에게 이러한 몰입 방법을 소개함으로써 학습자는 모양, 패턴, 음악, 리듬, 연설법, 윤곽선 그리고 선들에 주의를 기울이게 되고, 그들이 특별한 일을 의미 있게 성취하도록 해방시키는 미묘한 균형을 이루게 된다. 그리고 이는 아마 의미 있다고 발견한 것에 대한 통제를 거부하는 것인데, 이는 전통적인 교육자들의 적합한 문화적 소양에 대한 규준이나 생각의 개념들과 상치되기에 의문을 품을 수도 있다. 진정으로 내가 결정적이라고 생각하는 이러한 저항들이 오늘날 일부 행정가들이 몰두하여 생각하는 국가교육과정의 근원일 수 있다.

그러나 우리가 예술 작품과 의미 있는 대면의 경험을 제공하기 위해서는 표준화와 한나 아렌트가 지적한 이해관계에 얽힌 이들이 취하는 "사려 없음(thoughtlessness)"이라는 태도와 싸워야 한다. 아렌트는 특히 "부주의한 무모함(heedless recklessness) 혹은 희망 없는 혼란 혹은 사소하거나 공허하게 다가오는 '진리들'에 대한 반복적인 자기만족"에 주의를 기울이는데, 이는 오늘날까지도 우리에게 지속적으로 영향을 미치는 문제들이다(1958, p.5). 그녀의 설명은 듀이가 아렌트보다 30년 전에 "사회 병리학"으로 분류한 행동을 연상시키는데, 병리학은 "질투심, 무능한 표류(impotent drifting), 산만함에 대한 자제의 어려움, 오랜 세월을 통해 형성된 이상들, 은폐를 통한 안이한 낙천주의"로 명백히 드러난다([1927] 1954, p. 170).

듀이 역시 "엉성함, 추상적임, 그리고 이상들과 대치하려는 감각들의 호소(recourse to sensation)"에 대한 우려를 표명하면서, "정상적인 과정을 벗어난 사고는 학문적 전문성에서 난민이 된다"고 지적한다(p. 186). 아렌트에게 치료법은 "우리가 무엇을 하는지 생각하는 일"이다. 즉, 우리는 현재의 삶에 기원하여 자기 성찰의 태도를 지니고 그리고 이를 가르쳐야 하는데, 다양성을 지향하는 이들의 삶은 자신들의 특수한 삶의 장면에서 타인에게 개방되어 있고, 대화를 통해 타인과 관계를 맺는다. 나치의 압제자였던 아돌프 아이히만(Adolf Eichmann)

의 태도에 자극 받은 아렌트는 "진부한 표현, 재고처럼 쌓인 문구(stock phrases), [그리고] 통상적이고 표준화된 표현과 행동의 방식에 대한 고착"을 경계하면서 같은 주제를 관통하는데, 이들은 "현실과 대치되어 우리를 보호하는 사회적인 인지적 기능, 즉 그들 존재의 가치에 의해 창출되는 모든 이벤트와 사실에 대한 우리 사고의 관심에 대한 표명에 대치된다"(1978, p. 4). 그러나 그녀의 경고는 새로운 지적주의 또는 고차원적 사고 방법을 새롭게 주목하자는 요구가 아니었다. 대신, 그녀는 사려 없는 태도를 직면한 가운데 명료성과 진실성을 추구하는 방법을 요청하였으며, 나에게 이는 우리가 진정으로 젊은이를 예술세계로 초대하고, 상상력의 나래를 펼치는 것에 헌신한다면 우리 역시 똑같은 것을 요구해야 한다고 생각한다.

에코가 제시하는 진지한 방식으로 미디어의 메시지에 대응하려면 사려 깊음의 덕목이 필요한데, 젊은 학습자들이 모방품의 모방(simulacra), 조직화된 현실, 대중매체 정보에 대해 비판적이고 사려 깊은 접근법을 취하는 방법을 먼저 찾지 않고는 젊은 상상력(young imaginations)이 자유로워지는 것을 생각하기 어렵기 때문이다. 현재 우리의 일과 관련하여 생각하는 것은 다른 사람이 객관적으로, 권위 있는 타인이 객관적이고 권위적으로 "현실"로 제시하고 있는 내용에 대해 의미를 만들고 비판적인 감각을 키우기 위해 노력하는 우리의 자아를 의식하는 일이다. 우리가 객관적으로 "사실"이라는 이미지를 붙잡을 때, 우리의 경험을 구체화하는 효과가 있는데, 상상력에 대한 개방이 아니라 재평가와 변화에 대한 우리의 경험을 저항하게 만든다. 나는 카뮈의 소설『페스트』(1948)의 핵심 내용인 전염병을 극복해야만 하는 그러한 은유가 구체화되는 모습을 발견한다. 오랑 마을에

퍼진 전염병은 (습관에 빠져 있고 "일상적인 생활을 하는") 대부분의 주민들을 포기, 고립 또는 절망에 빠뜨린다. 전염병 자체가 점차적으로 냉혹하고 치료불능의 것으로 확인되면서, 이는 사람들을 정체 상태로 얼어붙게 만든다. 그것은 단지 **거기**(there)에 있다. 유사하게, 의사 리유는 처음에는 가장 추상적인 이유, 즉 자신은 의사라는 이유로 전염병과 싸우는데, 이는 마치 2+2=4와 같다는 논리에 따른 행동이다. 나중에는 말로 표현할 수 없는 비극을 목격하면서, 그가 무엇을 하고 있는지 진지하게 **생각해**보게 되고, 자신의 의료행위를 재고해보면서 동시에 그가 할 수 있는 가장 중요한 일이란 전염병을 그냥 보고 넘기지 않는 일이라고 깨닫게 되는데, 이렇게 되면 전염병에 순응하고 동조하는 일이기 때문이었다.

　마찬가지로 타루(Tarrou)가 인지하기를 전염병은 사람들의 무관심(indifference)이나 거리감 혹은 (내가 한 가지 덧붙이자면) 사려 없음에 대한 은유로 이해할 수 있다. 타루는 "신 없는 성인(saint without God)"을 지향하면서, 재치는 물론 상상력을 발휘하여 전염병과의 투쟁에서 사람들을 구하기 위한 위생시설을 조직하고 윤리적 관점에서 전염병의 문제를 비판적으로 조망한다. 전염균 보균자로서 모든 사람들은 병균으로 발전될 가능성이 있는 무관심이라는 병균을 몸 속에 지니고 다니는데, 그는 의사 리류에게 이는 자연스러운 일이라고 밝힌다. 그는 아렌트가 언급했고 듀이와 에코, 사회에 저항했던 인물들이 제시한 돌봄의 부족, 관심의 부재를 말한다. 도덕적 전염병(moral plaque)의 근원으로서, 그는 복잡한 문제를 회피하고, 인간의 역경을 과도할 정도로 안이하게 공식화하며, 일상적인 방식으로 문제를 해결하는 모습들을 염두에 두는데, 나는 이 모든 요소들이 상상력을 통한 사고와 예술에의 몰입과 직접적으로 연계된다고 말하고 싶다. 타루(Tarrou)는 "건강함, 정직함, (희망 요소로서의) 순수함은 인간의 의지와 결코 사라져서는 안 되는 경각심(vigilance)의 산물"이라고 말한다. 물론 우리에게 이 메시지는 우리가 (그리고 우리 학생들이) 정직하고 배려 많은 사람이 되도록 선택할 기회를 제공해야 한다는 의미이다. 타루는 또한 사물의 현실성을 모호하게 하는 과장된 언어(turgid language)에 대해 심도 있게 의문을 던지는데, 이러한 언어는 추상성을 견고한 구체성으로 대체한다. 이것 역시 아렌트가 우리에게 교정하도록 요구하는 사려 없는 태도 중 하나이다. 그녀는 "평범하고 명료한 언어"를 원하고, 타루와 마찬가지로 사람들에게 주변에 있는 것들에 관심을 갖고 "멈추고 생각하기(to stop and to think)"(1978, p. 4)를 촉구한다. 카뮈와 아렌트는 그러한 경각심과 세계에 대한 개방성이 대안적인 가능성을 의식하게 하고, 그러한 의식을 획득함에 따라 피카소의 〈우는 여인〉, 유리피데스(Euripides)의 『메디아(Medea)』, 허먼 멜빌의 『모비 딕』, 발란신의 〈돌아온 탕자(Prodigal Son)〉, 말러(Mahler)의 〈지구의 노래(The Songs of the Earth)〉를 접하면서 기꺼이 위험을 수용한다고 재확인한다.

기술화, 정보화 시대의 교실에서 사용되는 언어가 상상력을 가로막는 것을 상기시키는 또 다른 소설을 소개하고자 한다. 『페스트』라는 소설에 관심을 두는 이유는 나의 지식을 추가하거나 파묻힌 진리를 발견하기 위해서라기보다, 문학예술이 내 삶의 세계에서 결코 볼 수 없었던 것을 시간을 거쳐 보도록 도와주기 때문이다. 만약 그렇다면, 이들은 망각되거나 억눌린 기억, 통찰력과 상실감으로 나를 인도하였고, 텍스트의 질서에 따라 그들을 정돈하도록 도와주었다. 『페스트』를 통해 나는 "[내] 인생의 텍스트 내에서 텍스트를 다시 기술하는 과정에"(Barthes, 1975, p. 62) 동참하였다.

크리스타 울프(Christa Wolf)의 소설『사고: 오늘의 뉴스(Accident: A Day's News)』는 기술적이고 추상적인 나의 경험에 명확히 반응하도록 감화를 주었다. 이 소설은 아마도 몇 년 전 체르노빌에서 발생한 핵 방사능 사고와의 관련성 때문일 수도 있는데, 여성 작가는 동독의 외곽에 사는 어머니와 외할머니의 경험과 반응을 제시한다. 그녀는 동생의 뇌수술과 이와 동시에 발생한 원자력 핵발전소 사고와 그 사고로 인해 그녀의 손주와 전 세계의 어린이들에게 미칠 영향에 사로잡혀 있다. 그녀는 이 사고에 어떻게 대처할지 혹은 그러한 위기에 대한 대처방안을 고민하는 데에 시간을 소비하지 않는다. 오히려 그녀의 관심은 기술적인 혜택과 위험을 동시에 감수해야 하는 타인, 즉 그녀가 잠시라도 잊을 수 없는 사랑하는 이와 이름 모를 사람들에게 있다. 배려의 윤리라는 측면에서 이는 매우 흥미롭다. 우리 자신의 경험 안에서 잠시나마 타루와 같은 윤리적 실천가로서 "신 없는 성인"의 모습과 독일의 어린이들이 혹시나 방사능에 누출된 우유를 마시는 것이 두려운 나머지 수천 리터에 달하는 우유를 버리면서도, 이와 동시에 "지구 건너편에서 기아로 죽어가는 아이들을" 생각하는 젊은 어머니의 두려움을 생각한다(1989, p. 17).

그녀의 반응을 매우 다른 두 개의 이미지 즉, 인간과 개인에게 즉각적인 이미지와 다른 추상적인 이미지와 비교하는 것도 흥미롭다. 소설 속의 화자가 딸에게 손주들에 대해 이야기해달라고 부탁하자, 그녀는 "꼬마 애가 부엌으로 달려가 날개 달린 너트(wing nut)를 손에 쥔 채 높이 치켜들면서, [너트를] 조여 주세요 조여 주세요 라고 외치는데, 이 이미지가 너무 신난다."고 말한다. 그러나 이러한 신나는 모습과 대조적으로 일련의 다른 정신적 그림들은 그녀를 생각에 잠기게 하는데, 그녀는 "몽유병 환자의 신중함(precision)"처럼 모든 것이 조화를 이루는 방법을 존경하도록 강요당하는데, 여기에는 다수의 사람들의 편안한 삶에 대한 욕구, 단상 위의 연설자와 흰 가운 입은 남자를 믿는 경향, 조화에 대한 중독(addiction to harmony)과 거만함과 권력에 대한 욕망에 대한 다수의 대응 방식인 대립에 대한 두려움, 이익에 대한 헌신, 비양심적인 호기심, 그리고 일부 사람들의 자기기만 등이 있다. 그러나 그녀는 그렇게 이것이 감탄할 만하다면, "이러한 방정식에 추가되지 않는 것은 무엇인가?"라고 질문한다(p. 17). 세계 수준의 학업성취와 〈2000년을 향한 미국교육개혁법(Goals 2000)〉 정책에서 표방하는 인적 자원에 대한 집착은 이러한 종류의 묘사와 질문을 방해한다.

꼭 그럴 필요는 없다. "이러한 방정식"에 대한 할머니의 질문, 그리고 사람의 성향에 대한 그녀의 궁금증, 다시 말해 최고의 교육과정의 틀 혹은 가장 신뢰할 만하고 "참된" 평가에 대해서는 자신보다 흰색 가운을 입은 남자를 더 신뢰하는 성향에 대한 질문이 인지적 모험과 탐구를 유발할 가능성이 훨씬 높다. 울프의 소설과 같은 텍스트에 반응하여 학생들이 상상력을 발휘하도록 설정하는 것은 근본주의적인 방법으로 선택하려는 요구에 맞서고, 쉬운 답안을 추구하며 조화를 이루려는 욕망과, 몰두하여 대안적인 가능성을 탐색하려는 헌신 사이에서 결정하는 것과 같을 수 있다. 마치 흐느껴 우는 여인 중하나로 여겨지기도 하는 울프 소설의 화자는 푸른 하늘을 보고 (무명의 자료를 인용하며) "저런, 이 어머니들은 학자의 발명품을 하늘에서 찾는구나"라고 말한다(1989, p. 27). 그녀는 언어를 가지고 의구심을 가지면서, 방사능에 오염된 빗방울이라는 표현을 대체하는 "반감기(half-life)"
와 "세슘(cesium)" 또는 "구름"과 같은 용어를 파기하기가 어려움을 호
소하기 시작한다. 그리고 다시 한번, 우리는 기술력에 대한 신비화와
이에 수반된 언어를 타파해야 하는 필요성, 다시 말해 앎에 몰입하지
못하는 상황에 대항하고 목소리를 내야 하는 필요성을 느끼도록 도
움 받을 수 있다.

　울프의 화자가 "핵에너지의 평화적 이용"을 위한 절차를 생각
한 사람들의 동기를 생각해볼 때, 그녀는 원자력 발전소에 대한 사람
들의 투쟁과 과학문명을 통한 유토피아가 눈앞에 있다는 인식을 비
판적으로 바라보는 시위대에 대한 질타와 문책 장면을 회상한다. 그
러고 난 후 그녀는 과학 기술계의 사람들이 "아마도 추구하지 않거
나 행여 강압적으로 수행하게 되더라도 이를 시간낭비라고 간주할
만한 다음과 같은 여러 활동을 열거한다. 기저귀 갈기, 요리, 아이
를 품에 안거나 유모차에 태우고 쇼핑하기, 세탁하고 말리고, 걷고,
개키고, 다림질하고, 깔끔히 마무리하기. 마룻바닥 청소, 걸레질, 광
내기, 청소기 돌리기, 먼지 털기, 재봉질하기, 옷 만들기, 뜨개질, 자
수놓기, 설거지, 아픈 아이 돌보기, 변명할 이야기 생각해 보기, 노
래 부르기, … 이 활동 중 얼마나 많은 것을 시간 낭비라고 생각하는
가?"(1989, p.31).

　이 내용을 읽어가면서, 우리는 새로운 질문을 제기하게 되는데,
우리는 그러한 특수성이 교실에서의 대화와 상황이 어떻게 되어야
마땅한지 논의하도록 사람들의 의식을 일깨워야 하는 우리의 역할을
고려할 수밖에 없다. 울프 소설의 화자는 "괴물 같은 기술적인 창조
에 대한 확장"은 대다수 사람들의 삶을 대치하고 감사함을 대체한다

고 믿는다. 그녀는 과학기술의 긍정적인 면을 잘 알고 있는데, 결국 그녀의 동생이 그토록 기다리던 고차원적인 신경수술의 수혜자가 되는 장면을 보며 생각에 잠긴다. 그렇지만 그녀는 우리가 학교에서 고려해야 할 사항, 즉 과학기술이 우리가 사랑하는 이들에게 얼마나 유익한 혹은 그리 유익하지 않은 결과를 낳게 되는지에 대해 사고한다. 그녀의 생각은 다시 한번 우리를 생기 있게 만드는 아이디어, 우리가 사랑하는 모든 것의 이미지를 유지하는 것이 얼마나 중요한지 다시 한번 상기시켜 준다. 이에 동참하면서, 내가 소망하는 바는 우리는 젊은이들이 비록 작은 공간일지라도 희망을 다시 찾도록 동기를 부여하고 회복해 나가는 교실 분위기를 창출할 수 있으리라는 희망이다.

이것은 예술에 대한 나의 논쟁으로 다시 되돌아가게 하는데, 결국 무의식적으로 〈2000년을 향한 미국교육개혁법〉에 대한 논의를 간과했다. 우리는 심미적 경험은 바로 우리를 시공간적으로 배치하는 우리의 환경과의 변화 안에서 그리고 변화에 의해서 발생하는 사건임을 인지할 필요가 있다. 어떤 이들은 회화, 춤, 이야기 및 기타 모든 예술 형식과의 적극적인 참여를 통한 만남은 상실한 즉흥성을 다시 되살린다고 말한다. 주어진 것들과 관습의 틀을 깨면서, 우리가 변화해 가는 삶의 과정을 다시 알아차릴 수 있다. 우리의 삶의 역사, 우리의 프로젝트들을 회상하면서, 우리는 기술 혁명이 "신성"하게 조성하는 것에 저항할 수 있으며, 흰 가운을 입은 남자들에 대한 관점을 획득할 수 있거나 철수와 조화에 대한 우리 자신의 욕망에 대한 관점을 얻을 수도 있다. 우리 자신을 질문자로서, 의미 제작자로서, 우리 주변의 사람들과 현실을 구성하고 재구성하는 사람들로 인지하면서, 우리는 학생들과 의사소통 중에 현재에는 여러 관점이 존재하며, 그 구성은 결코 완성되지 않고 언제나 그 이상의 무엇이 존재한다고 말할 수 있다. 나는 화가 세잔이 〈성 빅투아르 산(Mont St. Victoire)〉을 여러 관점으로 표현하면서, 같은 대상이더라도 다각적인 각도와 의식의 현상으로서 접근해야 한다면 다양한 관점에서 관찰해야 한다는 권고를 상기한다.

　　세잔은 그의 풍경 작품에 인물을 많이 삽입하였는데, 그 자체로 우리의 사고와 우리가 가르치는 학생들의 사고를 근거로 삼을 경험의 면모를 제안할 수 있다. 예를 들어, 춤의 심미성은 인간이 무엇을 의미하는지에 대한 질문에 대한 직면이라고 말하는 사람들이 있다. 아놀드 베를런트(Arnold Berleant)는 "움직임에서 인간의 영역을 확립할 때, 관객과 함께 무용수는 움직임에 몰두하면서 모든 경험과 인간의 세상을 구성하는 방식을 바탕으로 표현한다. … 여기서 표방하는 바는 신체와 의식의 분리와 같은 이원론이 표방하는 가장 해로운 모습에 대한 직접적인 부인이다. 무용에서는 행위를 통해 사고의 절정을 이룬다. 이것은 관상적인 마음(contemplative mind)에 대한 반성이 아니라, 신체를 통해 반영하는 지적인 태도를 의미하고, 대안적인 과정에 대한 숙의의 고려(deliberative consideration)가 아닌 과정에 대한 사고(thought in progress)를 의미하는데, 여기서 과정에 대한 사고란 바로 적극적으로 몰입한 신체에 친밀히 반응하고 인도한다"(1991, p.167)고 한다. 여기서의 핵심은 과정과 훈련이고, 진행형으로서의 기술은 대상을 통해 구체화된다. 이와 더불어, 춤은 통합된 자아가 발현할 수 있는 기회를 제공한다. 분명히, 자아에 대한 이러한 견해는 우리의 특성화된 기술적이고 학문적인 시대를 고려해야만 한다.

　　베를런트의 논의는 회화에도 적용가능한데, 회화를 예술가와 감상자 간의 신체(physical body)와의 관련성으로 감상하고자 한다면 (혹은 그렇게 되어야 한다면) 시간과 공간 개념이 그 시발점이 된다. 적극적인 참여자의 입장에서 우리는 풍경이나 방 또는 개방된 거리로 들어갈 수 있다. 라파엘(Raphael), 들라크루아(Delacroix), 세잔(Cezanne), 피카소(Picasso), 에드워드 호퍼(Edward Hopper), 메리 카사(Mary Cassatt)와 같은 예술가들은 물론 다양한 인식의 방식을 질문하는데, 인식된 형태, 색상 및 공간에 대한 감수성을 넓혀야 한다는 의미이다. 사르트르는 예술의 역할과 상상력의 각성에 관심이 있는 모든 이들에게 중요한 의미를 다음과 같이 부여한다.

> 예술 작품은 회화, 조각, 혹은 소설에 제한되지 않는다. 한 개인이 대상을 인식할 때 세상이라는 배경 하에서 인식하는 것처럼, 예술이 표현하는 대상은 우주라는 배경 아래 이루어진다. … 화가가 우리에게 꽃이나 꽃병을 선물한다면, 그의 그림은 세계를 향해 열린 창문이다. 우리는 반 고흐가 그린 그림보다 훨씬 더 멀리 밀밭에 파묻혀 있는 붉은 길을 따라가는데, 다른 밀밭 가운데에서, 다른 구름 아래에서, 바다로 흘러가는 강을 따라 우리를 무한으로, 세상의 정반대쪽으로, 들판과 지구의 존재를 지탱하는 깊은 최종 지점으로 확장해 나간다. 결국 자신이 생산하고 재생산하는 다양한 대상을 통해 창조적 행위는 세상을 완전히 새롭게 변화시키는 것을 목표로 한다. 각각의 그림, 각각의 책은 존재 전체의 회복이다. 그들 각각은 관객의 자유를 향한 이러한 총체성을 제시한다. 이것이 예술의 최종 목표이다. 달리 말해 이는 이 세계를 현존하는 것으로 제시하면서도 이는 마치 인간 자유에 그 세계의 근원이 있는 것으로 회복시킨다[1949, p. 57].

사르트르는 다각도로 교실에서 예술과의 만남의 중요성에 대한 선견지명을 보여주는데, 이는 특히 젊은이들이 더 많이 상상하고 확장되고 새롭게 변화하는 것으로 요약된다. 분명히, 외부적 요구가 아니라 인간의 자유라는 학습의 원천을 찾는 것보다 더 중요한 것은 없다.

　이 장에서 다룬 모든 내용은 오늘날 능동적 학습자(active learner)라는 모습과 직결되는데, 여기서는 의미를 추구하고 의미 있는 삶의 이야기에 의미를 부여하도록 깨어 있는 모습으로 제시된다. 그렇다. 오늘날 교육의 한 가지 경향은 기술력과 후기 산업사회의 요구에 젊은이들이 부응할 수 있도록 유연성 있는 이들을 재단하는 일이다. 그러나 차별화되고, 자신의 목소리를 찾고, 진행형으로서의 지역 사회(community in the making)에 참여하고 기여하는 인간의 성장, 인간의 교육과 관련한 또 다른 경향이 있다. 예술 분야에서 예술과 활동과의 접촉은 인간의 성장에 양분을 제공할 수 있는데, 이들은 자신들의 경험을 성찰하면서 타인에게 접근하고 세상에서 더욱 더 열심히 노력한다. 마침내 성장과 창의성 및 문제 해결에서 예술의 중요성을 인식하게 된다면, 절망적인 상황을 극복할 수 있을 것이고 희망, 다시 말해 가능성을 느끼는 희망이 솟아오를 수 있을 것이다. 머리엘 러케이저(Muriel Rukeyser)의 〈기쁨의 비가(Elegy in Joy)〉는 우리가 경험할 수 있는 가능성의 느낌을 훌륭하게 제시한다.

　　우리의 삶에서 살아있는 눈은
　　우리 자신의 이미지로 평화를 보고,
　　우리가 줄 수 있는 것만을 줄 수 있다:

한밤 중 같은 이틀을 지내며, "살아라,"
그 순간이 제공하는 것: 밤은
사랑과 칭찬을 위한 노력을 요구할지라.

이제 지도도 마술사도 없다.
선지자는 없지만 젊은 예언자, 즉 세상에 대한 감각은
우리 시대의 선물은 바로 세상에 대한 발견.
모든 대륙이 그들의 몇 개의 등불을
하나의 바다, 그리고 창공에 비추고,
그리고 모든 것이 빛난다.([1949] 1992, p. 104).

예술은 삶을 제공하고, 이는 희망을 제공하고, 그것은 발견을 위한 희망을 제공하며, 빛을 밝힌다. 저항을 통해, 심미적 경험에 대한 가르침을 우리의 교육학적 신념으로 만들 수 있을 것이다.

11

◆

텍스트와 여백

비평가 데니스 도노휴(Denis Donoghue)는 많은 사람들이 여전히 예술을 단순한 오락거리로 치부한 나머지 실용성 위주로 생각하는 것은 아닌지 상기시킨다. 그는 "예술이 치통을 치료하지 못하거나 물질만능시대의 압박을 극복하는 데 충분하지 못하다는 점은 사실이다"라고 인정한다.

그렇지만 다른 방식으로, 예술은 정말로 중요한데, 왜냐하면 우리가 완전히 자유롭게 살 수 있는 공간을 제공하기 때문이다. '인생'을 한 페이지로 생각해보라. 주요 텍스트는 중심에 있고 음식과 쉼터, 일상의 업무와 직업, 필요한 것들을 잘 유지하는 것이 그에 해당한다. 관례, 일상, 습관, 의무가 이 텍스트를 결정하기 때문에 거기에는 우리의 선택권이 거의 없다. 우리가 이 텍스트에 놓여 있는 한, 우리는 단지 일상적인 자아와 일치를 이룬다. 전체 페이지가 이러한 텍스트로 꽉 채워져 있다면, 우리

는 여가시간에도 일상적이지 않은 박자(non-conventional rhythm)
에 맞추어 살아야 한다. 왜냐하면 그들 역시 일상의 규칙을 따
라야 하기 때문이다 [1983, p. 129].

도노휴는 대다수 사람들의 삶의 여백(margins)에 예술이 위치한
다고 마무리하는데, "여백은 일상생활이 자리를 잡지 못하고 대부분
억압하는 것과 같은 감정과 직관의 공간이다. 그러나 "예술 안에서
(within the arts)" 살기를 선택한 이들은 스스로의 공간을 창출하여 자유
와 존재라는 친밀감으로 채울 수 있다(p. 129). 우리 자신을 위한 공간
을 만들고, 우리의 관계성 안에서 우리 자신을 경험하고 그러한 공간
에서 활동하도록 행동을 취하는 것은 가장 중요한 것으로 여겨진다.
하이데거가 거론했듯이, 열린 공간이 나타날 때, 가끔씩 "현재 그 자
체 이상으로(beyond what it is)" 일들이 발생한다. 우리가 알고 있는 것
이상으로 뻗어나가는 "명백하고 분명한" 것이 존재한다(1971, p. 53). 제
10장에서 나는 일반적으로 상상력이 어떻게 예술을 통해 확장되는지
에 대해 논의하였다. 이번 장에서는 그러한 논점을 더욱 확장하여 예
술 교육과 심미 교육을 결합하여 학생들이 예술 안에서 생활함으로
써 자신들을 위한 명백하고 넉넉한 공간을 만들 수 있는 그러한 교육
학을 배워나갈 필요성에 대해 조망해보고자 한다. "우리"라는 표현을
통해 교육자들의 공동체가 특히 예술 영역을 통해 해방을 위한 교육
학이 존재하며 이에 헌신할 수 있기를 희망한다. 그러한 공동체는 모
든 계층을 초월한 남성과 여성, 배경, 피부색과 종교적 신앙을 포괄하
여, 각자 고유한 관점에서 자유롭게 논의할 수 있고, 각자는 상식적인
세상을 형성해 가는 차별화된 관점에서부터 출발한다.

공허한 형식주의(formalism), 교훈주의(didactism), 그리고 엘리트주의를 비판하면서, 교사인 우리들은 예술이 우리에게 제공하는 의식의 충격이 우리에게 일상에 덜 잠식되어 있고 의문과 질문으로 출발 (해야만)하도록 촉구한다. 예술이 우리를 어떻게든 쉽게 병폐에서 벗어나게 하거나 묵인 이상으로 우리를 자극하는 것은 드문 일이 아니다. 그들은 종종 우리를 다른 방식의 존재로 투사하고 그들을 현실화하기 위한 표징에 대해 궁금해 하는 방법을 구상할 수 있는 공간으로 이동시킨다. 그러나 그러한 공간으로 이동하는 것은 사람들을 수동적으로 만들고 묵인하는 것을 강요하려는 강압에 기꺼이 저항하겠다는 의지로의 이동을 요구한다. 이는 푸코가 "정상화(normalization)"라고 명명한 것을 거부하도록 요청하는데, 이는 동질성을 강요하고 사람들이 "수준을 결정하고, 특수성을 수정하며, 차이를 지닌 상대방 서로가 교정을 통해 정상분포 안에서 사용되도록" 허용한다(1984a, p. 197). 그러한 경향에 대한 저항이란 바로 일정 지배적인 사회적 관행들이 어떠한 방식으로 돌아가는지 알게 되는 것인데, 여기에는 우리를 곰팡이로 뒤덮고, 외부적인 요구에 순응적으로 따라가도록 우리를 제한하고, 우리의 현재 모습 이상으로 나아가고 가능성을 향해 행동하는 우리를 저지하는 그러한 방식에 대한 깨달음이다.

사실, 우리가 일정 부분 그러한 경향에 저항할 수 없고, 경계를 넘어 의사소통하고, 선택하고, 상호 주관적인 관계 속에서의 변화를 위한 발판을 마련할 수 없다면 어떻게 젊은이들을 교육할 수 있을지 그 전망이 불투명하다. 부분적으로 나는 모든 사람들을 위한 예술과의 의식적인 교류를 주장하는데, 이를 통해 민주사회에 속한 개인은 자신을 "주요 텍스트(main text)"에 국한하지 않고, 자신의 제한된 존재

의식에 가두는 일을 최소화할 것이다. 가장 일반적으로, 백인, 중산층이 가치 있고 존경받을 만한 주요 텍스트로 규정되고, "미국인"이 기준임을 당연시하고 있다. 그들은 이를 당연하게 여기기 때문에, 그들은 거의 명시화되지 않았고, 결국 조사나 비평의 대상으로 여겨지지도 않았다. 소외 계층에 대한 이러한 텍스트의 효과는 이들이 자신을 외부인으로 느끼게 되고 주류 문화에서 그들의 모습을 보이지 않게 만든다. 마르쿠스(1977, pp. 10-11)는 확고한 현실을 비난하고 해방의 이미지를 불러일으키는 예술의 자질에 대해 논의하는데, 내가 여기서 주장하는 바와 유사하게 예술이 타인을 보지 못하는 무능력을 극복해야 하는 점을 제시하고 있다.

더 나아가 예술 작품이나 예술 세계에 대한 헌신을 교육학과 통합할 때, 아더 단토(Arthur Danto)의 말을 주목하는 일이 중요한데, 그가 밝히기를 "예술 세계는 논리적으로 이론에 의존적이기 때문에, 이론이 없는 예술 세계는 존재할 수 없다." 예술 이론은 대상을 현실 세계에서 분리하여 "다른 세계, 즉 **예술**세계, **해석된** 대상 세계의 일부"를 형성한다(1981, p. 135). 예술 세계는 **구성된**(constructed) 세계이기 때문에 우리는 이를 우연성(contingency)으로 간주하고 언제나 비평에 개방적이어야 한다는 점을 기억해야 한다. 우리는 확장과 수정에 대해 항상 개방적으로 보아야 한다. 과거 몇몇 남성들이 정의한 고전에 대해서도 언제나 회의적으로 생각하고 새로운 것과 다른 모습에 대해 더 이상 무시하지 않는 개방적인 태도가 중요하다. 모든 사람에게 적합하거나 무엇을 예술을 구성하는지 보편적으로 수용 가능한 방식으로 "예술"을 정의하는 일은 해결하지 못할 문제점을 야기한다는 점이 점차적으로 더 명백해지고 있다. 우리는 더 이상 일부 제한된 집단이 위대하다고 명시해 놓은 작품에 기반을 둔 교육과정의 선택에 대해 온화하게 받아들일 수 없다. 그렇다고 해서 단순히 다른 전통들의 "대표적인(representative)" 표본이라고 간주하는 것을 나열해 놓고 그 결과가 다양하다고 말할 수도 없다. 오늘 우리는 지금까지 아주 오랫 동안 소리내지 못한 침묵의 목소리들, 다시 말해 여성의 목소리, 소수 민족, 서구 세계 밖의 시인과 음악가들, 그리고 시도해보지 않고 기대하지 않았던 이들에 대해서도 길을 열어야 한다. 나는 교사들이 그들 자신에게 어떠한 상을 줄지 선택하는 과정을 통해 학생들에게 경험의 전환을 형성할 수 있는 기회를 제공할 수 있다고 믿는다.

그렇지만 고전에 대한 나의 관심은 사람들을 진심으로 그리고 모험적으로 여러 예술인들과 접하게 하는 것만의 문제가 아니다. 나는 또한 문어나 구어뿐만이 아니라 여러 종류의 미디어를 마음으로 탐색하는데, 왜냐하면 미디어를 통해 수수께끼, 시, 이야기를 만들고, 또 이를 통해 꿈을 논의하고, 소설을 창작하고, 소설의 형태를 창출하기 때문이다. 이뿐만 아니라 미디어는 회화, 파스텔, 점토 및 석조작품들, 음율과 불협화음들, 그리고 음악을 구성하는 소리의 맥박들, 그리고 춤에서의 몸동작들을 제시하며 작품의 모양을 만들고, 노력을 기울이고, 비전을 구체화하고, 시공간을 거슬러 움직인다.

사람의 다양성은 조각, 회화, 무용, 노래, 글쓰기를 통해 그들 자신의 이미지, 사물에 대한 자신의 비전을 탐색하는 데 도움을 줄 수 있다. 그들이 보고, 느끼고, 상상하는 것이 무엇인지 알아내는 한 가지 방법은 그것을 어떤 종류의 내용으로 변화시키고 그 내용에 형식을 담아주는 것임을 깨닫게 될 수도 있다. 이를 통해 그들은 모든 종류의 감각적인 개방을 경험할 수 있다. 그들은 예상치 않게 주변 세계에서 존재하지 않았던 패턴과 구조를 감지할 수도 있다. 부주의라는 커튼을 분리하면서, 모든 종류의 새로운 시각을 발견할 수 있다. 그들은 의식이 접촉과 굴절을 통해 관여하는 방식을 인지하고, 서로 간에 관여할 수 있으며, 특별한 의식이 사물의 모습을 파악하는 방법도 인식할 수 있을 것이다.

이러한 일들이 개개인에게, 심지어 아주 젊은 사람들에게 벌어질 때, 그들은 소설 속에 나오는 인물을 바탕으로 상상력을 통해 더욱 명백히 자신의 모습과 조율하게 되는데, 이러한 모습들로는 알빈 아일리(Alvin Ailey)가 강가에서 축하하기 위해 달려가는 모습, 이자벨 알렌데(Isabel Allende)의 소설 『이바 루나(Eva Luna)』(1989)에 나오는 주인공이 이야기를 꾸며가는 모습, 스트라빈스키가 불새들의 돌진과 아른거림을 음악으로 묘사한 점, 모리슨의 소설 『비러비드』에서 어머니로서 느끼는 불에 그을리는 듯한 아픔과 희생 그리고 깊은 구렁텅이를 극복하여 당당히 서 있는 모습으로 창조되는 것, 뚜렷한 모양으로 그림을 그리는 키스 해링(Keith Haring)의 모습 혹은 그래피티 예술가들이 도시의 문이나 벽에 새겨놓은 작품들이 있다. 학생들이 무용가의 움직임을 흉내내면서 무용의 언어를 배운 것, 자기 자신의 내러티브를 단어로 구성하여 소설과 이야기를 구성하는 상징 시스템, 유리의 소리나 드럼을 가지고 작업하면서 소리의 매개체를 형성하는 것이 무엇인지 발견하는 것, 이와 같이 즉각적인 개입들은 특별한 종류의 앎으로 이끌고 예술의 형식 그 자체로의 참여적인 몰입을 이끈다. 심미 교육에서 예술 작품에 대한 점진적인 정보와 성실함을 위한 의도적인 노력이 필요한 것과 같이 이와 같은 모험도 포함시켜야 한다. 필연적으로 심미 교육은 일종의 질문들, 즉 심미적인 질문들을 제시해야 하는데, 예술적 경험을 통해 이러한 질문들이 발생한다. 왜 이 작품이 설득력 있게 다가오는가? 그 작품에서는 예외적인가? 어떤 의미에서 이 노래는 말러의 슬픔을 실제적으로 구현하는가? 베토벤의 〈환희의 찬가(Ode to Joy)〉는 왜 초월적인 현실을 통해 감동을 느끼게 만드는가? 마르케스(Marquez)의 소설 『백년의 고독(One Hundred Years of Solitude)』(1970)은 컬럼비아의 역사를 어떻게 반영하고, 굴절시키고, 설명하고, 해석하는가? 어떤 면에서 『루시(Lucy)』(1990)라는 작품에 나오는 자메이카 킨케이드(Jamaica Kincaid)의 서인도제도 섬(West Indian island)은 "현실성(real)"이 있는가? 심미적 질문을 던지는 것은 미적 경험 그 자체를 더 반사적이고, 비판적이며, 더 울림이 생기도록 만드는 일이다. 예술 교육은 그러한 질문에 답하는 과정을 통해 심화되고 확장된다.

　"예술 교육(art education)"을 정의할 때 나는 물론 무용 교육, 음악 교육, 회화 교수와 다른 종류의 그래픽 예술 그리고 (소망하는 바는) 여러 종류의 글쓰기에 대한 교수를 포괄하는 다양한 스펙트럼을 제시한다. "심미 교육(aesthetic education)"은 정보와 개입을 통한 예술과의 만남을 더욱 더 촉진하기 위한 숙고(deliberate)의 노력이다. 학생들이 창조자로서 예술과 접하고 동시에 기존 작품을 경험하게 하면서 그들이 더욱 전적으로 예술작품, 예를 들자면 에드워드 호퍼의 도시에 대한 그림, 세잔의 풍경화, 재즈, 벨라 바르토크의 민속음악, 조이스의 소설에 몰입하도록 그들을 자유롭게 하는 데 그 핵심이 있다. 과거에 나는 이러한 목적을 달성하고자 부분적으로나마 예술 교육에서 심미 교육적인 요소를 포괄하기를 제안해왔다.

　바로 눈앞에 제시된 작품에서 무엇을 주목할지 이해하면서, 우리가 주시하는 영역의 질서를 우리 스스로 창조하기 위해 우리의 상상력을 발휘하고, 우리의 감정이 자유롭게 무엇을 실현시킬지 정보를 제공하고 조명하기를 허락하면서 우리는 전적으로 예술에 몰입하게 된다. 나는 하나의 교육학적인 아이디어가 다른 교육학적 아이디어에 도움이 되기를 희망하는데, 한 가지는 학생들이 주도적으로 정보를 창출하도록 힘을 부여하는 것(empowerment)이고 다른 한 가지는 학생들이 참여하고 (그리고, 아마도, 감상하도록) 힘을 부여하는 일로서 그 순서는 상관이 없다. 나는 학습자와 교사 모두가 탐색자와 탐구자로서 이러한 두 가지 교육학적 구상이 실행되기를 소망하는데, 이들은 의도적으로 "의미 탐색의 저주(condemned to meaning)"를 받은 이들인지라 (Merleau-Ponty, 1967, p. xix), 그들의 선택과정에 대해 반성해 보고, 그들 앞에 놓인 것(혹은 놓이지 않은 것)들을 정돈하기 위해 그 방향을 돌린다. 눈에 보이는 종착점은 여러 가지이지만, 이는 분명히 상상력과 인지에 대한 자극을 포함하고, 다양한 양상을 통한 관찰과 의미 제작에 대한 민감성과 실제적인 삶의 상황에 대한 감수성을 포괄한다.

오늘날 대부분의 비평가들과 교사들은 이미 존재해 왔고 아직 존재하지 않은 모든 예술 형식을 설명할 수 있는 **예술**에 대한 고정적인 정의나 이론에 대한 동의가 없지만, 대부분은 마르쿠제의 주장을 지지할 것이다. 그에 따르면 예술은 "다른 경험에 접근할 수 없는 면모(dimension), 인간, 자연 그리고 사물들이 이미 설립된 현실의 법칙으로 설명할 수 없는 면모를 개방한다." 예술 작품에 등장하는 언어와 이미지는 사람들이 예술에 참여할 수 있도록 자유롭게 되고 그들의 에너지를 예술로 향하게 할 때, 더 이상, 혹은 아직은 일상에서 인지되지 않고 언급되지 않고 논의되지 않은 것들을, 인지적이고 가시적이고 들릴 수 있도록 만든다"(1977, p.72). 우리 모두는 마르쿠제의 주장을 유효하게 입증할 경험에 대해 회상할 수 있다. 예를 들어, 나는 브라크(Braque)와 피카소(Picasso)가 이룩한 전통적인 현실의 질서를 전복하는 장면을 떠올리는데, 그들은 그렇게 많은 사람들이 다양한 관점으로 세상을 바라보는 중요성을 깨닫게 하였다. 석 달에 걸쳐 모네가 루앙 대성당(Rouen Cathedral)을 주제로 창작한 10개가 넘는 일련의 작품을 동시에 바라보면서, 그 개방성에 놀라게 되었다. 모네의 포플러나무나 곡물 더미를 주제로 한 일련의 작품들과 같이, 그 대성당은 모양의 변화와 심지어 그림을 그린 시간대, 그림자의 작용, 그리고 빛의 미미한 변화에 따라 구조의 의미가 변화하는 모습을 드러내고 있다. 곡물 더미에 대한 그림들을 감상할 때, 관계의 변화하고 표현적인 리듬과 작고 단순한 곡물 더미와 어렴풋하지만 단단한 모습 사이에서의 작용 혹은 그 곡물 더미와 저 너머의 하늘을 연상시키는 것에 대해 느끼게 된다. 이는 우리에게 가치 있는 모네가 아니었다면 관심조차 가지지 않았을 가시적인 세상에서 무언가를 보는 것뿐만이 아니라, 그러한 비전, 다시 말해 의미와 자극이 우리 자신의 일부분에 대해 특별한 방식으로 기능한다는 점을 또한 인지하는 것이다. 결국 모네는 객관적으로 외부에 존재하는 일련의 풍경들과 객관적으로는 표면상 "인상주의자"라는 창을 우리에게 제공한다. 시와 마찬가지로, 회화에서 의미는 대상과 관계 맺는 방법이다. 벨라스케즈(Velazquez)의 작품〈교황 이노첸시오(Pope Innocent)〉나 에드워드 호퍼의 회화에 드러나는 고독한 도시의 거리들, 또는 고야(Goya)의〈전쟁의 참화(Disasters of War)〉와 같은 의미와 마찬가지로, 모네의 풍경화에 담긴 의미는 대상 그 자체에 머물지 않고, 미술관 벽에 전시된 캔버스 또는 그 작품들과 마주치는 우리의 주관성 안에 머물러 있다. 의미는 회화, 텍스트, 무용 공연과의 만남 안에서 그리고 만남을 통해 **발생한다(happen)**. 우리가 대면하고 있는 것에 대해 더욱 많은 정보를 알수록, 다시 말해 손쉽게 접하는 재료들과의 친분과 비판적인 관점에 대한 사용과 예술 세계의 의식에 의해(Danto, 1981, p.5) 우리는 더 많이 발견하고 작품들에서 더 많은 의미를 발견할 가능성이 높다. 우리 안에서 무엇이 좋은 예술로 혹은 나쁜 예술로 불릴지, 예술과 관련하여 어떠한 맥락이 연관 있는지, 그리고 좋은 이유를 구성하는지 그러한 질문들이 내면에서 고동친다면, 더욱 더 예술 작품에 대한 궁금증을 가지고 인식할 가능성이 있다.

그렇지만 우리의 예술과의 대면은 상상의 나래를 펴지 않는 한, 사실이라는 거울을 **통해(through)** 감상하는 능력이 없는 한, 경험에 존재하는 가정들을 가져오지 않는 한 결코 발생하지 않는다. 상상력은 "절단된 부분들을 통합하고(the severed parts together)"(Woolf, 1976, p. 72) 인간의 의식과 예술, 문학, 음악 및 무용 작품들을 연결하면서 새로운 질서를 창조한다. 상상력은 "현실"이라는 제목 아래 무엇이 진행되고 있는지에 대한 이해를 형성하는 주요 수단이 될 수 있고, 상상력은 우리 경험의 바로 그 감촉을 책임질 것이다. 객관적인 대상으로부터 주관성을, 외부로부터 내부를, 실제에서 외면을 분리하려는 일상적인 습관을 거부할 때, 우리는 상상력을 이해의 핵심에 두는 것이 무엇을 의미하는지 상상력을 발휘할 수 있을 것이다. 미국의 시인 하트 크레인(Hart Crane)은 상상력에 대해 "신선한 개념, 보다 포괄적인 평가로 향하는 합리적으로 결합된 활동가"라고 기술하였다(1926, p. 35). 한편으로 윌리스 스티브스(Wallace Stevens) 시인은 상상력이 현실감을 강화시키고 "사물의 가능성에 대한 마음의 힘"(1965, p. 31)이라는 존재가 되는 것에 대해 논의하였다. 메리 워낙(Mary Warnock)은 상상력과 감정의 연결고리를 기술하면서, "사고나 개념을 사물에 적용하기"(1978, p. 202) 위해 이러한 노력이 얼마나 필요한지 기술한다. 그녀는 맛과 감각을 포괄하여 상상력과 감정들이 존재하고, 필수적으로 존재해야 하고, 교육할 수 있다는 점을 인지해야 한다고 제시한다. 여기에서 나의 논점은 예술적, 심미적 영역으로의 시작을 통해 그들을 강력히 교육할 수 있다는 점이다.

대상에 대한 빛의 효과와 관련한 모네의 모든 과학적 의도에 대한 논의 역시 상상력이 없었다면 루앙 대성당의 모습을 그렇게 다양한 방법, 다시 말해 암울한 믿음의 견고한 체화로, 약속을 통한 춤추는 듯한 스크린으로, 섬세한 레이스의 베일로 이해할 수 없었을 것이다. 우리 역시도 그림의 그러한 붓 터치를 변형하는 능력 없이, 다시 말해 그러한 흰, 금빛의, 암청색의 대상들을 성당의 모습으로 대변하는 그러한 능력 없이 그러한 확연한 비전들을 우리의 의식 안으로 인지하지 못했을 것이다. 우리의 능력을 발휘하여 그렇게 성공함에 따라, 우리 인식의 차원을 변화시키고 결국 우리 삶의 일부분을 변화시킬 가능성이 매우 높다. 월러스 스티븐스(Wallace Stevens)의 시는 특별한 예리함으로 상상력의 핵심(centurality)을 묘사하는데, 아마도 시를 창작하려고 시도한 사람들에게 그러할 것이다. 스티븐스가 상상력을 "블루 기타"에 비유하면서 (일부 청취자들을 절망으로 이끌면서까지) "있는 그대로의 것을 연주하지" 않지만 ([1937], 1964, p. 165]), 그는 다른 이들을 울림(resonance)으로 이끌 수밖에 없는데, 이러한 사람들이란 다른 방식으로 존재할 수 있도록 관찰할 줄 아는 이들이며, 무한대의 음역으로 연주할 수 있는 줄을 가지고 있는 파랗게 색칠된 기타의 예외적인 모습에 주의를 기울일 줄 아는 이들이다.

스티븐스가 〈여섯 개의 주요한 풍경(six significant landscapes)〉이라는 다른 시를 창작하고 그의 상상력을 발휘했을 때, 그림자의 가장자리에 있는 푸른색과 하얀색 델피니움 꽃이나, "팔찌 같고/ 춤에 흔들린" 찬란히 빛나는 수영장 안, 혹은 하얀 가운을 입은 달 안에서 예상치 못한 가능성을 깨닫는데, 그것의 겹겹들은 "노란 빛으로 가득 찼고/…그 머리카락은/그리 멀지 않은/별들로부터/푸른 크리스탈로 가득 차 있다"고 표현하면서([1916], 1964, pp. 73-74), 그는 자신과 사물 사이의 새로운 관계를 창출하고, 독자들의 지평을 새롭게 그려 낸다. 다음에 이어지는 아주 뛰어난 구절들은 사물들이 형성되고 조각된다는 것을 독자들에게 상기시키며 이렇게 묘사한다.

> 램프 포스트의 모든 칼들도
> 긴 거리의 끝들도
> 돔의 망치들(mallets of the domes)도
> 그리고 높은 탑도
> 하나의 별이 포도 잎(grape-leaves)을 통해
> 빛나는 조각을 만들듯
> 조각할 수 없다 [pp. 74-75].

새로운 공간으로 들어가는 발견의 감정을 공유하기 위해, 칼, 끌, 망치의 이미지를 수반하면서 조각가가 될 필요는 필요가 없기 때문에, 별 그 자체가 조각칼, 조각가가 되어 나뭇잎 사이로 반짝인다. 그러한 비유적 작업을 통해 변화 가능한 것은 별빛에 대한 우리의 생

각뿐만이 아니다. 우리의 아이디어나 혹은 조각가의 이미지가 예측 불가능한 형태를 창출하는 그러한 사람의 이미지로 변하기를 소망한다. 이 시의 마지막 연에서 스티븐스는 의미를 절정으로 끌어올리고 폭발하도록 한다.

> 합리주의자는 네모난 모자를 쓰고,
> 네모난 방에서 생각하며
> 바닥을 보고
> 천장을 보고
> 직삼각형(right-angled triangles) 속으로
> 그들 자신을 가둔다.
> 그들이 다이아몬드와 같은 마름모형을 시도할 때면
> 원뿔, 타원형이 손을 흔들고-
> 예를 들어, 반달이 타원형으로 커 가면
> 합리주의자는 챙이 넓은 솜브레로(sombreros) 모자를 쓴다 [p. 75].

이 모든 의미는 또한 은유를 통해 그리고 독자의 세계에 무언가 새로운 것을 가져오는 예측불허의 관계에 대한 개방을 통해 실현된다. 이 시를 내부자로서 혹은 외부자로서 경험할 때, 독자는 합리주의자의 눈초리에 의존하는 감금상태와 일차원적인 성격 모두에서 벗어난 느낌을 가질 수밖에 없다. 합리주의자들이 마름모꼴과 원추형을 시도하는 도전을 받을 때, 그들은 선과 사각형을 반달의 타원형 모양의 스펙트럼을 응용해 움직일 수 있도록 허용할 수 있는지 유혹에 빠지기도 한다. 그들에게 생각을 포기하거나 그들의 텍스트에 집중하라고 요청하는 대신 최소한 가끔씩 그들의 사각모를 멕시코의 원형

모자인 솜브레로(sombreros)로 바꾸도록 요청한다. 그들은 대상을 더 큰 의미의 놀이와 깃털장식, 달과 각진 방, 그리고 여백과 본문 간의 변증법에 관심을 기울이도록 도전받는다.

많은 사람들이 여백을 향한 모험에 열려있다면, 선택과 행동을 통해 그리고 "세상에 대한 소속(belonging to the world)"(Merleau-Ponty, [1962] 1967, p. 456)을 통해 닻을 끊어버리고 그들 자신을 자유롭게 할 수 있다면 그들은 유사한 경험을 불러일으킬 수 있을 것이다. 예술과의 만남이 의무적인 일을 거부하거나 그렇게 하지 못하도록 분산시키는 일이라고 제안하는 것은 아니다. 그렇다고 경험의 여백이 방종(indulgence)과 감각적인 극단성(sensuous extremes)으로 향하게 하는 장소라고 제안하는 것도 아니다. 나의 관점에서 예술은 기회를 제공하는데, 이는 관점을 위한, 초월적이고 세상에 존재하는 대안적인 방법을 인식하기 위한, 선택을 압도하는 자동주의를 거부하기 위한 기회이다.

이러한 대안적인 방법은 엄숙하고 처음 접하기에 추해보일 수 있다. 그들은 엘리자베스 비숍이 〈밤의 도시(Night City)〉에 등장하는 그러한 이미지의 형태를 취하기도 한다.

> 신발은 너무 얇아
> 어느 발도 견딜 수 없다.
> 깨진 유리, 깨진 병,
> 그들 더미가(heaps) 불탄다 [(1976) 1983, p. 167].

그리고 눈물과 죄책감이 불타고 있는 곳에, "눈물 흘리고" 그리고 "검게 된 달(blackened moon)"과 같은 큰 인물(tycoon)이 있다. 그러나 이는 우리가 알다시피 죽은 하늘에서 비행기를 통해 내려다보는 광경이고,

시인은 귀신에 홀린 듯 오싹하게 시의 마지막 연을 괄호 속으로 넣는다. ("여전히, 창조물들이 있고,/그 위에는 조심스러운 것들이다./그들은 발로 내려앉으며/녹색불, 빨간불; 녹색불, 빨간불을 걷는다.") (p. 168).

찰스 디킨스(Charles Dickens)의 소설에 등장하는 위법으로 망가진 어린이들, 샬럿 퍼킨스 길먼(Charlotte Perkins Gilman)의 작품들에 나오는 학대받는 여성들, 도스토예프스키의 창작세계에서 고문당하는 어린이들, 다시 말해 이반 카라마조프가 자신의 형제에게 "이는 많은 사람들의 특이한 특징인데, 왜 아이들만, 아이들에게만 가하는 고문을 사랑하는가"([1880], 1945, p. 286) 라고 묻는 그런 세상, 소설 『전쟁의 참화 (The Disasters of War)』에 등장하는 게릴라 요원에 대한 처형, 유대인 대학살의 공포스러운 사진들과 같이 우리의 분노, 우리가 다른 이와 연결된 우리 자신의 여러 모습에 직접적으로 이야기하는 이미지와 그림들이 있다. 그들은 우리의 눈을 뜨게 하고, 우리의 살을 자극하며, 우리의 세상을 고치기 위해 움직이도록 우리를 감동시킬 수도 있다.

나는 최근 독일의 테러리스트 울리케 마인호프(Ulrike Meinhof)에 대한 그림을 보았는데, 이 사진에서 그녀는 마치 교수형 당한 후, 등이 바닥에 떨어진 채 누워있는 모습과 같았다. 희미하면서도 파랗게 질린 모습과 그녀의 상처 입은 목이 숨 막히는 상태, 다시 말해 명료함도 호흡할 공간도 없는 모습으로 나타난다. 이 그림은 화가 게르하르트 리히터(Gerhard Richter)의 작품인데, 〈붉은 대대(Red Battalion)〉라 불리는 작품에 대한 사진들로부터 작업을 시작하였고, 모두가 사망한 배더 마인호프 갱(Badder-Meinhof gang) 멤버들의 모습을 보여준다. 구스피트(Kuspit)가 기술하기를 "예술은 언제나 광범위하게 표현하자면 필요, 좌절, 절망에 대한 내용이고 … 그리고 종종 형식적이고 미학적인 면모만을 너무 강조한 나머지 그 내용을 간과한다"(Kuspit, 1990, p 129). 도널드 쿠스피트(Donald Kuspit)는 리히터가 사진을 통해 제시하는 희미한 현실 묘사에서 드러나는 "구체성과 흐릿함 사이의 변증법은 죽음에 대한 이해 불가능성, 그를 둘러싼 의심들과 관련한 주요 사실을 밝히고 있다"고 언급한다. "이는 '무한한' 병적인 추측에 촉매제 역할을 하는 것인데, 여기에는 겉보기에 사건에 대한 '개방적인' 이미지들이 결과적으로 이를 폐쇄함으로써 역사를 다시 쓰는 데 효과적으로 이용되는지에 대한 비관적인 관점을 포괄한다. 이러한 이해 불가능성은 그림의 흩어지고 숨겨진 분위기로 표현된다"(pp. 131-132). 리히터 자신은 분명히 모든 이념과 많은 신념을 생명에 대한 위협으로 간주하고, 배더 마인호프 갱을 이른바 이념적 행동이 저지른 희생양으로 간주한다. 우리는 이것을 보면서, 궁금해 하고, 어떤 질문들이 다가와서 우리를 강하게 들이받는다. 리히터의 작품과 같은 이미지들은 분노와 실존적인 질문 모두를 야기하는데, 이념과 테러가 우리에게 최종적으로 던지는 질문을 통해 분노하고, 창백하고 무의미한 죽음에 반응하면서 삶의 근본적인 질문을 마주할 수 있을 것이다.

예술의 기능 중 하나는 "우리가 당연시 여기는 방식대로"(Conrad, [1898], 1967) 자신을 조망하도록 도와줄 뿐 아니라, 그리고 어떤 방향에서든지 일상적인 삶을 변화시킬 뿐만 아니라, 우리의 사려 없음과 자기만족, 예술에 대한 우리의 확실성 자체를 전복시킨다. 기술주의가 통제와 한계를 통해 심미적 경험을 반대하는 경향에 대응하기 위해, 예술의 피난처, 중재되지 않은 열망의 충족을 위한 기회를 찾아 나서야 할지도 모른다. 우리가 너무나도 간절히 학생들의 자발성을 지켜주고 싶어하기 때문에 우리는 인간으로 살아간다는 것의 깊이와 넓이를 관여하는 그러한 영역에서 순수성과 찬란함만을 종종 탐색한다.

　　나의 이러한 논조는 교사인 우리들에게 조셉 보이스(Joseph Beuys)와 같은 예술가와 로버트 윌슨, 필립 글래스(Philip Glass), 윌리엄 발콘(William Balcon), 토니 모리슨, 마르타 클라크(Martha Clarke), 존 쿠아레(John Quare)와 같은 예술가와의 만남을 소중히 여기는 것이 중요하다는 것을 상기하는 일이 얼마나 중요한지 믿기 때문이다. 아방가르드 또는 포스트모더니즘과 그 작품들과의 관련성은 그리 중요하지 않다. 복잡한 품질, 그리고 종종 그들의 작품들이 풍기는 섬뜩한 아름다움과는 별도로 각각이 구체화하고자 하는 것, 한계를 내포한 다루기 힘든 것, "반달의 타원형(the ellipse of the half-moon)"에 근접하고자 하는 감각과 같은 문제들을 중요하게 간주하는 부분이다. 예를 들어, 베니스 비엔날레에서 최근 우승한 제니 홀처(Jenny Holzer)를 생각하게 되는데, 특히 근래 전 구겐하임 미술관의 나선형 계단을 장식하며 이동식 네온 메시지를 전달하였다. 빨간색과 흰색의 전기 표지판에서 문구와 단어들이 충돌하고 겹쳐지면서, 그 의미가 오르락내리락 한다. 〈진부한 문구(Truisms)〉가 관을 통해 등장하고 대리석 막대기에 새겨졌고, 종종 이 작품은 리히터의 이미지처럼 희미하기도 하였고, 가끔은 놀랍고도 당황스럽게도 명백했다. 한 줄로 표현되는 "가족은 빌린 시간 속에서 살고 있다", "권력의 남용에 대해 놀랄 일이 아니다"와 같은 메시지들은 건물의 벽과 버스정류장에 등장하는 패러디와 단순화 작업이다(Waldman, 1989). 그리고 난 뒤 그녀가 〈애도(Laments)〉라고 부르는 성찰적인 일인칭 메시지가 등장하는데 "나를 지키기 위한 마음만으로도 며칠이 지나간다." "내가 두려워하는 것이 목에 두르는 모피로 상자 안에 담겨져 있다. 매일 나는 중요한 것을 아무것도 하지 않는데, 이는 몽롱함과 게으름에 대한 두려움이다"(p. 18).

반짝거리는 메시지가 움직이고, 진부한 표현이 되고, 콜라주가 되고, 개념 예술(concept art), 미니멀 아트가 되는 모습을 목격하면서, 나는 또한 상징으로서의 언어(language of signs)가 가시적으로 천천히 부상하는 나의 세상을 축하하는 그러한 순간에 가시적인 세상이 비가시적인 세상으로 전해지는 모습을 보았다. 홀저(Holzer)가 언급하기를 "나는 이 작품을 완전히 무작위로 또는 엉성하게 만들지만, 여전히 거기에는 야생적인 부분이 존재해야만 한다. 작문을 할 때 당신은 성층권에서 내려오고 그러고 나서 다시 복귀해야 한다. 이것이 내가 좋아하는 것인데, 대상들이 통제에서 벗어나지만, 당신이 이들을 이용 가능하도록 하기 위해서 다시 잡아당겨야 한다. 나는 그들이 접근할 수 있기를 소망하지만, 그렇다고 당신이 1초나 2초 후에 그들을 쉽게 던져버리는 것은 원치 않는다"(Waldman, 1989, p. 15). 홀저가 무작위와 통제 사이에서 움직이는 것과 그녀가 손에 잡히는 것 이상의 언어를 사용하는 것을 감사히 여기면서도, 의미와 창조물에 대해 다시 의문을 던지게 되고, 공개의 순간처럼 이 질문들을 아주 중요하게 간주한다. 토니 모리슨의 소설 『비러비드』의 신비하고 비밀스러운 장면을 뚫고 나가려 할 때, 윌리엄 포크너의 이야기 〈곰(The Bear)〉으로 돌아갈 때, 혹은 〈사기꾼(The Confidence Man)〉이라는 그의 이상한 이야기에 등장하는 "자신감"과 "신뢰"라는 표현을 접하게 되면서 같은 몇몇 질문들이 떠오르는 것을 깨닫는다.

물론, 우리의 해석을 증진시키기 위해서라면, 외부에 발견의 대상으로 존재하는 것을 인지하기 위해서라면 비판 정신을 발휘해야 할 필요가 있지만, 우리는 또한 어떠한 비평가들이 무엇을 각각 가정하는지, 즉 어떠한 비판적인 관점들을 통해 우리가 명료히 하고자 하는 예술 작품들을 보고 있는지 발견해야 한다. 우리는 일단 전문가가 전해주는 매혹에 저항하고 "과장"되고 매혹적인 제작에 의식적으로 대처해야 하며, 어떻게 시장이 가치와 선택을 결정하는지 저항해야 한다. 오늘날 교사인 우리는 의무감을 갖고 있는데, 이 의무감이란 "상부"(혹은 대상의 외경(apocryphal)적인 중심)에서 무엇이 예술 세계에서 수용가능하고 무엇이 이른바 외설적이고, 불경하고, 동성애를 다루고, 비애국적이고, 혹은 외설적이기에 받아들여질 수 없는 것으로 결정하는 노력에 대해서 인지하고 주의를 기울이는 것이다. 최근에 우리가 접한 특정 예술작품에 대해 불경스럽다면서 금지령을 내리는 것, 파문하고 적절한 처방을 내리는 일은 아마도 법률망 안에 있을 것이다. 그러나 아직 우리의 상상력이 경험치를 넘어서지 못하고 있다는 점, 그럼에도 여전히 상상력이 예측 불가능한 영역을 열어젖힌다는 것을 믿는다면 우리는 최근에 발생하는 금지령들이 암시하는 것에 몸서리칠 수밖에 없다. 또한 예술과의 창의적이고 비평적 만남은 상상적 에너지에 좌우되는 점을 깨닫는다면, 우리는 그러한 금지령들이 잠식시키고 제한하는 결과, 즉 가장 저변의 감각에서부터 잘못 교육시키는 점을 예상할 수밖에 없다. 우리가 최대한 진솔하고 비판적일수록 우리는 로버트 메이플쓰로프(Robert Mapplethorpe) 전시회가 인간으로서 우리에게 무엇을 의미하는지, 금지령의 의미가 무엇인지 의문에 휩싸여 있다. 안드레 세라노(Andres Serrano)와 카렌 핀리(Karen Finley)의 작품들과 국기를 불태우는 작품이 대중에게 저항을 받을 때, 이것은 무엇을 의미하는가? 우리는 〈마라/사드(Marat/Sade)〉와 뮤지컬 〈헤어(Hair)〉가 무대에서 나체를 보였을 때 이와 유사한 질문을 던졌을 수도 있다. 물론 그렇게 할 수도 있겠지만 어린이들에 메이플쓰로프나 핀리의 작품을 제시할 필요는 없다. 그렇지만 우리는 자신에 대해 배우고, 그리고 어린이들이 배울 수 있도록 하고, 삶의 경험의 기저에 대한 판단과, 동시에 공동체의 규범을 만드는 것이 무엇인지 배우기를 갈망한다. 학생들에게 새롭고 복합적인 것을 소개하고자 노력하면서, 우리는 일상적인 겉포장(crusts of conventions)의 일부분, 페티시즘에 대한 왜곡, 편협적인 믿음(narrowed faiths)의 신맛들을 돌파하고 싶어 한다.

그러한 개방성은 우리 자신에 대한 지속적인 탐구를 요청하는데, 그러한 요청은 많은 젊은이들이 예술 작품에 깊이 참여하는 것을 제약하는 규범을 타파할 수 있도록 최선을 다하는 일이다. 회화, 소설 및 음악 작품과 같은 예술 작품들은 훈련되지 않은 의식(untutored consciousness)으로는 이해하기 어려운데, 특히 이러한 예술 작품들이 밀폐된 공간, 난해하거나 혹은 시간을 초월하는 영역(timeless realm), 다수의 사람들과의 접촉이 없음을 가정한다면 현실화되기 어렵다. 존 듀이는 예술 작품이 종종 문화적인 삶에 근간을 두지 않은 것처럼, 순수 예술의 표본일 뿐 아무것도 아닌 것처럼 제시된다고 언급한다. 예술 작품들은 일반인들과 동떨어진 것처럼 여겨지도록 만들어지는데, 이는 마치 우리의 일상적인 영역 바깥에 있는 잘 지어진 소설처럼, 우리에게 익숙한 음역을 벗어나는 많은 음악들처럼 취급된다. 실제적으로 혹은 비유적으로 받침대 위에 놓인 채, 예술 형식은 "상식 또는 공동체 삶의 범주로부터" 제거되고(Dewey, 1934, p. 6), 그들이 의도적으로 일상적인 경험으로부터 분리되면서 그들은 대개 "맛과 확신의 계급장(insignia of taste and certitude)"(p. 9)처럼 작용한다. 그들은 사람들을 엘리트주의로 확정하고, 사회적 권력의 이익을 대변한다. 발터 벤야민(Walter Benjamin)은 이와 유사하게 생각하면서, 영원한 가치와 신비로움과 같은 개념을 기술한다. 이러한 가치와 신비함은 예술 작품과 결부되어 왔고, 대중에게 예술 작품과의 거리감을 조성하는 거리감의 "기운(aura)"과 유일함과 전통([1955] 1978, pp. 222-223)을 논한다. 존 버거(John Berger) 역시 어떻게 예술 작품이 "완전히 위조된 종교성(bogus religiosity)의 기운에 휩싸여 있는지" 기술한다. "예술 작품은 마치 이들을 신성한 유물(holy relic)처럼 논의하고 제시하는데, 유물이란 바로 그들 자신의 생존의 최초이자 가장 중요한 증거이다"(1984, p.21). 버거는 또한 시각 예술이 언제나 보존적이고, 마법적이거나 신성하거나 육체적인 것으로 존재해 왔으며, 그 이후에는 더 나아가 "예술의 보존이 사회적 영역이 되었다. 이는 실제적으로는 자신들의 궁전이나 집과는 별개로 그리고 소외된 상태로 지배 계급의 문화로 유입되었다. 이 모든 역사 속에서 예술에 대한 권위는 보존된 작품들에 대한 특별한 권위와는 불가분의 관계에 있었다"(p. 33).

예술은 대중들로부터 분리되는데, 이는 예술이 일종의 "보존성(preserve)"을 바탕으로 구축된 거리감 때문만이 아니라, 상업성, 난해함, 현실주의(realism)에 대한 오류적인 주장, 여성, 유색인종, 빈곤층을 제외하는 인위적인 신비화(artificial mystification)로 인해 형성된 거리감 때문이기도 하다. 그러한 분리는 또한 개인의 순수함 또는 무지로 인해 그리고 순수하고, 무지하며, 미디어가 조성하는 조건으로 규정되는 타인에 대한 의존으로 말미암아 발생한다. 그렇다고 해서 예술의 세계에서 다른 이들이 예술을 "제품(goods)"으로서의 가치를 측정하면서 체계적으로 무시당하는 것을 용인하거나 소외된 젊은이들에게 자신을 자연적으로, 스스로 개방하는 것은 아니다. 예를 들어, 버거는 예술을 자발적으로 이해할 수 있다는 견해에 대해 강력하게 반대한다.

결백함이라는 아이디어는 두 가지 측면에 직면한다. 음모에 휩
싸이는 것을 거부하면서, 어떤 이는 그러한 음모에 대한 결백함
에 머문다. 그러나 결백함으로 남는 것은 또한 무지함으로 남
는 것일 수 있다. 쟁점은 결백함과 지식 사이(또는 자연과 문화 사
이)에 대한 문제가 아니라, 경험의 모든 면모와 관련시키려는
노력과 같은 예술에 대한 총체적 접근과, 소수의 특화된 전문
가들, 다시 말해 쇠퇴(in decline)한 지배계급에 대한 향수로 먹
고 사는 사무원과 같은 이들의 난해한 접근 사이의 문제이다(
여기서 쇠퇴란 프롤레타리아 이전이 아니라 기업과 국가의 새로운 권력 이전
을 의미한다). 진정한 질문은, 과거의 예술의 의미가 누구에게 적
절하게 속하는가? 그들은 자신의 삶에 적용할 수 있는 이들인
가, 아니면 유물 전문가의 문화적 위계질서로 접목하는 사람들
인가? [1984, p. 32].

이와 같은 견해는 예술 교육과 심미 교육을 통합하려는 교육학
에 대한 나의 주장에 정보를 제공해준다. 물론, 이는 좀 더 정보에 입
각하고 상상력을 통한 인식(imaginitive awareness)을 위한 교육이 되어야
하지만, 이는 또한 학생들이 엘리트주의와 객관주의에 저항하도록
힘을 부여하고, 그들이 읽고, 이름 짓고, 글을 쓰고 자신들 고유의 삶
의 세계를 다시 작성할 수 있도록 허락하는 일종의 비판적인 전환성
(critical transactions)의 교육이 되어야 한다.

물론 음악, 회화, 영화, 춤 그리고 (더 적은 범위에서) 즉각적인 순간들
을 거머쥐는 문학에 거대한 기쁨이 있을 수 있다는 점은 충분히 분
명한데, 여기서 예술 작품이 완전히 생생히 다가오기 위해서는 외적,

내적 비전 간의 교류가 너무 중요하다. 여기에 덧붙여 소외시키는 표준(alienating standards)을 접목시키는 위험, 모네의 포플러나무 작품을 한 가지 "올바른" 방식으로 감상하도록 제시하는 위험, 언제나 문제를 불러일으키는 벨라스케스의 〈시녀들(Las Maninas)〉에 등장하는 거울에 비친 왕과 여왕을 식별하려는 위험, 『제인 에어』에 등장하는 정신질환을 앓는 여인을 이해하려는 위험, 영화 〈제3의 사나이(The Third Man)〉를 해석하려는 위험들이 존재한다. 그러나 정반대의 관점에서, 일부이든 전체이든, 모든 관점이 주관적이고 취향에 불과하다고 가르치는 일은 무심한 상대주의로 이끄는 일종의 무절제한 허락과 같다. 『전쟁과 평화』의 가치를 나폴레옹의 전쟁을 지지하려는 목적으로 평가하거나, 『욕망이라는 이름의 전차(A Streetcar Named Desire)』를 뉴 올리언즈(New Orleans)에 대한 충성이나 혹은 일종의 병리학에 대한 "진리"의 내용으로 접근하는 일은 각 작품에 담긴 심미적 가능성을 회피하는 것이고, 환상을 거부하고 세상을 바라보는 또 다른 창으로 문학을 취급하기를 거부하는 태도이다.

듀이는 그의 독자들에게 회화나 시와 같은 한 개인이 **인지할 때** 심미적 대상으로 변화할 수 있는 작품으로 지향하는 과정에 풍부한 상상력과 지각적인 에너지가 필요하다고 상기시켰다. 그는 계속해서 심미적인 것은 무에서 발생하는 침입자도 아니고, "이상한 순간(odd moments)"에 대한 관심사도 아니라고 제시한다(1934, 54). 도노휴(Donoghue)는 "관료제를 소중히 여기는(cherishing bureaucracy)" 것과 예술을 동화, 관리 또는 소유하려는 유혹에 대해 논의한다(1983, p. 71). 그의 관찰에 따르면, "국가" 또는 통제자들은 예술가들이 자기들이 원하는 것을 할 수 있다고 주장하는데, 왜냐하면 그들이 하는 일이 그 누구에게도 아무런 변화를 주지 않기 때문이다(p. 74). 그리고 만약 사람들이 그림에 달려들고, 콘서트홀을 돌아다니며, 소설 작품을 대충 훑어보고, 여러 영역의 예술 작품이 참으로 상품인 것처럼 참여 없이 예술의 형태들과 접촉하게 된다면 실제로 예술가들은 아무런 변화를 만들지 못할 것이다. 듀이는 예술에 적극적으로 **참여하는 것**과 세부사항과 특별한 점을 주문하는 것을 강조하였는데, 우리가 통합적인 패턴을 보거나 더욱 더 "전체를 경험"할 때 점차적으로 더욱 가시적으로 변화하기 때문이다. 그는 "예술가의 역할 부분이 존재하듯이, 감상자가 수행해야 할 부분이 있다"고 주장한다. 너무 게으르거나, 빈둥대거나, 혹은 이 작품을 수행하는 중에 경직되어 있는 사람은 보지 못하고 듣지 못할 것이다. 그의 '감상'은 전통적으로 내려오는 존경이라는 규범에 순응하며 학습하는 모습과, 비록 진심이긴 하지만 흥분의 도가니로 혼란스러운 복잡한 감정의 여러 조합일 것이다. (1934, p. 54). 그는 거기에는 정확한 꼬리표를 붙이려는 인지 감각이 있을 것이지만, 수동성과 대치되는 활력을 주는 만남은 없을 것이라고 논한다. 여기에는 인지자들이 의미를 창출하며 뻗어가거나 널리 깨어있음(wide-awakeness)으로 향하는 기초 탄탄한 해석이 없을 것이다.

우리 대부분은 회화, 무용, 혹은 소설을 접할 때 부주의한 파열(careless rupture)을 동반하기도 하는 즉흥적인 초기의 반응과, 이러한 회화, 무용, 혹은 소설을 현실화하기 위해 꼭 필요한 작업 사이에서 이루어 나아가야 할 섬세한 균형을 인식한다. 교사로서 우리가 그 작업에 대해 논의할 수 있는 것과 해방시켜야 할 에너지는 중요한 문제인데, 이는 일반적인 문화적 소양에 대한 필요성이나 위대한 예술가와 예술 작품을 찾아내도록 발휘하는 능숙함이 아니다. 수동성과 고

집(induration)을 극복하는 법을 배우고 눈앞에 펼쳐진 대상을 보는 법을 배우는 것은 지속적으로 새로운 개방으로 이끌 것이다. 사르트르는 문학과 관련하여 이를 분명히 제시하였다. 만약 독자가 "부주의하고, 지치고, 어리석거나, 사려심이 없다면, 대부분의 관계(relations)는 그를 떠날 것이다. 그는 결코 대상을 '따라잡도록' 관리할 수 없을 것이다. … 그는 그늘진 곳에서 어떤 구절을 유추해낼 것이지만, 이들은 무작위적인 시도들(random strokes)로 보일 것이다"(1949, p. 43). 이와 반대로, 우리가 최선을 다해 책을 읽을 때, 단어 주제 또는 의미의 자체를 넘어서 대상에 투사한다. 에밀리 디킨스의 시이든 혹은 사르트르의 연극이든, 우리는 그 언어 **안에** 결코 주어지지 않은 그 언어를 통해 현실을 깨닫게 된다. 우리는 독자나 감상자들이 예술가가 공개한 것들을 창조하고, 그 예술가와 자유를 추구하는 공범자가 되고, 가능성을 해방시키는 공범자가 되도록 노력하는 것을 돕는다. 이러한 종류의 행위는 바로 미학 교육의 핵심에 존재하며, 이러한 종류의 행위는 (내가 보기에) 인간의 생명을 구할 수도 있다.

우리가 좀 더 많은 젊은이들이 이런 방식으로 자신을 일깨워서 보고 듣는 것을 이해하고, 자신의 특수성을 지닌 작품에 적극적으로 참여할 수 있게 한다면, 그들은 예술을 이해를 위한 방법으로 체험을 시작할 수도 있다. 우리가 자주 앎과 연계하는 분석적이고 추상적인 합리성과, 개인적으로 예술작품을 접하도록 유도하는 관계를 통한 특별한 활동을 구별하는 일이 필요하지만, 여전히 우리는 예술을 인식의 방법이라고 부를 수도 있을 것이다. 이런 방식으로 획득한 경험과 지식은 우리에게 새로운 양식을 제시하는데, 이는 우리의 근본적인 인식의 지평, 인식을 위한 근본적인 행위로 우리를 초대한다.

예술과의 만남은 결코 종착점이 될 수 없기 때문에 경험을 통한 새로운 만남으로 우리에게 도전장을 던질 수도 있다. 우리는 메를로-퐁티가 우리에게 주어진 "길(route)"에 대해 논의하는 것을 접한 경험이 있을 텐데, "경험은 그 자신을 점진적으로 밝혀주는, 점차적으로 그 자신을 교정하고 자신과 타인과의 대화를 통해 진행된다"(1964a, p. 21). 많은 사람들이 믿는 것처럼 지루함과 무의미함이 학습의 최악의 장애물이라면, 학교에서 예술의 학습과의 관련성을 지지하는 논쟁에서 이보다 더 적절한 사례를 찾기 어려울 것이다. 자신이 궤도(en route)에 있다는 느낌, 자신이 언제나 개척을 위한, 새로운 개방을 위한 가능성이 언제나 존재하는 곳에 있다는 느낌, 만약 그들을 살아 있는 상황으로 깨우고 그들의 세상이 상식적으로 이해되고 이를 명명하도록 가능하게 하기 위해서는 이것이야말로 젊은이들과 의사소통해야 하는 지점이다.

예술과 미학을 가르치는 영역을 위해 여기서 내가 요구하는 핵심은 주체의식, 심지어 권력에 대한 감각이다. 회화, 문학, 연극, 영화 등 모든 것들은 문들을 개방하고 사람을 변화로 움직일 수 있다. 우리는 모든 종류의 젊은이들이 자신들의 경험을 통한 삶과 대비하여 예술 작품에서 의미를 발견할 권리가 있다고 깨닫기 원한다. 더 나아가, 예술이 조망하는 세상은 공유된 세계이기 때문에, 예술을 드러나게 하는 현실은 의사소통이라는 활동을 통해 드러나기 때문에, 학생들이 탐구하도록 가능케 하는 그러한 예술과의 대면은 절대 전적으로 자동적이거나 사적이지 않다. 자신의 가시적인 공간에 대한 탐색에서 출발하여 의식적으로 브라크의 회화와 만나는 것, 자신의 시에서 출발하여 로버트 프로스트(Robert Frost) 또는 뮤리얼 루케서(Muriel

Rukeyser)의 시를 감상하기 위해 높이 바라보는 행위에서 개인은 주변의 사람들과 언제나 대화를 나누게 된다. 우리는 언어들을 탐구할 수 있고, 이유들이 주어지고, 발현의 순간을 축하하고, 차별화된 유리한 지점을 설명할 수 있다. 널리 깨어있음의 공동체(Communities of wide-awakeness)는 심지어 학교의 복도에서도 만들어질 수 있다.

　　우리가 진정 여백을 가시적이고 접근가능하게 만들고자 한다면, 우리가 여백에서 본문으로 그리고 그 반대방향으로의 변증법적인 움직임을 격려하고자 한다면, 학교에서 더욱 더 큰 모임 장소를 개방해야 한다. 우리는 작업장(ateliers), 스튜디오 그리고 음악을 만들고 연주할 수 있는 장소, 시와 소설을 읽을 수 있는 장소, 데생, 회화와 조각을 창조하는 장소를 만들어내기 위해 손을 뻗어야 한다. 교사와 학생 모두 지각 중심의 여행(perceptual journeys)에 참여하고, 의미라는 맥락 하에서 예술 작품과 언어를 하나의 사건으로 파악하고, 그리고 자기 자신의 장소에 대한 공통적인 탐색을 시도하고 역사 안에서, 다시 말해 그들이 속해있고 살아가면서 창출하고 해석하는 그러한 역사의 의미를 수행하면서 탐구자 간의 새로운 협력방식이 존재할 수 있다.

　　삶의 향상이야말로 우리가 할 수 있고 또 해야만 하는 일인데, 특히 더 많은 사람들이 예술의 영역으로 자신만의 개방성을 탐구하고자 형태나 이미지를 만들고, 은유를 고안해내거나 혹은 대화의 의미를 발견하게 된다. 그들이 직면한 (그리고 직면하도록 촉구된) 이미지와 단언으로부터 어떻게 소외되거나 충격을 받았을지라도, 그들은 이러한 작품들이 전쟁으로 상처를 입은 아이들, 파산한 길 위의 청년, 고문으로 상처투성이인 사람들, 감옥에 갇혀 있는 사람들의 눈빛이 전하는 현실과 동일시되어서는 안 되며, 이러한 현실을 회피하거나, 부인하거나, 또는 당연하게 여겨서는 안 되고, 수동적으로, 현재의 우리 자신들에 영원히 머물러서도 안 된다. 대신 우리는 시간이 지날수록 더 많은 인지에 대한 충격들, 더 많은 탐구, 의미를 향한 더 많은 모험, 의미의 변화, 인간 공동체의 끝없는 탐구에 보다 적극적이고 쉽지 않은 참여를 지향해야 한다.

III

진행형으로서의 공동체

12

◆

다원주의로 향한 열정들

미국 사회에는 언제나 새로운 이주민이 존재해왔고, 언제나 낯선 이들이 공존한다. 교실을 보면 교사 대부분이 접해보거나 들어보지 못한 나라 출신의 학생들도 있다. 그렇지만 최근 여러 면에서 이러한 비가시성을 거부하는 일들이 벌어져왔다. 오래된 침묵은 산산조각이 났고, 그동안 억눌렸던 목소리를 듣는다. 물론, 우리는 존 듀이가 규명한 "위대한 공동체(the Great Community)"([1927], 1954, p. 143)를 탐색하는 동시에, 다원성과 다양성을 대면하면서 예전에 경험하지 못한 도전에 직면한다. 다원화를 부정하지도 못하고 동시에 애매모호한 수준이 아니라 이를 직접적으로 체험하면서 우리는 상상할 수 없는 다양성으로 우리 자신을 선택하도록 초대받는다. 그러한 맥락에서 내가 언급하는 열정(passions)이란 많은 이들을 혼란과 불협화음으로 이끄는 강한 감정을 말하는 것이 아니다. 오히려, 이는 "인간 대 인간(face-to-face)이 맺는 관계의 영역"으로서(Unger, 1984, p.107) 그 마음을 그러한 열정이 작동하는 중심축으로 이동시키는 일이다. 이를 통해 좀 더 지속적이고 진솔한 개인 간의 만남이 가능하다는 점, 분류와 외면하는 일이 거의 발생하지 않으리라는 점은 분명하다. 사람들을 수단으로 취급할 기회가 적을 것이며, 주변에 있는 이들을 "타자화(other)"하는 일이 감소할 것이다. 이번 장에서 다원주의와 다문화주의라는 단어를 사용하여 언급하고 있지만, 이를 마음 속으로 실제화하고 상상을 통해 구체화하자면 여기에는 젊은이와 어르신이라는 나이를 초월하는 헌신, 소외, 무력감, 빈곤, 무지 혹은 지루함에서 오는 어려움을 극복하려는 노력이 깃들어 있다. 상상력을 마음에 품은 채, 은유와 예술을 통해 이를 논의하고자 한다.

열정, 헌신, 그리고 상상력에 대한 논의는 다양한 사람들이 함께 모여 그들이 무엇인지가 아니라 그들이 누구인지 이야기 나누면서, 그들 사이의 공통점을 형성하기 위해 논의하고 행동하면서 형성되는 공동체의 확장을 언급하는 방식이 될 수 있다. "다원성은 인간 행동의 조건인데 왜냐하면 인간으로서 우리 모두는 같고, 같은 논리로 우리는 인간이기에 그 누구도 과거에 살았고, 현재에 살고, 앞으로 살아나갈 그 누구와도 똑같지 않다." 우리는 공통점이라는 기반 위에 존재하지만, 우리는 그 기반에서 서로 다른 위치에 있고, 각자는 "서로 다른 관점에서 보고 듣는다"(Arendt, 1958, p. 57). 교실, 동네 길거리, 꽃밭 등의 어떤 대상도 서로의 관점에 따라 다르게 나타난다. 그 대상들의 현실은 그 대상을 보는 모든 관람객에게 그 모습들의 총합에서부터 발현한다. 그 관객을 지속적인 대화로의 참가자로 생각하면서, 각자는 차별화된 관점에서 이야기하고 동시에 주위 사람들에게 개방적으로 다가가면서, 내가 마음에 품고 있는 일종의 패러다임을 발견한다. 나는 헨리 루이스 게이츠 주니어(Henry Louis Gates, Jr.)의 연구에서 또 다른 점을 발견한다. 그는 "미국이 다음 세기에 직면하게 될 도전은 진정한 공통의 대중문화를 형성하는 일인데, 특히 오랫 동안 침묵 당했던 유색인종의 문화에 대한 대응"이라고 지적한다(1992, p. 176). 최근 그는 철학자 마이클 오크쇼트(Michael Oakeshott)와 그의 다른 목소리와의 대화라는 개념을 자극하였다. 게이츠는 교육은 아마도 "이러한 대화에서 예술을 초청하는 일로서, 세상에 대한 다른 인식으로 형성된 목소리들을 인지하는 방법을 배우는 일이다." 결국 "만약 당신이 정말로 세상에 대해 배우기를 원한다면 세계 문화유산의 90%를 제거하지는 않는 것이 상식이다"(1991, pp. 711-712)라고 언급하였다.

그러나 게이츠에게 상식적인 것이 대부분 사람에게는 문화적 유산이자 고전이라는 일관적인 믿음에 대한 공격으로 다가온다. 서로 다른 시각에 의해 형성된 다른 목소리에 주의를 기울인다는 개념을 상대주의의 관점으로 요약하는데, 클리포드 기어츠(Clifford Geertz)의 분석을 따르자면, 상대주의는 "지식인들의 거대한 두려움(Grande Peur)"이다. 이는 권위를 전복하고, 객관적으로 현실적이라고 간주하는 것을 앗아가는 것처럼 보이기 때문에 사람들을 불편하게 만든다. 기어츠는 불편함을 느끼는 이들이 던질 만한 질문을 한다. "그 일반성, 객관성, 효율성, 혹은 진리를 무엇이 보장하는가?"(1983, p. 153). 여기 기어츠의 의견은 아이러니하다. 그는 "우리의 시대와 미래에, 일반적인 방향, 관점, **세계관**(Weltanschauung), 인문학(혹은 일종의 과학적인 학문)에서 발생하는 그러한 이미지들과 문화의 방향성을 설정하는 일은 전설속의 키메라(chimera)처럼 불가능한 생각이다." 그리고 그가 제안하기를 "우리가 지금 생각하는 방식에 대한 급진적인 다양성이란" 만약 우리 사회가 통합된 생활문화를 갖출 의도라면 "세계의 다른 곳에 거주하는 사람들이 진실하고, 상호교류적이며, 서로 간에 영향을 미치도록" 그 환경을 만들어야 한다는 것을 의미한다(p. 161). 친숙한 것에 대한 공격을 지속적으로 겪고, "타자의 몰락, 예측의 불가능성"을 경험하면서(Clifford, 1988, p.13), 우리는 다문화주의에 대한 관용과 관련하여 예측하지 못한 것에 대한 관용의 능력을 잘 찾을 수 있을 것이다.

모든 면을 고려할 때, 교사는 신중히 고려해야 할 여러 인물 중에서도 아서 슐레진저 주니어(Mr. Arthur Schlesinger, Jr.)를 꼭 알아야 한다. 그는 만약 공유된 헌신이 분열되고, 민주적 아이디어와의 접촉을 잃어버린다면 "미국의 분열(disuniting of America)"(1992)이 진행 중인 상태인 것이라고 지목한다. 소위 "시민주의(civism)"(Pratte, 1988, p.104)를 지지하는 사람들은 다원주의가 모든 차이를 초월하는 민주주의 정신의 존재를 위협한다고 우려하고 있다. 이 정신은 자유, 평등, 정의의 원칙뿐만 아니라 인권과 관련이 있고, 새로운 상대주의와 특수주의가 공동의 신념을 전복하리라는 두려움이 있다. 또한 허쉬 주니어(E.H. Hirsch, Jr.)와 같은 이들은 사회 구성원 간의 공유된 배경지식의 개념이 다원성과 다문화적인 강조 때문에 추락한다고 본다. 그들은 이러한 다문화에 대한 강조가 공통적으로 개발해야 한다고 지지하는 것들을 분산한다고 믿고 있다. 그들이 보기에 문화적 소양이 훼손되면, 국가 공동체 자체가 침식된다고 생각한다(Hirsch, 1987). 물론 극단적으로 볼 때, 극우파들은 소위 유럽중심적인 고전과 "정치적으로 올바름(politically right)"에 대한 도전 자체가 음모라고 설정하고, 이러한 도전들은 다문화적인 염려에 과민하게 반응하면서 새로운 정교주의를 설립하는 것이라고 제시한다(D' Sousa, 1991, p.239). 종교 근본주의자이자 우파인 이들과 관련해서 로버트 휴즈(Robert Hughes)는 제시 헬름스(Jesse Helms)와 같은 이들을 움직이는 동기 중 하나는 그들 자신을 방어자로 세우는 일인데, 그들은 "미국의 방식(American Way)," 다시 말해 "공산주의에 대항하는 그들의 본래적인 십자군 정신이 무효화되고 없어져 버린다"고 정의한다(1992, p. 21). 그들은 자신의 방식에 맞춰 미국 예술진흥협회(National Endowment for the Arts)의 자금을 아방가르드 예술가들을 위해 사용하는 것을 반대하는 것뿐만 아니라, 다문화주의와 같은 "변형(deviation)" 또한 공격한다. 다원주의의 개념을 통해 존 듀이가 민주주의를 규정하는 데 사용한 "자유롭고 풍요로운 친교"의 삶을 획득하기 위한 노력을 확고히 하기 위해 이를 염두하는 것이 중요하다([1927] 1954, p. 189).

듀이에 따르면 친교의 삶(life of communion)의 선지자는 월트 휘트먼(Walt Whitman)이다. 휘트먼은 그가 살던 당시 미국에서 부각되는 여러 모습을 기술하였는데, "많은 입구와 출구를 가진 문의 모양"과 "다른 모양으로 투사하는 민주주의 모양"을 제시한다. 〈나의 노래(Song of Myself)〉라는 시(전적으로 근본주의자들의 "미국의 방식"이라는 구절과 대비가 되는)에서 그는 이렇게 기술한다.

나를 통해 많은 긴 바보 같은 목소리들(dumb voices),
죄수와 노예의 끊이지 않는 세대들의 목소리,
병들과 절망에 빠지고, 도둑과 난쟁이들의 목소리,
준비와 증가(preparation and accretion)의 주기를 통한 목소리,
그리고 별들을 연결하는 실타래와 자궁들(wombs)과 아버지의 것들,

그리고 다른 이들이 멸시하는 그들의 인권…
금지된 목소리(forbidden voices)는 나를 통한다 [(1855) 1931, p. 53].

모든 면모에서 휘트먼은 "많은 모양들"로부터, 다양성의 모습으로부터 친교의 선두주자였다. 여기에는 용광로(melting pot)와 같은 제안이 없고, 다양성에 대한 두려움도 없다.

우리 중 일부에게 우리의 이야기를 논할 가치가 있는지에 대한 새로운 감정과, "긴 바보 같은 목소리"에 대해 상기시키는 것, 그리고 "다른 이들이 멸시하는 그들의 인권"에 대한 언급은 목소리를 내고, 명예를 떨치며, 발현과 성공의 이미지를 드러내려는 일종의 인류역사와 대조되면서, 우리를 부재와 침묵으로 그 주의를 집중시킨다. 갑작스럽긴 하지만 "하지 않기를 선호하는(prefer not to)" 필경사 바틀비(Bartleby)는 아마도 좋은 사례가 된다(Melville, 1986). 아니오라고 말하고, 아무 장소를 발견하지 못하고, 어떠한 표시도 하지 않은 그들은 누구인가? 그들은 너무도 많은 문을 닫아두는 폐쇄적인 사회에 대해서 침묵하고, 결국 "대서양 한복판의 난파선"처럼 사람들이 버려지도록 내버려두지 않는가? 랄프 엘리슨의 『투명인간(Invisible Man)』에 등장하는 토드 클리프톤(Tod Clifton) 같은 이들, 즉 공공 도서관 앞에서 흑인을 비하하여 제작한 삼보 인형(Sambo dolls)을 파는 모습으로 추락한 전 청소년 리더는 누구인가? 경찰이 그를 배제하려 할 때 그는 저항하는데, 결국 그들은 이 남자를 죽였다. 이를 지켜 본 화자는 "왜 토드는 무의 존재, 얼굴 없는 얼굴의 공허함, 소리 없는 목소리, 그의 역사밖에 놓여있는 상태로 빠져들기를 선택했는가? — 소위 모든 일이 의무적으로 기록되어 있다 — 즉, 모든 것이 중요하다. 그렇지만 꼭 그렇지만은 않다. 현실에서는 오직 아는 사람만이, 관찰한 사람만이, 들은 사람만이, 그리고 서기가 중요하다고 기재한 그러한 사건만이 기록으로 남는다. … 그러나 경찰이 클리프톤의 역사가, 그의 판사, 그의 목격자, 그의 집행자가 될 것이다"(1952, p. 379).

이와 유사하게 "역사의 저편에 놓여 있는(lying outside history)" 결말을 맞이하고 있는 많은 이들은 공동의 기반의 빈 공간을 남기고 정의되지(undefined) 않은 현실의 면모를 남겨 둔 채 공동체를 소멸시켜 왔다. 사라진 모든 이들을 알 수 없다는 점은 사실이지만, 그들의 부재 속에서도 어떻게든 존재감이 있어야 한다. 결국 부재는 공허함, 다시 말해 채워야 할 공백, 치유해야 할 상처, 수정해야 할 결함을 암시한다. 〈래그타임(Ragtime)〉의 시작 부분에서 닥토로(E. L. Doctorow) 가 묘사한 배척의 풍경을 상상해 본다.

> 테디 루스벨트(Teddy Roosevelt)는 대통령이었다. 수많은 대중들이 관습적으로 퍼레이드, 공공 콘서트, 낚시 대회, 정치 운동, 야외 활동을 위해 밖으로 나오거나, 공청회, 보드빌(vaudeville) 극장, 오페라, 큰 공간 같은 실내에서 모였다. 엄청난 사람들이 몰려들지 않는 오락행사는 없는 것처럼 보였다. 기차와 증기선 및 트롤리가 한 장소에서 다른 장소로 사람들을 옮겼다. 그것이 바로 그 스타일이었고, 그것이 사람들이 살던 방식이었다. 여자들은 그 당시 더 건실하였다. 그들은 흰색 파라솔을 들고 함대를 방문하였다. 여름에는 모든 이가 흰 옷을 입었다. 성적으로 신실한 이들이 많이 있었다. 흑인은 없었다. 이민자가 없었다 [1975, pp. 3-4].

이러한 풍경은 일종의 내용 수정을 요구할 뿐만 아니라 의문과 분개를 일으킨다. 닥토로는 1906년의 뉴 로첼(New Rochelle)을 기술하였는데, 그가 제시한 과거는 우리가 더 이상 마차를 타는지 여부와 상관없이 현재, 다시 말해 **우리의** 현재로 다가온다. 이 이야기는 콜하우스 워커(Coalhouse Walker)라는 근사하고 지적인 흑인 남자와 관련이 있는데, 그는 사기당하고, 인정받지 못하고, 이해받지 못하고, 거의 **보이지** 않았으며, 그리고 복수라는 자신의 운명적인 전략을 시작하였는데, 결국에는 약속이 파기되고 총상으로 쓰러지는 결말을 맺는다. 왜 그는 보이지 않는 것인가? 왜 거기에는 흑인도, 이민자도 없는가? 이는 권력을 거머쥔 이들의 마음의 조건(condition of the minds), 다시 말해 엘리슨의 화자가 경험한 바와 유사한 투명성(invisibility)을 많은 다른 이들에게도 부여하는 그러한 마음에 기인한다고 확신한다. 그렇지만 그러한 정신적 조건은 틀림 없이 일부 담론으로 형성되는 권력의 발휘이자 사회적 조율(social arrangement)에 기인했다. 지금 돌이켜 보건대, 그 당시에 많은 교육자들이("흑인도 없고…이주민도 없고" 종종 성인 여성도 없는) 그렇게 많은 빈 공간들이 많이 존재하는 가운데 동화정책이나 그 밖의 어떠한 활동을 시작하였는지 궁금해할 수도 있다. 우리 자신의 삶의 경험의 차이를 되돌아보면서, 우리는 틸리 올슨이 문해능력의 역사를 "침묵의 암흑기(dark with silences)," 여성들이 너무 열심히 일하거나 자신을 표현하기에 너무 부끄러워하는 "부자연스러운 침묵(unnatural silences)"에 대한 이야기처럼(1978, p.6), 그리고 할 말이 없거나 지식을 적절한 방법으로 표현하는 법을 숙달하지 못한 그러한 이들에 대해 그녀가 마음속에 품고 있는 그러한 침묵을 생각할 수 있다. 우리는 자메이카 킨케드(Jamaica Kincaid)의 안티구와(Antigua) 지방 출신인 루시처럼 섬처녀들의 상태를 생각해볼 수 있는데, 그들은 후기식민주의의 학교에서 "두 가지 얼굴"을 간직하도록 강요받는다. 즉 "외부에서는 나는 한 모습으로 보이고, 내부에서는 다른 모습으로 보이는데 외부는 거짓이요 내부는 참이다"(1990, p.18). 수년간 우리는 폴레 마샬(Paule Marshall)([1959] 1981)이 묘사한 바바디안스 국민(Barbadians)처럼 브루클린에서 괴리된 삶을 살아가는 이들의 삶뿐만 아니라(그녀가 의무적으로 배운 바대로 워즈워스의 시 〈수선화의 얼굴들〉에서 "슬픔과 비참함을(sorrow and bitterness)" 발견하는) 그녀와 같은 이들의 삶을 전혀 알지 못했다. 우리는 글로리아 안잘두아(Gloria Anzaldua, 1987)가 많은 라틴계들이 살고 있는 "국경지대(borderlands)" 혹은 **라 프론테라(la frontera)**라고 부르는 것에 대해, 혹은 『맘보왕들이 사랑의 노래들을 부른다(The Mambo Kings Sing Songs of Love)』에 등장하는 쿠바 이민자들의 이야기에 대해, 자신의 음악이 결코 자신의 클럽이나 닫힌 세상 밖으로 소개되지 않는 음악가들에 대해 의식적으로 거의 다가가지 않았다(Hijuelos, 1989). 우리 중 누군가가 실제로 맥신 홍 킹스톤(Maxine Hong Kingston)이 "중국인(China men)"이라고 부르는, 샌달우드 산맥(the Sandalwood Mountains)과 시에라 네바다 산맥(the Sierra Nevada)에서 벌목하며 철도를 건설해 나간 이들에 대해 의문을 품어본 적이 있는가?" 우리 중 누군가가 "〈중국인 차별법(Chinese Exclusion Acts)〉으로 인해 그 존재 자체가 불법"이 되어버린 아 궁(Ah Goong)이라는 인물과 같은 사람이 남긴 격차를 메꿀 수 있을까? 킹스톤이 기술하기를, 그의 가족은 "국적으로 미국인인 그의 조상이 이 장소를 유지하고 자신의 집으로 만들기 위한 노력과 성취를 이해하지 못하였다. 그는 샌프란시스코 지진과 화재로 한때는 합법적인 서류를 갖추기도 하고 갖추지 못하기도 하였고, 그는 그 당시 미국에서 시민으로서 그리고 대대로 미국시민인 사람들(father citizens)로 나타나기도 하였다. 결혼 제한법에도 불구하고 얻은 자신의 자식을 불에서 건져 나오는 것을 목격하기도 하였다. 땀을 흘려가며 철도를 건설하였는데, 미국 아이를 갈망하는 것이 왜 안 되는가?"(1989, p.151). 우리는 자신의 언어가 아닌 타인의 언어로 말하도록 것은 일종의 입을 막는 행위라고 느끼는 아프리카계 카리비안(African-Caribbean) 출신인 미셸 킬리프(Michelle Cliff)와 같은 여인에게 주의를 기울였었는가?(1988). 우리 중 얼마나 많은 이들이 아트 스피겔만(Art Spiegelman)의 두 권으로 구성된 정치 만화인 마우스(Maus)를 읽을 의향이 있고 그 고통의 경험에 대해 동참할 의지가 있는가? 스피겔만은 아우슈비츠 수용소의 생존자로서 고약한 성격만이 남은 그의 아버지 블라데크(Vladek)를 언급하는데, 그는 아들에게 유대인 대학살의 경험을 공유하며 분노를 표출한다. 이 책의 모든 등장인물은 동물인데, 유대인은 쥐로, 독일인은 고양이로, 폴란드인은 돼지로 묘사된다. 그 묘사는 "아냐(Anja)의 부모님, 조부모님, 큰 누이 토샤(Tosha), 동생 비비(Bibi), 그리고 우리의 리시유(Richieu)가 사진에 남았을 뿐"이라는 특별한 문화의 해체에 대한 단순한 기억이 아니라, (학교 교사를 포함하여) 일반적인 사람들이 모르거나 외면함에도 불구하고 모든 것이 가능하다는 점을 인식해야 할 필요성을 상기시킨다.

여러 종류의 실존적인 가능성을 향한 우리의 경험(그리고 우리 교육 과정)을 개방하는 일은 한 개인이 공동체를 언급할 때 우리 각자가 생각해야 할 부분을 확장하고 심화하는 일이다. 표면적인 균형(surface equilibrium)과 획일성을 해체하고 분해한다는 것이 특정한 민족이나 인종의 전통을 우리 자신의 것으로 대체할 것이고 대체해야 한다는 의미는 아니다. 예를 들어 토니 모리슨은 "젠더화 되고, 성적이고, 완전히 인종적인(gendered, sexualized, wholly racialized world) 세상에서" 작가로서의 자유를 추구한다고 기술하는데, 이는 "전복하려는 꿈(dreams of subversion)이나 굳건한 벽 앞에서 벌어지는 시위를 넘어서는" 비판적인 프로젝트를 개발하는 일을 저지하지 않는다(1992, pp. 4-5). 이 프로젝트에서 그녀는 미국인의 특성이라는 정의에서 너무나 오랫동안 그 존재감을 거부당한 아프리카계 사람들에게 어떻게 반응할지에 대한 모색을 포함한다. 모리슨은 하나의 지배이념을 다른 것으로 대체하는 데에는 관심이 없지만, 그녀 자신의 관점에서 보는 세상을 다른 사람들에게도 보여주기를 원한다. 그리고 이러한 제시를 통해 다른 이들의 자기 자신의 문화뿐만이 아니라 그들의 문화에 대한 이해의 폭을 넓힌다. 그녀는 우리 모두에게 친숙한 주제, "개인주의, 남성성, 사회적 참여(social engagement) 대 역사적 고립(historical isolation), 예리하고 애매모호한 도덕적 문제, 죽음과 지옥의 모습에 대한 집착에 수반되는 순수함의 주제를 논한다." 모리슨은 미국인들이 무엇으로부터 소외되는지, 결백한지, 차별화되는지 추구한다. "절대 권력에 관해 논의할 때, 이 권력을 누가 거머쥐고, 누가 지탱하고, 누가 분배하는가? 이러한 질문들에 대한 답변은 아프리카계 사람들의 능력 있고 자아-강화적인(ego-reinforcing) 존재감에 기인한다"(p. 45). 비록 한때 미국인들이 황폐함에 대한 개척정신으로 자신의 윤리적 자아를 정의하기도 하였지만, 멜빌이 "흑인의 힘(the power of blackness)"이라고 명명한 것에 저항하여 그들의 백인으로서의 특성을 정의하기도 하였다(p. 37). 그들은 노예제도에 대한 저항을 통해 자유를 성취한 점을 이해했다. 백인 미국인들이 그들의 역사를 이와 같은 방식으로 선택할지 모르지만, 모리슨은 자신만이 창조할 수 있는 비전을 제시하고, 이는 우리에게 세상에 대한 대안적인 유리한 지점을 제공한다. 사실, 다문화주의를 접할 때 생기는 긴장감은 일정 부분 의혹에서 기인한다. 이는 무언가 잘 모르고, 무언가 (피부색뿐만이 아니라 다른 형태로도) 어둡고, 무언가 우리가 구석으로 밀어 넣고, 이해하기보다는 통치하기로 결정하는 "타자(otherness)"와 대비하여 우리 자신을 구명하고자 하는 의혹이다. 모리슨은 내가 대답할 수 없을 것 같은 무언가를 전달한다. "나의 프로젝트는 인종에 대한 논의에서 객체에서 주체로, 수동적인 모습으로 묘사하고 상상하는 자에서 적극적으로 묘사하고 상상하는 주체로, 대접하는 것에서 대접받는 것을 통해 비판적인 시선을 피하려는 노력이다"(p. 90).

이러한 견해에 대한 수용이 특정 문화 집단의 젊은이들을 측정(measure)할 수 있도록 교육과정을 개혁하는 권고는 아니다. 또한 아프리카 중심적으로 사고하는 학자들(Afrocentrists)이 논의하듯이, 아프리카계 미국인의 독특한 경험, 문화 및 전망과 아프리카와의 관련성만에 중점을 두자는 제안도 아니다. 그들이 아프리카계 미국인이든, 히스패닉계이든, 아시아계이든, 여성이든, 유태인이든, 미국 원주민이든, 아일랜드인이든, 폴란드인이든 기타 인종 여부를 통틀어 간과하거나 왜곡해왔던 역사에 대한 복원을 의심할 여지가 없다. 그러나 배제나 왜곡이 모리슨, 엘리슨, 제임스 볼드윈 같은 예술가들이 서구 문학작품들에 몰두하고 그들로부터 배우는 것을 막지 않은 것처럼, 게이츠(Gates)와 코넬 웨스트(Cornel West) 그리고 알랭 로크(Alain Locke) 같은 학자들은 아프리카계 미국인과 유럽계 미국 문화 간의 교류를 더욱 풍부하게 하기 위한 노력을 아끼지 않았다. 예를 들어 모리슨은 새로 발간한 책에서 엘리엇의 시 구절에 대한 소개로 시작하고, 호머(Homer), 도스토예프스키(Dostoyevsky), 포크너(Faulkner), 제임스(James), 플로베르(Flaubert), 멜빌(Melville), 메리 셸리(Mary Shelley)에게 감사의 말을 전한다. 제임스 볼드윈이 도스토예프스키를 읽고 공공 도서관에 푹 빠지는 모습을 잊어버린다거나, 웨스트(West)가 에머슨(Emerson)을 비평하는 모습을 저버린다거나, 멜빌과 헤밍웨이가 엘리슨에게 미친 영향을 무시한 채 이른바 "흑인에 대한 고정관념," 즉 "미국인의 삶에서 비합리적이고 혼란스러운 무력에 대한 이미지"에 관심을 기울인 점에 도달하기란 어렵다(Ellison, 1964, p.55). 우리는 마야 안젤루(Maya Angelou)를 떠올리는데, 어린 시절 스스로 침묵하기로 결정했던 시간들과 그 시간 동안 그녀의 독서량에 대해 생각해 볼 수 있다. 우리는 앨리스 워커(Alice Walker)가 뮤리엘 루케이저(Muriel Rukeyser) 플래너리 오코너(Flannery O'Connor)의 작품에 심취한 모습을 상기할 수 있는데, 그녀는 그들로부터 충전하였으며, 더 나아가 조라 닐 헐스튼(Zora Neale Hurston), 베씨 스미스(Bessie Smith), 소저너 투르쓰(Sojourner Truth), 구웬 돌린 브룩스(Gwen Dolyn Brooks)를 탐색하기도 하였다. 워커는 "또한 오비드(Ovid)와 카툴러스(Catullus)를 사랑했었는데, 커밍스와(e.e.cummings)와 윌리엄 카를로스 윌리엄스(William Carlos Williams)의 시를 좋아했다."(Walker, 1983, p. 257). 그리고 시간이 더욱 지날수록, 더 많은 아프리카계 미국인 문학(그리고 여류 문학 및 히스패닉계 미국 문학)이 우리의 경험을 다양화하면서 시간과 삶, 출생과 관계 및 기억에 대한 우리의 생각을 변화시키고 있다는 점을 알고 있다.

내 말의 핵심은 수용성과 더불어 개방성과 다양성이 필요하다는 점이다. 우리는 다문화주의와 관련한 고정관념조차도 그 고착성을 벗어날 필요가 있다. 어떤 사람을(너무나 자주 일본인, 한국인, 중국인 및 베트남인 문화라는 범주로 묶고 더불어 각 개인의 차이를 무시하면서) 아시아 문화, 혹은 히스패닉, 아프리카계 미국인 또는 유럽계 미국인 문화의 "대표적"인 인물이라는 감각으로 접근하는 일은 "문화," 즉 존재하는 주체를 동질적이고 고정된 존재로 적절하게 표현할 수 있다는 객관적인 현실을 가정한다. 그렇지만 에이미 탠(Amy Tan, 1989)에 등장하는 모성애적인 인물이 맥신 홍 킹스턴(Maxine Hong Kingston)의 "여성전사(woman warrior)"(1989)와 같은 현실을 구현하는가? 리처드 라이트(Richard Wright)의 소설 『네이티브 선(Native Son)』에 등장하는 거대한 토마스(Bigger Thomas)는 『컬러 퍼플(The Color Purple)』에 등장하는 미스 셀리(Miss Celie)와 같은 것을 상징하는가(Walker, 1982)? 우리는 교실 앞 줄에 앉아 있는 학생이나, 뗏목을 나눠 쓰는 사람이나, 또는 술집에서 내 옆에 앉아 있는 사람에 대해 그의 문화적 혹은 민족적 관련성으로는 **알지** 못한다.

문화적 배경은 확실히 정체성을 형성하는 데 중요한 역할을 하지만 정체성을 결정짓지 않는다. 이는 존중해야 할 차이를 만들 수 있고, 이는 이해해야 할 스타일과 방향성을 생성하기도 하며, 고려해야 할 선호도, 가치, 심지어 편견까지도 불러일으킬 수 있다. 예를 들어, 당황스러워 하거나 이국적으로 그녀를 몰아붙이지 않은 상태에서 자메이카 킨케이드(Jamaica Kincaid)의 앤티구안 루시(Antiguan Lucy)와 같은 사람이 왜 워즈워스(Wordsworth)의 시를 통해 외로움을 느끼는지, 그리고 수선화에 대한 그녀의 반감에 대해 (사회적인 규범에 대치하여) 논쟁할 필요가 있는지 없는지 아는 것이 중요하다. 바라티 무케르지(Bharati Mukherjee)의 『자스민(Jasmine)』(1989)에 드러나듯이, 힌두교(Hindus)와 시크교(Sikhs)가 미국에서까지 서로를 이상히 여기는 감정의 이유와 적대감을 내려놓기 위해(서구에서 정의라고 믿는 것을 기반으로 조언을 구하면서) 설득의 방안을 모색하는 것이 중요하다. 혹은 아마도 그들의 감정에 연민을 갖도록 노력하면서, 우리가 그들의 육체적, 정신적 복지를 위한 의사소통 방법을 활용하면서 잠정적으로 그들의 관점을 다른 이의 관점으로 바라보는 방법으로 움직일 수 있을 것이다. 프레리는 일정 부분 모든 사람이 자신이나 자신의 문화를 소중히 해야 한다고 강조하지만, 그 문화가 절대로 절대시되어 그들을 둘러싼 새로운 문화에 대해 폐쇄적으로 되어서는 안 된다고 언급한다. 이런 일이 벌어지면, "의미 있는 새로운 것, 즉 자신의 개인사와 관련하여 새로운 것에 대한 학습조차 어렵게 만든다"(Freire and Macedo, 1987, p.126).

그러나 사람들은 자기 삶의 역사적 주체로서의 그러한 감정을 원한다. 아프게도 미국 주류 문화에서는 야비하고 지속적인 인종 차별 때문에 아프리카계 미국인 젊은이들이 자신의 개인적인 삶의 역사를 긍정적으로 생각하고 자랑스럽게 여기는 것이 어려웠다. 빈곤, 절망, 가족과 공동체의 붕괴, 그리고 도처에 널려 있는 미디어 이미지로 인해 너무 자주 희생, 어두움, 그리고 수치심으로 얼룩진 과거와 대비되는 새로운 이미지를 새롭게 배치하기가 어렵다. 설상가상으로, 모든 면에서 앞서가는 신비화 작업은 미국에서 존경받고 성공한다는 것의 의미를 정의하는 메타내러티브를 창출한다. 여기서 메타내러티브란 소외받는 이들의 삶을 가장 소외된 경계선으로 몰아넣는 일이거나, 혹은 토니 모리슨의 소설『가장 파란 눈』에서 "바깥"이라고 묘사한 바와 같이, 아무 데도 갈 곳이 없는 상황을 연출한다. "바깥이란 그 무언가의 종말, 다시 말해 형이상학적인 우리의 조건을 규명하고 보충하는 데 있어서 회복 불가능하고 물리적인 사실들이다.

신분제와 사회계급에서 소외층으로 살아가면서, 우리는 어쨌든 삶의 끝자락으로 몰렸고, 우리의 약점을 강화하고 잘 버티기 위해, 혹은 의상으로 따지자면 주요 주름의 역할을 하고자 한 걸음씩 기어가며 고군분투하고 있다(1970, p. 18).

『가장 파란 눈』의 첫 문단에『딕과 제인』이라는 필독서 내용을 삽입하면서, 모리슨은 다른 몇몇 작품들이 주류 문화의 공식적인 이야기, 즉 안전한 교외에 사는 가족을 통한 메타내러티브의 강압적이고 변형시키는 효과를 극적으로 묘사한다. 소설이 그 자체로 명시하듯이, 이 아동용 읽기 교재의 앞쪽에는 그림 같은 집, 단란한 가족, 웃음, 우정, 고양이, 개 등의 주제로 묘사되어 있다. 본문으로 향하는 서문의 끝 부분, 특히 피콜라의 아기와 강간범인 아버지의 죽음 이후, 피콜라가 심은 씨앗이 열매 맺지 못하는 장면 이후, 피콜라가 화가 난 장면 이후 기술된 이 부분에서 클로디아는 이렇게 말한다. "왜 라는 질문 외에 더 이상 할 말이 없다. 그렇지만 **왜** 라는 질문은 다루기 어렵기 때문에, 사람들은 **어떻게** 라는 질문 안에서 피난처를 삼아야 한다"(p. 9.) 어떻게 라는 질문에 답하는 과정에서, 자신이 어려서 그리고 조금 나이를 먹고 나서의 관점을 돌아보며, 클로디아는 또한 무기력, 간절함 같이 그녀 자신의 삶의 재료들을 주문하는데, 이들을 그녀가 도와줄 수 없는 피콜라와의 관계, 꽃 피지 않는 씨앗과 그녀의 "삶의 변두리"에 존재하는 이들과의 관계를 중심으로 배치한다. 그녀는 자신의 내러티브를 마이클 피셔(Michael Fischer)가 "기억의 예술(Arts of Memory)"(1986)이라고 명명한 것을 통해 일부 과거와 중요한 관련성을 맺고 자신의 인종에 대해 재해석하는 그러한 자신만의 방식으로 이야기를 그려낸다. 그러한 관계성에서 어떠한 의미를 유추하든지, 그녀는 미래에 의미가 있을 수 있는 윤리성으로 다가간다. 이는 쓰레기 통을 뒤지고 있는 피콜라의 모습을 본 것에 대한 죄책감을 넘어서는 윤리이다. "나는 씨앗을 너무 깊게 파묻지 **않았다**고, 이것은 흙, 대지, 그리고 우리 동네의 문제라고 말한다. 심지어 지금 생각건대, 미국 전체의 땅이 그해에는 금잔화에 대해 야비했다고 생각한다. 어떤 씨앗들은 잘 자라지 않을 것이고, 어떤 과일은 열매 맺지 못할 것이고, 땅이 그 자신의 자발성을 발휘하지 못하면 희생자는 생존할 권리가 없다고 말하고 묵인한다. 물론 우리가 틀렸지만, 크게 상관없다. 너무 늦었다." 찰스 테일러(Charles Taylor)와 아라스데어 맥킨타이어(Alasdair MacIntyre) 모두가 기술하였듯이, 내러티브 형식을 통해 우리의 삶을 이해할 때, 그리고 분명히 비록 다른 우리의 이야기들이지만, 그럼에도 불구하고 이해가능하고, 의미를 만들고, 방향성을 찾고자 하는 동일한 필요에 의해 연결되어 있다.

우리가 알고 있는 다양한 학생들이 그들의 이야기를 분명히 기술하도록 돕는 일은 그들 자신의 삶의 의미를 추구하도록 도와줄 뿐만 아니라 **어떻게** 일이 벌어지고 있는지 알아내고, 그리고 왜라는 질문을 지속적으로 던져야 한다. 이는 프레리가 언급하였듯이 새로운 것을 배우도록, 능숙함과 역량으로 뻗어 나가도록, 사회에 완전히 참여할 수 있도록 필요한 도구를 갖추도록, 그리고 자신이 누구인지 의식을 잃어버리지 않는 가운데 이러한 일들을 수행하도록 그들에게 동기를 부여하는 일이다. 그렇지만 이것이 전부는 아니다. 클로디아가 전달하는 것과 같은 이 이야기들은 우리가 전통이나 유산으로 생각하는 것을 타파할 수 있어야 한다고 핵심적으로 전한다. 그들은 코넬 웨스트가 언급한 바와 같이, 억압받는 자신을 더욱 소외시키는 결핍과 소외에 주목하는 대신, "자신들의 특유한 문화적, 정치적 실천"을 인지하는 것이 중요하다. 예를 들어, 그는 아프리카계 미국인의 저항과 주류 문화에 억눌려 긴 침묵을 지켜온 사람들의 그리고 아프리카계 미국인이 주류 문화에 수 세대에 걸쳐 기여해 온 바에 주목하라고 주의를 촉구한다. 우리는 가스펠, 재즈, 래그타임과 같은 음악을 생각할 수 있고, 흑인 교회를 생각할 수도 있으며, 시민인권운동과 이것이 전해주는 철학과 꿈을 소환할 수 있다. 그리고 뒤돌아보고 주위를 둘러보면서, 용기의 이미지, 생존의 이미지를 간직할 수 있다. 웨스트는 다음과 같이 덧붙여 말한다. "흑인 문화의 실행은 그들이 알 수 **없는** 현실, 현실과 필요의 울퉁불퉁한 가장자리에서 샘솟아 나오는데, 이는 북미에서 행해지는 백인 우월주의라는 역사를 통해 형성된 현실이다. … 이러한 울퉁불퉁한 가장자리(ragged edges)란 먹지 못하고, 쉴 곳이 없고, 건강관리가 없는 것이 아니라, 이들은 모두 흑인 문화의 실행의 전략과 스타일로 유입된다"(1989, p. 93). 다시 말해, 다문화주의를 탐색할 때, 다양한 형태의 아프리카계 미국인 문화를 주로 억압과 차별의 관점으로 정의해서는 **안 된다.** 아프리카계 미국인은 자신의 이야기를 나누는 공간을 개방해야 하는 여러 이유 중 하나로 다른 문화들과는 비교가 안 될 정도의 빈곤과 배제를 언급하는데, 이것이 과거의 존재 방식에 깊이 자리 잡고 있다는 점을 인식하는 것이 중요하다. 고통과 버림받음의 경험들은 그들의 진정한 뿌리를 찾고 종종 왜곡되어 기록된 역사를 수정하도록 이끄는 데 중요하다는 점도 인정해야 한다. 하지만 가장 중요한 핵심은 **모든** 다양한 이야기들을 전할 수 있는 기회를 잠시나마 마련하는 일이다. 이는 소속감과 민족성을 해석하고, 미국의 다원성이라는 옷감에 그들의 경험을 필요불가결하게 머리카락을 엮듯이 감아올릴 수 있기 위함이다.

점점 더 유창하게 후기식민주의(그리고 현재는 후기전체주의)의 목소리가 향상되는 것과 대비적으로 제 3세계의 잠재력이 점진적으로 현실화되는 가운데, 우리는 더이상 "울퉁불퉁한 모서리들이" 예외적이라고 위장하기 어렵다. 우리는 더 이상 "자유세계", "자유시장", "평등", 심지어 "민주주의"와 같은 평가기준 아래에서 이음새가 없는 전체성을 더 이상 논의할 수 없다. "대서양 한복판의 난파선"처럼, "얼굴 없는 얼굴(faceless face)"처럼, "부자연스러운 침묵"처럼, 결핍과 박탈을 우리의 다원성과 우리의 문화적 정체성 측면에서 이해해야 한다. 결국, 대중은 충족되지 않은 필요성과 지키지 못한 약속에 대한 반응으로 그 모양을 만든다. 인간은 불의의 감각에 대응하거나 대상들이 마치 다른 상황이 될 수 있는 것처럼 볼 수 있는 상상력을 가지고 행동을 취하게 마련이다. 민주적인 공동체, 언제나 진행형으로서의 공동체는 과거에 무엇을 달성했고 자금을 조달하였는지에 여부에 그 기반을 두지 않는다. 그것은 생생하게 유지되고, 미래의 가능성을 인지하면서 활력을 받고 주위로 퍼져나간다. 그러한 가능성의 비전, 무엇이 가능하고 응당히 되어야 하는지에 대한 비전을 개발하는 일은 현재의 결핍과 현재의 결함을 인식하도록 조성된다. 자신이 뿌린 씨앗이 열매맺지 않았듯이, 피콜라와 그녀의 아기는 구출되지 않았다. 그러나 점점 더 많은 사람들이 주의를 기울일 때, 묵인 이상으로 나아갈 수 있다. 클로디아가 말했듯이 그들 역시 "물론, 우리가 틀렸다"라고 말할 수 있으나, "그것은 문제되지 않아"라는 생각을 극복하도록 나아간다. 그 순간에, 그들은 스스로를 넘어서고, 자신이 누구인가에 따라 스스로를 선택하고, 개선을 위한 공통점에 도달할 수 있을 것이다.

다양한 관점을 통해 바라보기를 배우면서, 젊은이들은 상호 간의 다리를 연결짓는 데 도움을 줄 수 있고, 다양한 인간의 이야기에 주의를 기울이면서, 치유되고 변화하도록 자극을 받을 수도 있다. 물론 다원성과 차이점을 확인하고 공동체를 창출하기 위한 노력에는 어려움이 있을 것이다. 토크빌(Tocqueville) 시대 이래로, 미국인들은 개인주의와 순응을 위한 동력 사이의 갈등에 대한 해결을 궁금해했다. 그들은 아직 순응의 전체 요구조건에 아직 일부분이 되지 않은 문화에 대한 열정적인 목소리와 어떻게 화합할지, 과정 속에서 그러한 목소리의 신실함을 상실하지 않을지, 최종적으로 무엇이 벌어질지 결정하는지에 대해 순응하는 방향성을 허락하지 않을지에 대해 의문을 가져왔다. 지금 우리 중 많은 이들이 희망하는 공동체는 순응으로 정의되지 않는다. 휘트먼(Whitman)의 언급 방식에서 드러나듯이, 이 공동체는 차별에 주의를 기울이고, 다원성의 아이디어에 개방적이다. 다양성 안에서 생명을 살리는 공동체를 발견하고 재발견해야 하고, 공통점으로 간주되는 것들은 언제나 더 많은 면모, 개방적이고 포괄적이며, 가보지 않은 가능성으로 이끌려야 한다.

그 누구도 우리가 더불어 성장할 수 있는 그러한 잠재적이고 보편적인 세상의 모습을 정확히 예측할 수 없으며, 그 누구도 한 종류의 공동체를 다른 공동체보다 절대적으로 정당화할 수도 없다. 그러나 주변의 모든 긴장과 의견 불일치를 접하고 있는 우리 중 대부분은 정의와 평등과 자유와 인권에 대한 헌신과 같은 원칙의 가치를 재확인하는데, 이러한 덕목 없이는 환영이라는 품위를 위한 논쟁이 불가능하다. 점점 더 많은 사람들이 그러한 원칙을 몸에 담고, 그 원리에 따라 살기를 선택하고 그에 따라 대화에 참여할 때에만 폭력과 무질서로 분산되는 것이 아니라 민주주의적 다원주의를 가져올 가능성이 많다. 그러한 희망과 주장을 위한 객관적인 근거를 제시하지 못하기 때문에 우리가 할 수 있는 일은 정의와 보살핌, 사랑과 신뢰에 대해 논의할 수 있는 것처럼 타인들과 설득력 있고 열정적으로 논의하는 일이다. 리처드 로티와 그가 실용주의자라고 부르는 사람들처럼, 우리는 단지 상호주관적인 동의에 대한 우리의 열망, "최대한 가능할수록 '우리'라는 표현을 확장하고자 하는 열망"을 최대한 구체화할 수 있을 뿐이다(Rorty, 1991, 23). 그러나 우리가 그렇게 행동할 때, 우리는 또한 다원성에서 두드러지는 구성원에 주위를 기울여야 한다. 이들은 공통(common)의 것에 대한 자신만의 관점을 가지고 문화의 이야기에 접할 때, 자기 고유의 이야기로써 상대방에게 나타나며 시간이 지나면서 이들은 변화된다. 우리의 소망은 정의롭고 보살핌이 가득하며, 좋은 것에 대한 다양한 개념으로 충만한 교실이다. 우리는 그들이 구체적이기를 바라는데, 여기에는 가능한 한 많은 사람들이 참여하고 서로에게 그리고 세상에 대한 개방적인 대화를 수반한다. 그리고 우리가 서로를 염려하는 것을 배우듯이, 우리 자녀들도 서로에 대해 염려하는 것을 배우기를 원한다. 우리는 그들이 서로 간의 우정을 돈독히 하기를 원하고, 각자가 고양된 기술과 널리-깨어있음, 가치와 가능성의 개정된 의식으로 나아가기를 소망한다.

마음에 목소리를 품고 가시성을 요청하면서, 뮤리엘 루케이저(Muriel Rukeyser)가 촉구하는 인간 연대성(human solidarity)을 생각하게 된다. 그녀의 비전에 의하면 우리는

관점을 넓히고 바라보고

정체성, 새로운 신호, 과정이라는 신화의 대지 위에 서 있으며,

급박한 필요(urgent need)에 의해, 그 장면을

사진으로 찍고 목소리 넓히고

이러한 의미를 이야기하면서 저 멀리 나른다(carry abroad).

직접 우리에게 말하는 목소리들.

이 세상, 이 힘에서

우리의 움직임에 따라.

우리가 풍성해지고, 더 큰 움직임으로 성장한다 [1938, p. 7].

그렇듯, 우리는 이러한 힘, 다원성을 탐색해보지 않은 저력(un-explored power)과 공동체를 확장해 나가는 경이로움을 찾아나가야 할 것이다.

13

◆

표준화, 공통의 배움, 그리고 다양성

　　우수한 학업(academic rigor), 높은 학습규준, 공통의 배움, 기술적 수월성, 우수성, 평등과 자기 계발과 같은 이러한 주제들은 공교육이 설립된 이후 계속해서 제기되고 있다. 이러한 주제들을 현재의 불안감이 가미된 희망의 순간 안에서 고려할 때, 우리 교사들은(최소한 가끔씩) 우리 민주사회의 본질에 대한 생각과 미래의 세상에 대해서 궁금증을 갖게 된다. 그렇듯, 〈2000년을 향한 미국교육개혁법(Goals 2000)〉의 정의는 명백하지만, 여기에서 들려오는 불협화음도 있다. 종종 희생양이 되고 마는 다양한 배경을 지닌 사람들이 우리의 교수에 도전장을 내민다. 그들은 교육개혁에서 개선안만을 요구하는 것이 아니라, 결과가 확보되는 개혁을 요구하고, 그들은 일들이 안정되고 예측할 수 있기를 원하며, 그들은 학교에서 자신들을 문화적 결핍의 관점에서 바라보는 것을 수정하기를 요청한다. 또 그들은 자신의 관심이 보장받기를 원한다. 종종 빈곤 그 자체가 비효율적인 학교 교육에 대한 비난을 받고, 인종 차별, 사회 계층 요인, 낙후된 주거환경, 그리고 결손 가정 또한 비난의 대상이 된다. 한편 학교들, 특히 소외지역에 있는 학교들은, 그러한 어려움들 앞에서 능력이 부족한 것으로 여겨진다. 개혁에 관한 모든 낙관론과 관련하여, 내가 인용한 교육자들 간의 희망의 순간들, 그리고 때때로 희망 없음은 행정가들과 배우기를 기대하는 이들에게 영향을 미친다.

12장에서 제안하였듯이, 미국은 가장 막강한 권력, 자유시장 경제의 패러다임이자, 서구 자유주의 세계의 대표주자로 자신을 규명한다. 그러나 우리는 교육 시스템에 수반되는 쉽지 않은 일에 주의를 기울일 수밖에 없다. 왜 이토록 강렬하게 학교에 대해 경고하고 이를 부르짖는가? 왜 "보통주의(mediocrity)"의 관점을 그리 무서워하는가? 왜 검열을 합리화하는가? 왜 공식적으로 가치관과 성교육과 윤리교육에 대한 토론을 금지하려고 노력하는가? 왜 학교에서의 기독교식 기도를 위해 끝없는 캠페인을 벌이는가? 왜 총체적 언어학습(whole language)과 포트폴리오의 평가를 단 하루만에 측량 가능한 방법으로 평가하려고 노력하는가? 이는 가끔 사람들이 참여하는 평가방식이 마치 청교도인의 종교 신심을 현대화하여 강압하는 것으로 보이는데, 이는 원시성을 몰아내고 악마를 멀리하려는 노력과 같다.

황폐함에는 물론 여러 측면이 있고, 악마는 많은 얼굴을 가지고 있다. 현재 진행되고 있는 학교개혁을 보면서, 나는 더욱더 절실히 교육자 사이의 진정한 대화를 바라게 된다. 지금이야말로 우리 자신의 목소리를 더욱 명료하게 전달하고, 젊은이들과 함께 하는 이들이 구체성과 특수성을 바탕으로 목소리를 내야 할 시기이다. 학생들과 교사들의 이야기들과 저널들은 교실에서 벌어지는 비인격화를 타파하고 있다. 학교 내에서 대체로 학생에 대해 거의 이야기하지 않는 문화가 있다. 이러한 목소리를 내려는 변화는 아직 공공영역(public space)으로까지 확장되지 않으면서, 교사가 학생에 대해 증언할 기회가 줄어들고, 우리 자신에 대해 자발적으로 이야기하는 경향이 사라진다. 모든 이들은 논리정연한 실행가가 공공영역에서 우리 시대에 미국 교육의 목적이 무엇인지, 아이들의 미래에 대한 걱정이 무엇을 **의미하는지**에 대한 질문들을 경청할 필요가 있다. 더 나아가 "학생들을 우리의 세계로부터 추방하지 않고 그들 자신만의 도구를 사용하도록 보호하고 있는지, 그리고 우리에게 낯선 무언가 새것을 추구하려는 그들의 손을 뿌리치지 않으면서 공동의 세상을 새롭게 하려는 그들의 노력을 미리 준비시킬 만큼 그들을 사랑하고 있는지 그 여부를 결정해야 한다(Arendt, 1961, p. 196). 우리는 어떻게 그 과업을 이해할 수 있는가? 우리는 "공통의 세계(common world)"를 어떻게 이해하는가? 교육 표준화와 교육과정의 틀, 그리고 결과에 대한 논의에서 우리는 아직 사회에서 삶의 목적이 무엇인지, 살아 움직이는 이들에 대한 교육이 무엇을 의미하는지, 젊은이들에게 힘을 부여하는 것이 단지 생활을 유지하고 국가 경제의 번영에 대한 공헌 때문이 아니라, 다른 이들과 함께 살면서 자신의 세상을 어떻게 다시 창조할지에 관한 것이라는 것을 진지하게 다루지 않았다.

우리의 개인적인 경향이 무엇이든 상관없이, 교사는 특히 다양한 목소리, 자신의 독특함을 부끄러워하지 않는 목소리들을 무시할 수 없게 되었다. 이들은 주류라는 보호된 삶의 관점에서 볼 때 이상하게 보일 수 있고 경멸의 대상이 될 수도 있는 삶의 체험과 문화에 대한 언급이다. 또한 산업화되고 기술중심적인 사회 속에서 지위와 보상이라는 관점에서 볼 때 근본적으로 불평등이 조성되어 왔고, 결과적으로는 불평등한 삶의 기회로 이어진다는 문제 상황을 숨기지 못한다. 우리는 이제 성공이 오직 간헐적으로 능력 혹은 실력에 의존한다는 점을 깨닫는다. 우리는 성공이 순수한 노력이 아닌 이미 주어진 이득, 우연성, 혹은 행운에 얼마나 자주 좌우되는지 깨닫는다. 그렇다면 다원주의 사회에서 평등을 추구하고자 헌신하는 공립학교들은 어떻게 사회정의를 위한 경기장에 진출조차 할 수 없는가? 그들은 어떻게 개인적이고 독특한 성장을 위해 더 많은 기회를 제공하는가? 교사인 우리들은 자신의 예측이나 선입견에 좌우되지 않은 채, 세상은 전혀 평등하지도 공평하지 않다고 이미 인지하고 있는 우리 자신과 학생들이 그러한 세상에서 학습할 수 있도록 어떻게 자극하는가?

공립학교라는 영역은 학문적으로나 행정적인 관심이 불규칙적이긴 하지만, 연구와 정책 담론은 그러한 난제의 영향을 받아왔다. 오늘날 더욱 정교하고 난해해지는 인문학 분야에서 학자들은 구조주의, 해체주의, 해석학적인 고립의 장들을 서로 개방할 수 있을지 궁금해 한다. 그들은 제한된 청중의 본질에 대해 생각하는데, 가끔 이들은 대중들이 결국 공항 서점, 텔레비전 프로그램, 그리고 음악 채널을 시청할 수 있을 정도의 기능적인 읽기 능력 정도밖에 남지 않을 것이라고 결론 짓는다. 또는 그들은 만약 자신의 영역을 뻗어 나가기 위해 움직임을 만들고 자신의 전공에서 "그 움직이는 이미지"("Moving Image," 1985) 혹은 록 음악의 문화를 자신들의 특수한 학문 세계로 확장한다면 무슨 일이 벌어질지 추측해 본다. 간혹, 그들은 고전에 대한 정의와 기존에 백인 남성들이 전통을 정의하는 과정에서 유지하고 있었던 것들에 대한 밀려드는 도전을 생각한다. 아프리카계 미국인과 히스패닉계 학자가 늘어남에 따라, 전통적인 학자들은 이러한 변화가 통상 일관적으로 문화를 묶어주는 것으로 인식되어 왔던 문해능력이 자신의 개념에 어떠한 영향을 미치는지 자문한다. 과학자와 기술 전문가는 일반 시민들이 습득해야 할 과학기술에 대한 문해능력의 종류를 입법화하려고 노력하는데, 이는 위기에 대한 처방의 형태를 제외하고는 학교 수준까지 거의 도달하지 않는다. 절망스럽게도 정보지식이 없는, 마치 주문을 외우는 듯한 이들이 DNA 연구, 염색체 연구, 심장 이식, 무기 판매, 생명 유지 시스템, 건강관리, 총기 규제, 에이즈에 관한 의사 결정을 내리도록 믿을 수 있는가? 혹은 그들은 각 분야에서 검증된 전문가, 그 방법론과 표기법을 이해할 수 있고 위험을 계산할 수 있는 이들에 의존하며 가르쳐야 하는가? 어떤 종류의 과학적 문해능력을 전파해야 하는가? 그중 얼마만큼을 가르쳐야 하는가?

그러한 우려들에 대한 대응은 우리의 교육뿐만 아니라 민주주의에도 영향을 줄 수밖에 없다. 다시 한번, 나는 다양한 지역 사회에서 일하는 실무가들은 포스트모던 시대에 민주적인 교육과 민주적인 시민 정신이 무엇을 의미하고 의미해야 하는지에 대한 질문을 던져야 한다고 강조하고 싶다. 결국 무작위 테러, 대량학살, 무고한 이들에 대한 강간이 벌어지는 시대에 사람들에게 무엇을 요구하는가? 우리는 최첨단 기술력이 기본 기술력과 마찬가지로 대량학살, 기근, 3조 달러에 이르는 예산 결핍, (오락과 스포츠 그리고 전통적인 비즈니스와 사업 안에서) 기업들이 통제하는 무제한의 부 앞에서 불충분하다는 점을 깨닫기 시작한다. 노숙자와 각종 중독을 치료하기 위해서는 어떤 종류의 지능이 필요한가? 분열을 극복하고 집단 간 적대감을 극복하기 위해 우리는 무엇을 알아야 하고 학교에서는 무엇을 가르쳐야 하는가? 손쉬운 예로 우리는 로스앤젤레스 폭동을 회상하면서, 이러한 일이 다시 벌어지지 않기 위해 어떠한 종류의 조사가 필요한지 질문한다. 그렇다면 계속해서 비가 내리는 이미지와 같은 미디어 시뮬레이션에서 일반적으로 동의를 이룬 현실과 환상과의 혼란은 어떠한가? 시청자들의 투표로 유죄나 무죄가 확정된다면 법체계에 무슨 일이 벌어지는가? 전화 참여 방식의 토크 쇼가 민주적인 대화를 대체할 때 민주주의는 어떻게 되는가? 다시 언급하자면, 우리는 그것에 대한 사고방식을 어떻게 배우는가? 다른 사람들이 그것을 생각하도록 가르치는 방법은 무엇인가? 물론 표면상으로 소수의 영재이자 우위에 있는 자들의 고급 인지 능력을 보존하면서도, 헥슬러(Hexler)의 표현법을 인용하자면([1932] 1950) "델타스(Deltas)"라고 칭하는 이들에게 제한된 능력으로 준비시키는 일은 분명히 충분하지도 (혹은 심지어 고상하지도) 않다. 모든 학생들의 교육표준을 높이는 것이 그들을 자극하고 교사들이 그러한 방법에 맞추어 교육하면서 결과적으로 국가의 기술적, 군사적, 경제적 우월성을 추구할 수 있다고 제안하는 것도 이해할 수 없다.

물론, 나는 조잡함과 부주의와 수동성과 스타일의 부족을 극복하기 위해 우리가 최선을 다한다고 믿는다. 그러나 우리가 반성적이고 열정적으로 가르치면서 여러 학생들이 현재보다 더 많이 성장하고, 의미를 창조하고, 우리 삶의 경험의 실제들에 대해 더 풍부하고 더 정보력을 갖춘 시각으로 세상을 바라보면서 이들을 더 많은 흥미로움으로 자극할 수 있다고 확신한다. 단일 성취 수준과 단편적인 공통지식으로의 복귀는 빈곤층과 탈선한 이들, 그리고 위험군의 학생들(children at-risk)에게 심각한 불의를 초래할 뿐만 아니라, 우리의 문화적 삶을 희석하고 진정한 의미에서의 공통 세계를 생존하게 하고 이를 지탱하는 일이 더욱 어려워진다는 점이 너무나도 확연하다. 물론 다양한 관점들이 일관성 있는 목적을 정의하기 어렵게 만든다는 주장을 펼치는 이들이 있다. 이들은 위험하리만치 문화를 조각내고, 유의미한 지침과 일반적으로 통용되는 일반적인 규범을 제거한다고 우려한다. 다중성은 또한 아렌트의 표현을 빌리자면 우리 아이들을 어떻게 사랑할 수 있는지 생각해내고, 실무자로서 우리가 알게 된 것에 진실하게 남아있기 어렵게 만든다.

우리가 행하는 일의 상당 부분은 맥락에 대한 인식과 해석에 좌우되기 때문에, 오늘날 학교에서 실제로 요구하는 이미지를 연상시키기 위해서는 상상력이 풍부한 문학 작품으로 전환하는 것이 도움이 될 수도 있다. 분명히, 저널리즘과 사회과학적 자료가 풍부하고, 교육 시스템에 "간섭(interfere)"하는 생태계와 사회체계에 대한 수많은 설명이 있다. 그렇지만 아마도 이러한 설명은 이제 너무나도 그 숫자가 많고 지나치게 친숙하다. 그들은 더 이상 우리가 개인적으로 무엇을 보고 느낄지에 대해 자극을 주거나 방향성을 제시하지 못한다. 반면, 일부 현대 소설들이 제공하는 은유들과 세계들은 그것을 읽는 일부 사람들이 상상의 나래를 펼치게 한다. 만약 그러한 일이 발생하면, 그 독자들은 새롭게 생각하도록 동기가 생기고, 그러한 문제를 엄격함과 새로운 교육과정을 통해 자신의 용어로 바라보게 된다. 결국 이러한 가능성은 젊은이들이 현재 자신의 삶을 뛰어넘어 새롭게 변화하도록 해방한다. 교육 "개혁"에 대한 오랜 논쟁과 토론에서 상상력은 거의 언급되지 않았다는 점에 대해서는 분명히 인정할 것이다. 참여자들은 거의 예외 없이 공식적인 언어의 범주 내에서 기능을 발휘했고, 그들은 개념적인 통념에 동의했으며, 제안서의 내용을 어떻게 다르게 바라볼지 거의 궁금해 하지 않는다.

내가 소개하고자 하는 세 편의 소설은 유토피아적이거나 심지어 정치적이지 않고, 심지어 교육문제 자체를 다루지도 않는다. 문학작품은 단순히 사람들을 "볼 수 있도록 만들어서, 결과적으로 기쁨, 두려움, 매력 등 당신이 원하는 것을 찾도록 격려해 주며, 더 나아가 아마도 당신이 질문하기를 망각한 진리의 일부를 엿볼 수 있는" 능력을 지닌다(Conrad, 1967, pp. ix-x). 제일 먼저 "보아야" 할 것은 이전에 소개한 적 있는 돈 드릴로(Don DeLillo)의 소설 『화이트 노이즈(White Noise)』에 등장하는 "독성 구름"의 이미지이다. 치명적인 화학 물질이 만든 보이지 않는 구름은 미국 중서부 대학 도시의 사람들이 죽음을 직면하게 이끌고, 그들에게 전혀 해석하거나 이해할 수 없는 무게감을 남긴다. 그러나 첫 번째 공포를 체험하고 피난처로 대피한 후, 그들은 그 유독성 구름으로 인해 무슨 일이 발생할지, 언제 그리고 어디에서 그 일이 벌어질지 그 구름의 여파를 기다리면서도, 그 이전의 삶의 방식과 거의 유사하게 살아간다. 현실적이든 아니든, 이 소설의 이미지는 젊은이들이 과학적인 문해능력이 있어 그러한 유독한 구름, 방사능, 환경오염과 같은 보이지 않는 해악적인 요소에 대응하여 과연 무엇을 행해야 할지 숙고하게 만든다. 물론 젊은 물리학자를 많이 양성하자는 논의는 아니다. 학생들이 일종의 사고방식, 즉 잠정적이고 가설적인 사고방식, 주장하는 내용을 뒷받침하는 일종의 지식, 증거를 통한 논증, 유추 능력, 발견한 것과 무엇이 적합하고, 고귀하고, 정의롭고, 인간적인지에 대한 개념을 발견하고 유추하도록 제시하는 능력 개발에 대한 논의이다. 일부 독자는 (나와 함께) 드릴로의 소설 마지막 부분에서 마을 사람들이 슈퍼마켓에서 쇼핑 카트에 제품들을 한껏 채우고 시간을 죽이면서 신문기사의 제목들을 읽어가며 "함께 기다리는(wait together)" 장면을 읽으면서, 젊은이들에게 소비주의와 수동성 그리고 외계인에 대한 환상을 깨우치기 위해, 최소한 현재의 자기 자신을 초월하고 좀 더 나은 질서(better order of things)로 향하도록 추구하는 그러한 중요한 프로젝트를 고안할 수 있기 위해 어떠한 일을 해야 할지 고민할 것이다.

내가 마음에 품고 있는 또 다른 이미지는 안네 타일러(Anne Tyler)의 소설『우연한 방문객(Accidental Tourist)』(1985)이다. 이 소설의 주인공인 메이콘(Macon)은 아주 많이 무심하고, 친숙함에 완전히 빠져 있으며, 이상한 것을 너무 두려워하는 나머지 누에고치 같은 세상에서 사는데, 여기에는 오직 오래된 유아기적 게임들과 단순하고 정확한 언어만이 존재하고, 그러한 일상에 숨기 위해 성인이 되어서도 이러한 타고난 내향적인 가족들이 함께 모여든다. 메이콘은 출장을 갈 때에도 집에서 떠나지 않은 느낌을 유지하고 싶어하는 사업가들을 위한 여행 서적을 출판한다. 그들을 위해 메이콘은 런던과 파리에 있는 모든 맥도날드 지점을 찾아주고, 홀리데이 인(Holiday Inns) 호텔의 위치를 기록하며, 그 누구도 도전이나 낯선 이들과 마주치지 않는 장소들을 제시한다. 만약 메이콘이 기르는 문제투성이의 애완견과 그 애완견이 야기한 모험이 아니었더라면, 그는 크리스토퍼 래쉬(Christopher Lasch)가 명명한 "최소한의 자아(minimal self)"(1984), 즉 정신분열적이고, 개인주의적이며, 활동가로서의 감각이 결여된 그러한 패러다임으로 남아 있었을 것이다.

미약해지는 성인기의 이미지, 전적으로 사적인 영역에서 살았던 삶의 이미지를 인정하는 독자는 내가 궁금해하는 점, 다시 말해 학생들을 단순히 수용을 위한 목적이 아니라, 삶의 상황들을 개방적으로 발견하도록 교육할 수 있을지에 대한 질문에 동의할 것이다. 어떻게 하면 그들이 당연하게 여기는 것에 의문을 던지고, 비판적이고 창조적인 사고와 실제들에 주의 깊게 관여하게 하는 그러한 질문들을 유발하도록 가르칠 수 있을 것인가? 어떻게 하면 우리 주변에서 마주치는 소설 속 주인공인 메이콘(Macon)과 유사한 성격의 소유자들이 공공장소로 이동하고, 사람들 사이에서 무언가 공통으로 존재하는 무언가, 다시 말해 학습을 개인적이면서도 상호주관적으로 가치 있는 무언가로 초대하면서 이들을 일깨울 수 있는가? 나는 단지 확장된 훈육학습(expanded disciplinary learning)을 논의하는 것은 아니다(나 자신은 항상 그것을 희망했지만 말이다). 나는 협동을 통한 노력으로 실제적인 어려움을 해결하는 방식을 말하고자 한다. 이웃의 환경을 개선하기 위해 운동장을 열고, 노숙자들을 수용하고, 거리 공연을 기획하고, 개인 교습 프로그램을 개발하기 위해 함께 모이는 것 말이다. 분명히 이 중 어느 것도 의식이 없는 상태에서 효과적으로 벌어지지 않는다. 각각의 노력은 심지어 문해력을 포함해서 일정 부분 능력의 활성화를 요구한다. 이는 단지 멀리 떠나 있을 때 맥도날드나 홀리데이 인이라는 대안을 찾는 문제가 아니고, 단순히 (메이콘과 그의 가족이 거부하는) 신문을 읽으면서 세상사에 관심을 기울이는 문제도 아니다. 이는 의도적으로 무언가를 찾아 탐색하고, 그 탐색을 위해 필요한 이해력을 추구하며, 아직 알려지지 않은 것을 향해 이동해 가는 문제이다. 이러한 탐색에서는 편안함에 대해 언제나 거부하도록 요청되는데, 이는 일상생활에 주저앉는 것에 대한 거부이다. 그 대안은 종종 권태로움, 무능함 또는 절망일 수도 있다. 의도하지 않게 이는 우연한 관광객이 되어 삶에서 숙고하며 참여하는 것을 피할 수도 있다. 최소한 나에게 있어서 의미 있는 교육과정이나 교수의 방법이란 이러한 이미지가 제시하는 모든 아이디어들을 고려한 것이다.

내가 염두에 두고 있는 세 번째 이미지는 밀란 쿤데라(Milan Kundera)의 책 『참을 수 없는 존재의 가벼움(Unbearable Lightness of Being)』 (1984)에서 비롯한다. 그것은 두 가지 극단의 삶의 종류이다. 하나는 불안정하고, 헌신적이지 않고, 탈 맥락적이고, (흔히 한 나라를 떠나는 이민자의 방식, 길가의 방랑자의 삶의 방식과 같은) "가벼운" 삶의 방식이고, 다른 하나는 "**무게**(weight)"에 짓눌린 삶이다. 그 무게란 공식적인 교조, 혹은 쿤데라가 교조의 "위대한 행진"이라고 부른 것의 무게일 수 있다. 혹은 감정적인 경건함, 구호 및 고정 관념의 무게일 수 있다. 두 가지 무게는 "키치(kitsch)"와 거부, 즉 "죽음의 공포를 막아주는 접이식 스크린(folding screens)"과 연관이 있다. 쿤데라에 의하면, 전체주의적인 "키치"는 사람들의 자유발언을 금지한다. 민주적인 "키치"는 안락하고 신비스러울 수 있는데, 결과적으로 개개인은 진정성을 가지고 발언할 것이 없다. 우리는 젊은이들이 결정을 내리면서 "대단한데(awesome)!"라고 표현하는 것을 들을 때, 그리고 어떻게 대화가 어른들 사이를 갈라놓는지 깨달을 때 민주적인 키치를 경험한다. 우연적이지 않게, 전체주의 국가에서 자유 또는 인권에 관해 진지하게 말하는 목소리와 서적은 반대 의견을 내는 목소리와 서적이고, 한계와 경계를 알고 있는 남성과 여성의 표현이며, 저항을 통해 자신의 인간성을 확인하는 것이고, 무언가 돌파하려는 의도이다. 미국에서 일부 흑인 여성 작가를 제외하고는, 적은 수의 대변인만이 인권이나 자유에 대해 구체적인 감각으로 기술하고 있다. 사람들은 일반적으로 스스로 **자유롭다고** 느끼고, 우리의 주제는 자주 일종의 방황, 모서리에 있는 존재감과 관련이 있다. 영화, 소설, 그리고 일상의 삶에서(광신도 집단과 근본주의 종교 밖에 있는) 젊은이들은 머리카락을 염색하고, 성관계를 맺고, 마약을 시도하고, 음란물을 경험할 때 구속받지 않는다고 느낀다. 그들은 한계를 모르고, 거들먹거리면서 그들에게 진정으로 중요하다고 생각되는 것이 없다고 느낀다. 자선기금 마련을 위한 〈라이브 에이드(Life Aid)〉 공연과 기근의 희생자에 대한 동정심을 표현하는 현상은 나에게 "가벼움(lightness)"을 극복하는 조짐이 아니고, 진지한 헌신이나 실존주의자들이 논의하는 "용기 있는 존재"를 의미하는 것도 아니다.

쿤데라를 읽는 것은 우리 사회의 분단에 관심을 기울일 수 있는데, 특히 미국의 경우 근본주의자들(fundamentalism) 혹은 윤리적 주류의 정신과 존재에 대해 비헌신적이고 무헌신적이며 탈맥락화된 양상, 즉 특별한 관점의 종착점 없이 대상들의 주변부를 뛰어다니는 사람들 사이의 분열이다. 쿤데라는 또한 독자들이 공식적 대변인들의 예산과 적자에 대한 고려가 인간에 대한 박탈, 굴욕과 필요에 대한 걱정을 대체하는, 비용-혜택에 대한 논의에서의 윤리적 공백 상태(moral vacuum)를 생각하게 만들 수도 있다. 한때 그들을 통해 나는 미용실을 지나는 펑크 머리모양을 한 (아마도 내가 만났을 당시 건실하고 약물을 복용하지 않는) 젊은이들과 (국가의 "복지"에 몰두한) 정부의 경제학자나 예산집행자 사이의 관련성을 보게 되었다. 이 두 가지 모두 가치관에 관심이 없고, 그 어느 누구도 진정으로 돌보지 않는다. 그리고 나는 또한 오늘날 가치와 관련한 논의가 어떤 경우 가정의 가치, 가족의 덕목, 그리고 순결을 명목으로 낙태, 피임, 그리고 에이즈 환자를 위한 약물치료센터나 호스피스의 설립에 적극적으로 반대하며 정치 행진에 나서는 이들이 장악하는 것을 생각하게 된다. "사회적 약자에 대한 집단적 책임"(Norton, 1985) 혹은 사회적 약자 우대정책(affirmative action) 혹은 교육과 예술에 대한 지원 확대를 지지하는 이들의 주장 혹은 그 논리가 너무나 힘이 없거나 도식적이다. 그들은 거의 학생들이 자신들의 은신처에서 벗어나 주위 환경을 바꾸고 주변 사람들을 돌보도록 깨우치지 못한다.

가벼움과 무게감, 혹은 가치가 없는 것(value-free)과 교조적인 것(dogma-heavy)과 같은 주제야말로 우리가 대화해야 할 양극단의 내용이다. 우리는 주요한 대화가 언제나 권장되고, 상호 의존성을 인식하면서 다양한 견해를 인정할 수 있는 그러한 살아 있는 의사소통이 가능한 교실 상황을 조성할 수 있을까? 듀이의 전통에서 보자면 우리가 알다시피, 상황에 대한 고안을 그 핵심으로 두는데, 여기에서 선호도가 어느 정도 나타난다. 선호도란 충동이나 단순히 발생하는 반성적이지 않은 욕망과 차별된다. 만약 젊은이들이 대안적인 가능성을 규명할 수 있고, 그들이 선호하는 방향에 따란 선택할 수 있다면, 그들은 자발적으로 학습법을 배워야 하는 **이유**, 그리고 세상이 보이는 방식으로 만들어진 것이 이미 결정된 것인지 그 여부를 탐색해보는 이유를 지니게 된다. 듀이는 "자아는 이미 만들어진 무엇이 아니라, 행위(action)를 선택하면서 꾸준히 구성되는 무엇이다"(1916, p. 408)라고 언급하였는데, 우리는 행위를(행동behavior과 달리) 주도적 행동에 대한 반성적인 태도, 새로운 시작에 대한 기획, 정확히 예측 불가능하지만 가능성으로서의 대상을 향한 전진으로 간주한다.

물론, 일부 실행자들은 매우 다른 잠재력을 가진 학생들이 자신들을 위한 정체성을 형성할 수 있는 적절한 행위의 과정을 발견하도록 도와주는 일에 관심이 있다. 자신의 올바른 행위를 찾는 일은 활동가(agency)라는 주도적인 모습을 발견하는 것일 수 있는데, 이러한 활동가란 타인과 함께 살아가는 능동적인 저자이지 단순히 수동적인 방관자라든지 우연히 접하는 관광객이라든지 군중 속에서 익명의 구성원이 아니다. 젊은이들은 세상의 특정 장소에 자리 잡고 있음을 인지하고 다른 이들과의 의사소통을 통해 무엇을 발견할 수 있는지 찾아가면서 때로 키치의 무게와 참을 수 없는 가벼움을 피할 수 있을 것이다. 우연히도 그들은 결정적이고 정형화된, 또한 그들을 무기력하게 만드는 (그리고 그들의 무력함, 무책임, 수동적으로 만드는) 그러한 강압을 다룰 수 있는 자신을 발견할 것이다. 자유는 삶의 한 가운데서 그리고 다른 사람들과의 관계 속에서의 성취이다. 사람들이 어떠한 양태의 자유를 획득할 때에는 자신을 둘러싸고 제압하는 그러한 환경에서 의식적이고 주의 깊은 전환을 통해 이를 성취하는 것이지, 단순히 맥락을 벗어나거나 충동이나 욕망에 대응하는 방식으로 자유를 성취하지 않는다.

그리고 대부분의 사람들이 행동력을 키워나가고 한정된 세상에 적극적으로 참여하기로 결정하면서 자신의 정체성을 발견한다는 점은 명백하다. 인권 운동가들이 얼마 전에 체험한 바와 같이, 여성인권운동가들이 꾸준히 발견하는 바와 같이, 소수인종들이 반복적으로 발견하는 바와 같이 자유란 특정 상황 속에서 점진적으로 획득하고 성장해야 하는데, 이러한 상황은 지적으로 완성되는 것이 아니라 이를 지속적으로 규정하고 이해하는 가운데 진행된다. 이러한 관점에서 보는 교육학적인 시사점은 다양하며, 점점 더 통제되고 관리되는 세상을 살아가면서 인간의 자유와 실천가로서의 감각을 포괄하지 않는 일련의 교육의 목적을 생각하기란 어렵다.

유해한 구름과, 난해한 위협, 소비주의, 개인주의 그리고 자아의 위축, 정처 없음의 무효성(void of rootlessness), 그리고 자유의 부정적인 모습, 도그마와 경의를 표함의 무게, 대화의 부재, 공공 공간의 상실, 이러한 모든 것이 공통의 학습, 우수한 학업, 위계질서, 그리고 심지어 수월성과 무슨 관련이 있는가? 카타린 스팀슨(Catharine Stimpson)은 "인문학에서의 수월성은 (예술 작품 그 자체와 이러한 작품에 대한 학습) 의식과 활력에 대한 가슴 벅찬 맹세를 드러내야 한다"라고 기술한다(이 구절을 읽으면서 나는 "의식과 활력"에 대한 나의 관심이 내가 기술적인 습득과 측정 가능한 기술보다 더 많다는 것을 깨닫는다). 그녀는 "수월성에 대한 탐구는 뛰어남, 우수함, 양호함, 형편없음과 같이 위계적으로 나열하는 일원적인 전통이 아닌, 판단하고 즐기고, 새롭게 판단하는 다원적인 전통을 창출한다고" 기대하는데(1984, 8), 나는 그녀가 옳기를 바란다.

이러한 낙관적인 견해에서 출발하여 우리 학교에 새로 유입되는 수천 명의 이주민, 즉 셀 수 없는 수많은 문화권에서 온 이민자들이고, 상징 시스템과 사물을 보는 방식과 세상에 존재하는 방식에서 자신의 특유성을 간직한 이들에 대해 무엇을 발견할지로 시선을 옮기는 일은 유혹적이다. 또한 "다중 지능"(Gardner, 1983)에 대해 배워나가는 것으로 교육의 방향을 움직이는 일이 매력적이다. 논리-언어학 지능에서 수학지능, 문해능력, 신체 지능, 음악 지능에 이르기까지, 모든 잠재적인 양상은 방법을 아는 것과 대상의 모습과 경험된 세상을 다루는 것을 포괄한다. 물론 일반 교육과정이 세심한 주의를 기울이지 않는 모습, 기술력의 성장에 공헌하지 못하는 것처럼 보이는 모습, 쉽게 측정가능한 방법으로 성취결과를 보이지 못하는 모습을 반드시 유념해야 한다. 예를 들어 오페라 가수가 되기 위해 요구되는 기교와 "예술성"을 염두에 두고 있다(Howard, 1982). 여기에는 움직임과 인지적 활동 간의 상호작용과 무용수에게 요구되는 "능력(literacy)"을 규명하는 시공간 안에서의 예술을 창조하는 과정이 존재한다. 또한 캐비닛 제작자와 오토바이 기술자와 기계전문가를 생각할 때 이들은 나무, 금속 부품 및 복잡한 기계의 내부와 자기 자신을 연결한다.

　　다른 많은 교육적, 철학적 탐구자들과 유사하게, 나는 단면적 위계질서보다 다원성과 다양성을 선호한다. 우리 학교에서 다양한 영역에서 요구되는 자질을 양성하는 것과 관련하여 학문적 우수성을 생각할 때, 다양한 영역의 수월성을 찾고자 노력하고 싶다. 듀이가 그러했듯이 마음(mind)을 동사로 간주하는 것이 여전히 의미 있는 것으로 보이는데, 이 동사는 "우리가 자신을 발견하는 상황을 의식적으로 명시적으로 다루는 모든 방법"을 나타낸다(1934, p. 263). 물론 우리가 다루는 세상이란 우리가 속한 문화와 이에 대한 선이해로부터 영향을 받는 동시에 (어떤 방식으로 해석하더라도 공유할 수 있는) 우리 공동의 세상, 즉 이를 해독하기 위해 타인과 협력하면서 창조하고 재창조해 나가는 세상으로부터 영향을 받는다. 그렇지만, 마음의 특정한 자질에 주의를 기울이면서도 우리는 다양한 관점을 허용하고 더 나아가 그러한 다양한 관점에 대해 경축할 수 있다.

　　영국 철학자인 리차드 피터스(Richard S. Peters)는 수월성을 다음처럼 명시한다. "[수월성이란] 우리가 다양한 활동을 하는 방식과 연결되어 있다. 우리는 비판적으로 토론하거나 생각한다. … 우리는 창조적으로 페인트를 칠하거나 요리를 하고, 인격의 통합성은 우리의 윤리적인 삶이나 예술 작품 안에서 제시된다"(1975, p.121). 달리 말해, 구체화할 수 있는 능력들이 만약 전적으로 개발되면 수월성이 **된다**. 비판적으로 사고하기, 창의적으로 일하기, 예지력과 끈기와 성격의 강점의 힘을 보여주기가 좋은 예이다. 이번 장에서 수월성에 도달하기 위한 잠재력으로 내가 지목한 자질들은 임시성, 증거에 대한 관심, 비판적이고 동시에 창의적인 사고, 대화에 대한 개방성, 활동가로서의 감각, 사회적 헌신, 그리고 관심이다. 그들은 또한 "의식과 생명력"을 위한 활력을 지닌다.

　"우리가 다양하게 활동하는 방식"에 대한 관심은 모든 사람을 똑같이 수량화하거나 측량가능한 실체로 여기는 일과는 차별화된다. 그럼에도 불구하고 피터스(Peters)와 다른 이들과 마찬가지로, 나 역시 우리가 소중히 여기는 마음의 자질은 진공상태가 아닌 특정한 경험, 대부분 학교 교과목을 통해 개발될 수 있다고 믿는 경향이 있다. 점차적으로 마땅히 그래야 한다는 당위성과 (지식, 훈육, 삶의 형태라는 분야 안에서) 획득 가능한 점차적으로 구체화되는 감각과, 활동가로서의 의식 다시 말해 세상을 살아가는 의식적이고 책임감 있게 존재하려는 의식 사이에는 관련성이 존재해 보인다.

　그렇지만 표준화되고 공통화된 현실, 즉 모든 사람을 똑같은 방식으로 수용하고 숙달해야 한다는 강조가 젊은이들을 초월하려는 열망을 심고 (개개인으로서) 자신이 생각하기에 최고가 되고 싶다는 그러한 열망을 자극하리라고 보지 않는다. 더 나아가, 많은 이들이 유산이나 전통이라고 간주했던 것들이 지니는 배타성을 인식하게 되었다. 전통은 더이상 자연적으로 북반구에 사는 서구남성의 전유물로 취급되지 않는다. 잠시라도 자신과는 다른 문화에서 온 젊은 학생의 시각을 취하는 일은 인간의 역사, 시간, 죽음, 권력, 심지어 사랑의 임시적인 특징을 인식하는 일이다. 히스패닉 계통이 아닌 교사들은 최근에 와서야 가브리엘 마르케스(Gabriel Marquez), 카를로스 푸엔테스(Carlos Fuentes), 호르헤 아마도(Jorge Amado), 마누엘 푸이그(manuel Puig), 그리고 심지어 호르헤 루이스 보르헤스(Jorge Louis Borges)를 발견하였다. 마르케스가 『백년 동안의 고독(One Hundred Years of Solitude)』에서 제시하는 허구적인 실제들과 보르헤스가 『픽션들(Fictions)』에서 기술한 다양한 점들은 우리가 살고 있는 구성된 사회현실을 파악하는 과정에서 우리 자신이 얼마나 일차원적이었는지 깨닫도록 충격을 안겼다. 분명히, 우리가 극동 지방과 인도의 문화와 문학을 접할 때도 마찬가지일 것이다. 베트남인, 중국인, 태국인 젊은이들이 백인 교사를 접할 때나, 학생과 다른 유산을 지닌 교사라면, 우리는 더 이상 우리가 인문학이나 역사라고 부르는 것을 서구의 형식과 사건만으로 한정할 수 없다는 점을 깨달아야 한다. 또한 역사와 문화 그리고 경제 발전에서 여성으로서의 삶과 경험을 소개하는 방식은 여성뿐만 아니라 남성들의 사고방식을 전환하도록 자극해왔다. 이는 우리에게 전달되는 그림의 구성과 이에 수반되는 윤곽과 색상 그리고 그 전송을 담당하는 미디어를 변경하는 것뿐만이 아니라, 그 국가의 유산, 진정한 문화적 소양, 그리고 우리에게 부각되는 교육과정에 대한 근본적인 재개념화를 지속적으로 수반해야 한다.

텍스트와 이미지와 형식에 관련한 연구가 발표됨에 따라 더욱더 많은 선택이 가능하기 위해서는 의심할 여지 없이 교육과정의 확장과 심화가 필요하다. 교사들은 더 많은 학생들이 자신의 학습 과정에 집중하고 그들 자신에 대해 자기-반성적이 되도록 더욱 더 깊이 사고

해야 한다는 점을 인식하고 있다. 인문학뿐만 아니라 자연과학과 사회과학에서도 이미 확장된 지식에 대한 해석적 접근법(interpretive approach)은 교수-학습에서 인정받고 있다. 물론 해석은 특별한 영역에서 특별한 주제(혹은 탐구자 혹은 학생)를 위한 의미의 개방에 집중한다. 그들은 또한 상호주관적인(intersubjective) 의미일 수도 있는데, 여기에는 공동체 구성원으로서의 전망을 구체화한다. 그들은 지엽적이고 즉각적이며 클리포드 기어츠가 명명한 "세계적 구조들의 가장 세계적인" 구조들, 다시 말해 더 넓고 넓은 맥락으로 꾸준히 향하는 그러한 구조 사이를 지속해서 이동할 수 있다. 기어츠는 다른 이들과 함께 다양성을 "현대 의식의 정점"으로 강조하면서, "일종의 사고 과정으로서의 문화기술지(ethnography)"를 요청한다. … [이는] 현재 우리의 사고 방식에서 급진적 다양성에 대한 우리의 감각을 더욱 심화하는데, 이는 다양성에 대한 우리의 인식을 교과, 방법론, 기교, 학술적 전통과 그 밖의 단순한 전문적 영역을 넘어 우리의 도덕적 존재라는 더 큰 틀로 확장하기 때문이다"(1983, p.161). 그는 또한 의미로서의 삶과 해석의 삶에 몰두한다. 그는 또한 다른 관심사와 다른 질문들이 기존의 기호 체계를 타인을 위한 통로를 개방한다고 확신한다.

　물론 우리 모두는 타인, 텍스트, 예술 작품, 게임, 구조화된 학문과의 만남을 통해 외부 세계로 확장되는 기억을 지니고 있다. 행운이 깃들었다면 우리는 특정 텍스트에서 다른 텍스트와 다른 형태의 표현으로 우리 자신을 이동할 수 있는 그러한 종류의 개방된 수용성을 개발할 수 있었을 것이다. 오늘날 다양한 젊은이들에게 발생하는 그러한 경험을 표현할 수 있는 비유가 있어야 한다. 학생들은 자신의 지역 사회를 경험하고 가끔 그들 자신도 아직 모르는 지역 사회에 대한 호기심을 펼쳐가는 가운데, 그 공동체를 지지하고 그 공동체에 이름을 짓는 기회가 주어져야 한다. 모든 사람이『햄릿』혹은『미들마치(Middlemarch)』혹은 루이스 토마스의『세포의 삶(Lives of a Cell)』을 읽는 것이 (비록 내가 이들을 보류하기 전에 신중히 고려할지라도) 절대적으로 필요하지 않다. 무슨 책을 읽기로 선택하든지 돌봄과 진실성, 비판적이고 창의적인 사고, 지속성, 그리고 더 넓은 지식과 젊은이들이 스스로 가르칠 수 있는 장기적인 상황으로 유입시키기 위해 어떠한 참여가 **꼭** 필요한지 집중하는 일이 중요하다.

교육표준들과 우수성을 논의하는 가운데, 젊은이들이 교과 혹은 그들이 쏟는 노력과 전망의 가능성을 연계하도록 의사소통하는 것이 근본적으로 중요하다. 듀이가 노트르담 대성당이나 렘브란트 그림을 진정으로 이해하기 위해 어떠한 노력과 이해가 필요한지 기술한 점을 상기해 보자. 이는 "단순히 보는 것"과 단순히 작품에 정확한 이름을 부여하는 것 이상이다. "예술가의 역할이 존재하는 것처럼 감상자의 역할도 있다. 이러한 임무를 수행하기에 너무 게으르고, 빈둥거리거나, 관습에 무감각한 사람들은 제대로 관찰하거나 경청하지 않을 것이다. 그의 '감상(appreciation)'은 일상적인 존경의 규범에 순응하는 방식의 학습을 혼합한 짜깁기에 불과하다"(1934, p.54). 다른 이들 (비평가들과 교육자들과 철학자들)도 같은 방식으로 우리를 초청하는데, 이들은 우리를 부주의, 어리석음 그 이상으로 초대한다. 만약 그 작업이 진정으로 수행된다면 여러 종류의 여정이 우리 앞에 펼쳐져 있을 것이다.

완고함을 극복하는 일은 심미적이거나 해석적인 것과 더불어 알아가는 방식에서 매우 중요하다. 분명하게도 학생들은 설명하고, 판단하고, 구조화하고, 유추하고, 분석하는 다양한 방법을 안내받아야 한다. 더 나아가 탐구 방법(mode of inquiry)의 타당성은 의미로서의 삶과 상호주관적인 세상에서의 의사소통에 공헌하는 방식에서 찾아야 한다. 우리가 교육의 목적에 대해 심사숙고할 때, (삶의 맥락 안에서) 교육의 주요 쟁점은 인간이 자신의 삶의 상황과 아직 가보지 못한 가능성에 대해 점점 더 깊게 주의하도록 그 가능성을 열어두어야 할 것이다. 우리가 사용하는 언어와 기호 체계는 매우 다양한 인간 경험을 주제화할 수 있고, 그 시대를 살아가는 이들의 문화를 대화를 통해 다양하고 의도적으로 소개할 수 있도록 그 가능성을 제시할 수 있어야 한다. 자신의 경험을 지적으로 제시하려면 지금 사용하고 있는 언어가 일정 수준에 이르러야 한다. 우리는 학생들이 필요한 수준에 책임감 있고 반성적인 태도로 도달하여, 자신들과 그들의 삶의 세계에 이름을 부여할 수 있도록 도와주어야 한다. 물론 이러한 이름 붙이기는 결코 완성될 수 없고, 학습이란 학생들이 수정이 필요한 결핍과 결함을 인식하고, 이를 언제나 수리하면서 한 개인이 계속해서 변호를 향해 뻗어나갈 것을 요청한다.

그렇다면 내가 공통점(the common)이라고 부른 것을 끊임없이 존재 속으로 유입해야 한다. 참으로 우리는 특정 시간에 대표적인 텍스트와 예술 작품을 사용할 수 있고, 다양한 영역에서 패러다임의 사례들을 사용할 수 있으며, 심지어 대중 예술도 사용할 수 있다. 이 세계의 대상과 사고에는 항상 유동성이 존재하며, 의미의 네트워크상에서 그 유동성을 포착할 필요성이 항상 존재한다. 그 네트워크가 무엇이든지 간에, 그 초점은 바로 고정화된 것을 제거하고, 단면적인 모습을 거부하고, 더욱 중요한 대화 장면에서 여러 사람들의 다양한 음성을 명확히 해야 한다는 점이다.

아렌트는 한때 우리 문화의 문제점은 시와 철학에 대한 대중들의 존경심 부족에서 기인하는 것이 아니라 그러한 존경심이 "시간이 지나면서 파괴되는 대상들을 구제하는 하나의 공간을 구성하지 않기 때문이다"라고 지적했다. 우리는 교육에서 그러한 공간이 존재하도록 책임감을 지녀야 한다는 사실에 도달했는지도 모른다. 아렌트는 그러한 공간의 현실에 대해 다음과 같이 계속해서 언급한다.

> [그러한 공간은] 공통의 세계가 그 자체로 나타나고 어떠한 공통적인 측정이나 분모도 고안되지 않는 셀 수 없는 관점과 면모의 동시다발적인 존재에 대한 응답이다. 공통의 세계가 모두의 공통된 모임의 장소이기는 하지만, 현존하는 사람들은 그 안에 다른 장소를 가지고 있다. … 타인에 의해 보이고 들리는 것은 그들의 유의미성이 각자의 다른 위치에서 보고 듣는다는 사실에서 파생된다. … 자신의 정체성을 변화시키지 않으면서도 다양한 측면에서 많은 사람들이 볼 수 있는 곳에서만, 그래서 결과적으로 그들 주위에 모여든 이들이 완전히 다른 다양성 속에서 동일성을 보게 될 때에만 비로소 세상의 현실은 진실하게 되고 신뢰가 나타날 수 있다 [1958, p. 57].

나는 "세상의 현실"을 공통의 학습으로 유추하고 싶고, "무수한 관점을" 우리가 배우기 위해 학습하는 이들의 다양한 삶의 경험으로 규명하고 싶은데, 증대되는 열망, 기교, 그리고 표준과 스타일의 감각에 따라 수행하고 싶다. 다양한 사람들이 가능한 한 접근하기 위해서는 수월성의 공간이 있을 **수 있다.** 상상력의 연습(excercise of imagination)을 통해 개인은 유의미함에 대한 감각을 획득할 수 있는데, 유의미함이란 그들이 "언제나 더 경험해야 할 것이 있고, 우리가 예측하는 것보다 더 많이 경험할 수 있다"는 점을 깨닫도록 조력하는 일이다(Warnock, 1978, p. 202). 이 사실을 알게 된다면, 젊은이 자신은 고전분투하고, 자신을 능가하고, 자신을 초월하도록 감화받을 수 있을 것이다. 교육의 목적에 관한 대화에서 학습표준 및 공통 학습(common learning)은 인간의 선택에서 발현되는 것으로 보일 수도 있다. 결국, 이는 우리의 목적들에 근본은 인간 공동체 안에서 인간의 자유에 대한 성취이다. 분명히, 그것은 우리 세계의 미래에 대한 궁금증과 많은 관련이 있다.

14

◆

다양한 목소리와 다양한 실제

이미 반세기 이전에 알버트 카뮈(Albert Camus)는 인간이 명료성과 존재하는 모든 것을 설명할 수 있는 원칙을 오랫동안 원해왔지만, 전문적인 합리주의자들(professional rationalists)만이 추상적이고 일반화된 확실성을 제공한다고 선언한 바 있다. 그리고 그들이 이러한 확실성을 수행할 때, "실용적인 면이든 윤리적인 면이든 그러한 보편적인 이성과 결정론과 같이 이 모든 것을 설명할 수 있다는 그러한 범주들은 품위 있는(decent) 이들을 냉소로 몰아넣는다. 그들은 이러한 마음과는 전혀 관련이 없다"(1955, p. 21). 오늘날 현대 의식의 어마어마한 다양성을 논하는 목소리들은 "일반적인 출발점(general orientation)의 이미지—인문학적 연구(또는 과학적 연구에서 비롯된 것)에서 성장하는 이미지—가 환영에 불과함을 직시하게 한다. 이는 그러한 일관적인 인본주의(unitary humanism)에 근간한 수업이 완전히 부재하고(적절한 욕조와 편안한 택시들처럼) 수많은 사물들이 소멸했기 때문이 아니라, 근본적으로는 학술적인 권위의 근간, 고전서적과 오래된 매너(older manner)에 대한 합의가 사라졌기 때문이다"(Geertz, 1983, p. 161). 물론 기어츠는 "전적으로 양립 가능할 전망이 없는 무질서한 대중(a disorderly crowd)"의 상호 작용, 다시 말해 일반적인 의식(general consciousness)에 최대한 가깝게 도달할 수 있는 그러한 조건을 창출하기를 희망한다. 그 희망은 어휘력을 발달시키는 능력을 통해 펼쳐지는데, 이는 우리의 다양성을 형성할 수 있고, "서로 신뢰할 수 있는 발언권"을 부여하는 그런 어휘력이다(p. 161). 나는 여기에 희망을 보충하여 덧붙이는데, 이는 사람들의 삶의 경험에 기반을 둔 유리한 지점과 각 개인의 "삶의 세계"(Husserl, 1962, pp. 91-100)라고 불리는 지점을 통해 제공받을 수 있다.

결국, 그와 같은 특별한 관점들에서부터 기존에 길거리나 학교에서 마주하지 못했던 그러한 수많은 이주민들에 대한 의식을 갖게 된다. 그러한 자신의 처지에서부터 우리 대부분은 이전에 거의 주의를 기울이지 않았던 목소리를 인지하면서 충격에 휩싸여 왔다. 이는 여성, 소수 집단의 구성원들과 동성애자와 장애인들의 목소리뿐만 아니라, 어린이, 병원과 호스피스의 환자, 중독자, 방랑자처럼 피난처, 치료, 혹은 소소한 행복과 소소한 기쁨을 찾아 헤매는 사람들의 목소리들을 포함한다. 실제로 일부 분야의 학자들이 그들 전문 분야의 고립된 시각에서 벗어났지만, 끝없이 다각적인 세계를 실제로 접하는 간 학문적인 시각은 이제야 겨우 파악하게 되었다. 해석학이나 인문학의 재개념화의 영향이었든, 일원론적인 발언에 반대급부인 이종어(heteroglossia), 즉 여러 해석이 가능한 언어에 대한 지각이었든지 간에, 우리는 진리나 고정된 범주에 대한 단일적인 언어들을 경계해 왔다. 우리는 이제 인식의 방법으로 이야기하기(storytelling)를 중요하게 여기고(Bruner, 1986, pp.11ff.), 내러티브와 정체성의 성장(growth of iden-tity)과의 연계성을 인식하며, 우리 자신의 이야기를 형성해가는 동시에 다채롭고 그 표현의 관점이 다른 타인의 이야기를 개방적으로 접근하는 태도를 가치롭게 여긴다.

　　내가 기술해 왔듯이, 이야기의 중요성을 인식하고 단순한 개념화보다 이해에 초점을 맞추는 방법론은 수많은 교육학자와 다른 이들이 상상력을 바탕으로 문학을 통해 인문학의 관점을 심화하고 확대하도록 이끌어 왔다. 예를 들어, 우리는 미국의 역사, 인구 통계학과 경제학 관점에서 미국 노예제도에 대해 어떻게 학습해 왔는지 회상해볼 수도 있지만, 토니 모리슨의 소설 『비러비드』를 통해 그 의미를 추구하는 과정에 동참할 수 있다. 이를 통해 노예제도에 대한 새로운 관점을 견지하게 되고, 아마도 치솟는 분노나 실제적인 삶의 상황을 통해 노예제도를 바라보면서 노예로서의 삶에 대해 더 많은 것을 인지하게 될 것이다. 그리고 아마도 상실에 대한 우리 자신의 직접적인 삶, 체험과 마주하게 되는 우리 자신을 발견할 것이다. 문학은 역사적인 기록을 대체하지는 않지만, 문학을 통한 체험은 독자의 의식 안의 모든 종류의 회로로 접근하게 되는데, 이는 노예제도를 통해 아동 학대와 같은 우리의 현재 직면 과제를 조망할 수 있다. 우리는 반성적인 실천가(reflective practitioners)가 상식선에서 실제적인 일을 수행하는 과정에서 보여주듯이, 즉각적인 판단력과 일반적인 원칙과 범주 사이를 선회한다. 우리는 보고, 듣고, 그 의미를 연결한다. 만약 상상력이 발현되지 않으면 알 수 없을 그러한 면모에 참여하게 된다. "오직 상상력만이 우리를 영원한 현재성의 굴레로부터 탈피시키고, 상상력은 창안하거나 가정하거나 무엇을 가장하거나(pretending) 새로

움의 길을 발견하면서, 결국에는 이성(reason)적으로 무한한 선택의
영역으로 인도한다. 이는 선택의 미로(the labyrinth) 속에서의 실마리이
고, 황금빛 실마리이고, 적절하게 인간적인 자유로 향하게 하며, 마음
의 비현실성을 받아들일 수 있도록 개방된 자유로 우리를 이끄는 그
러한 자유이다"(Le Guin, 1989, p.45). "비현실성(unreality)"을 받아들이고
공유하면서 우리는 증가되고, 확장되고, 개정의 여지가 있는 다양한
종류로 구성된 사회의 실제로 돌아갈 수 있을 것이다.

　　그렇지만 어떠한 새로운 현실도 완성되거나 전적으로 일관되지
않을 뿐 아니라 어느 것도 확정을 짓지 않는다. 그러므로 우리는 열
린 질문들, 예를 들어 실제에 대한, 학습과 관련하여 교육 연구에 대
한 질문과 직면한다. 이는 우리를 더욱 더 저 멀리 있는 질문들로 인
도하는 그러한 종류의 질문들이다. 나는 또한 무정부주의(anarchy)나
전적인 불협화음(total cacophony)의 악몽과 같은 다양한 이미지에 응하
는 이들을 묘사해왔다. 그러한 관찰자들은 주위를 둘러보고 대치하
는 의견이나 충돌하는 해석을 들을 때, 무엇이 자신을 미끄러지게 하
고 기초를 흔드는지 인지한다. 언어 공동체(language community) 내에서
이러한 관찰자들은 근본적으로 위험하다고 간주하는 듯하다. 그들
은 문화적 문해능력이라는 벽을 세우고 "뛰어난 네트워크"를 계획한
다. 그들은 "미국인 마음의 종점(closing of the American mind)"(Bloom, 1987)
에 대해 한탄하고, 매우 예민한 영역으로 다시금 **우리** 마음의 눈을 돌
리도록 불협화음과 이종어(heteroglossia)와 우리 가운데 있는 이방인을
초월하여 우리의 근간에 있는 무언가 객관적이고 지속적인 것을 발
견하도록 요청한다. 정부와 적절한 기술적 훈련이 부족하다고 탄식
하는 목소리를 낸다. 대개 그들은 학생들이 느끼는 배제감, 버림받음,

그리고 소외감을 무시하면서 더 많은 독백, 직선적인 기술 개발의 특별한 면모에 더욱 더 중점을 기울이도록 요구하는 독백들을 전한다. 그들은 새로운 세대의 수월성, 새로운 기술력에 대한 반응적 접근들에 초점을 맞춘다.

물론, 우리 교사들은 젊은이들에게 기대하는 새로운 "시장의 요구"를 알고 있다. 우리는 얼마나 많은 학부모들이 성공과 존경에 대해, 그리고 어떻게 하면 자신의 자녀들이 안전하게 그 지점에 도달하도록 안내할지에 갈증을 느끼는지 알고 있다. 물론, 우리는 젊은이들의 삶을 참혹히 무너뜨리는 마약 문제, 에이즈 전염병, 노숙자, 가족과 이웃의 악화, 청소년 임신, 무질서, 질병을 직면해야 한다. 그렇지만 이러한 직면 속에서도, 우리가 가치롭게 느끼는 것을 젊은이들과 같이 의사소통하기를 열망한다. 비록 젊은이들에게 학습의 가장 기본 소양과 "기능적인 소양을 갖춘 지식인"이 되기 위한 거래의 기교를 준비시키는 과정에서조차 우리의 가치를 젊은이들과 나누는 과정 속에서 아픔과 어려움을 겪는다. 젊은이들이 우리 자신의 지형도의 **모양**에 대해, 우리 민주주의에 대한 **이야기**를 파악하기를 원한다. 종종, 우리는 로시니의 오페라, 호손의 단편집, 반 고흐의 해바라기나 하늘을 나는 까마귀와 같이 여러 종류의 예술의 형태에 대해 그들이 접근할 수 있는 환경을 조성하기를 소망한다.

그렇지만 지금까지 우리 대부분은 교수 내용이 종종 우리가 기억하는 자신의 젊은 시절 모습과 그리 유사하지 않은 젊은이들에게 어떻게 반영되는지에 대한 이해가 얼마나 필수적인지 알게 된다. 그들의 말에 경청하면서, 우리는 우리 자신의 선입견이나 선호도, 그리고 우리가 삶에서 가치 있게 여겼던 대상이나 이미지들과 전혀 다른 내용을 다루고 있는 우리 자신을 발견한다. 가치롭다고 배워왔던 것, 당연시 여겼던 것들이 예측불허의 방식으로 다가올 수 있다. 우리가 달려온 선로에서 멈춰 서서 질문하고 종종 대항하고, 분노나 경멸에 넘쳐 비난하고, 우리 자신의 사고에 대해 이리저리 생각한다. 뉴욕시의 박물관에 대한 연구 프로젝트를 막 마친 고등학생들과 마주한 적이 있는데, 뉴욕시 브롱스 출신의 아프리카계 미국인 학생이 갑작스레, "클로이스터 박물관에 가보신 적 있으시죠?"라고 물어봤을 때 나 자신의 선로에 멈춰 서게 되었다. "물론이지요," 라고 적절히(그리고 내 스스로 뽐내듯이) 조용히 대답했다. "선생님, 제가 생각하는 클로이스터 박물관에 대해 말씀드릴게요"라고 그 학생이 말했다. "그 박물관 엿 같아요(The Cloisters sucks)." 나는 이 학생의 대답에 처음에는 깜짝 놀랐고, 분명히, 분노가 치밀었다. 나에게 클로이스터 박물관은 중세 시대의 종교적 갈망과 신념의 절정이요, 나의 전용물이 되기를 갈망하는 진정한 아름다움의 결정체이기 때문이다. 나의 다음 생각은 이 학생이 클로이스터가 관심이 있으리라고 가정할 이유가 없다는 깨달음이었다. 백색 유니콘이 그에게 무슨 의미일까? 갑옷을 입은 중세인은? 원형의 보석 같은 꽃은? 고딕 미술 그 자체는? 세 번째로 든 생각은 그 학생에게 클로이스터 박물관을 감상하는 진정한 의미의 존재 여부였는데, 왜 그리고 누구를 위한 것인가? 주류 사회의 구성원으로 들어오도록 무언가 그와 나누고, 빛나는 **나**의 세계의 대기실로 그가 들어올 수 있도록 도와주어서, 그 학생에게 클로이스터가 좀 더 친숙해지도록 무언가 해야 하겠다는 생각이 떠올랐다. 인정하지만, 이미지이든, 움직임이든, 음악이든, 이야기이든 그의 세상에 무언가 있을 텐데, 그가 무엇을 선택하여 듣고 무엇에 관심이 있는지 물어봤어야 한다는 생각이 떠올랐다. 한편, 내가 무어라고 명명할 수 없지만, 그는 반항하고 거부하고 있었다. 어쩌면 그 학생의 마음속에 뭔가 대안적인 가능성이 있었는지도 모른다.

　만약 그러했다면(그리고 그렇게 믿고 싶은데), 그는 클로이스터를 기존 주류 사회의 권력에 대한 상징물로 마주했을 수도 있다. 만약 그렇다면, 그러한 상징적 이미지가 자신이 배제되고 차별당하고 수치감을 느끼는 그러한 의식을 조장하는지 이해하는 데 매우 중요하다. 미셸 푸코에게 권력이란 힘에 대한 소유나 결핍으로 경험되지 않고, 사람들의 반항이나 고집의 모습으로 나타난다(1982, p. 221). 한 개인은 차별(혹은 빈곤 혹은 버림받음)이 자신의 실현을 막는다면, 전적으로 그러한 차별의 여파를 목격하거나 체험하며 살지 않으려는 열망이 있다. 푸코에게 있어 권력 관계는 자유로움이 발휘되는 정도인데, 사람들은 자신들이 저지당하고 조작당한다고 느낄 때, 그들이 추구하기 원하는 어느 정도 대안의 가능성들을 알고 있어야 한다. 오늘날 우리 대부분은 푸코의 표현대로 "권력의 기제(technology of power)"(1980, p. 159)라는 메커니즘의 복잡한 활동들에 사로잡혀 있다는 그의 말이 무엇인지 인지한다. 이 용어는 한 개인이나 여러 사람이 자신들의 더 큰 이익을 추구하기 위한 구조의 절정에서 권력을 운용한다는 뜻이 아니다. 이 용어는 오히려 특별한 시대 담론의 양상으로 묘사되는데, 이는 표면적으로 일부 "진리"에 추가되는 진술을 산출하는 데 사용되는 과정들, 혹은 무엇이 수용가능하고 무엇이 한 개인을 "정상"으로 구분 짓는 데 필요한지 결정하는 데 사용되는 시스템이다. 푸코는 또한 권력 관계가 주로 개별적 양태(piecemeal fashion)로 시간에 걸쳐 형성된다고 제시한다. 그러므로 학교에서는 우리가 기대하는 동일화(homogenization)

의 결과를 양산하기보다, "상호간의 개입(mutual engagement)을 지지하는 복잡한 형태로 나타나는데, 이는 모든 구체적인 성격을 띤 권력의 다른 차원의 메커니즘이다. 결국 오늘날 학생과 관련된 장소로서 가족, 병원, 정신병동, 정신분석, 학교와 정의 간의 상호작용은 이러한 다른 사건들과 견주어 동일화(homogenization)의 효과를 초래하지 않는 반면, 각 사건이 어느 정도 그 자신의 고유한 양상을 유지한다는 가정 하에서 관계성, 상호대조(cross-references), 상보성(complementarities), 그리고 그들 간의 세력권(demarcation)을 형성한다"(1980, p. 159).

만일 권력을 초구조적인 것(superstructure)으로 파악하지 않는다면, 만일 기관들과 담론들이 서로 간의 서로 얽혀진 연결망으로서 불연속성이 있다면, 그렇다면 우리는 어느 개인을 전적으로 전체에 의해 좌우되는 하나의 대상으로 볼 수 없다. 거기에는 공백이 있고, 잠재적으로 열린 공간들은 사고를 위한 공간들로 규정될 수 있는데, 푸코가 지적하기를, "사고는 어떠한 행위가 서식하고 그 의미를 부여하는 공간이 아니라, 오히려 한 개인이 이러한 방식의 행위나 반응으로부터 한 걸음 물러나게 하며, 그 의미들, 그 조건들, 그 목표들을 통해 사고와 질문의 대상으로서 자신에게 그것을 제시하게 한다. 사고는 사람의 행동과 관련한 자유이며, 사람이 자신과 분리하고, 대상으로 설정하고, 문제로 반영하는 동작이다"(1984b, p. 388). 이에 대한 언급은 인간 의식과 그 유리한 점을 강조하기 위함이다. "후퇴(step back)"란 습관적이고 일상적인 생활 속으로 빠져드는 것을 깨뜨리는 능력이다. 이는 우리가 비판적 사고라고 부르는 것과 유사하지만 동일하지 않은데, 이는 또한 프레리의 "세상 읽기(reading the world)"와 연결된다. 프레리에게는 "세상에 대한 독서는 세상을 읽는 것 자체를 앞서

지 않고, 일정한 형식으로서의 **글쓰기**와 **다시 글쓰기**, 즉 이를 의식적이고 실제적인 작업을 통해 변형시키는 일이다(Freire and Macedo, 1987, p. 35). 이에 덧붙여 프레리는 학습자의 "단어 세계(word universe)"가 교사의 것이 아닌 학습자 자신들의 실존적 경험의 의미로 채워야 하는 주요한 단서를 제시한다. 교육 연구의 재 조명자(re-viewers)로서 교사와 교사 교육가인 우리는 여타 목소리들이 주류의 목소리를 결정하는 세상에서, 학생들이 자신의 목소리로 이야기하도록 촉진하는 가치를 결정해야 하는 것과 마찬가지로, 우리는 사고와 변혁적인 행동 간의 관계로 우리 자신을 선택해야 한다.

어떤 경우에서든지 만약 우리가 종종 행하는 일에서 분리하는 개념을 진지하게 생각한다면, 우리는 당연하다고 여기는 것에서 탈피하고 아마도 우리 자신을 다양한 비전을 지닌 다원주의로 개방할 것이다. 이를 뉴욕시 브롱스 출신의 십대들에게도 똑같이 적용할 수 있을까? 우리는 그 자신의 회귀를 이름 짓도록 할 수 있고, 이를 그 자신이 되는 것에 반대하는 (혹은 반대하는 것처럼 보이는) 구조와의 변증법적인 관계에서 그것을 관찰할 수 있게 할 수 있을까? 우리는 그의 언어 우주에 우리 자신을 충분히 조율하거나 그러한 언어가 들리도록 교실의 상황을 만들 수 있는가? 우리는 그를 적어도 자신과 세계를 공유하는 사람들을 위한 가능성의 영역을 도표로 표현하도록 할 수 있는가? 우리가 아는 한, 그의 언어 우주는 미디어 언어, 상업적 언사, 드라마 대화, 음악 채널 가사 등으로 가득 차 있음을 인지한다. 그는 성공적인 사람(상사, 소유주, 집주인, 그의 억압자)의 이미지를 그의 이상적인 자아로 내면화했을 수도 있다. 우리는 그가 자신의 "불안정, 두려움, 요구 및 꿈"에 귀기울이고(Freire and Macedo, 1987), 그의 진정한 삶의 세상을 진지하고 부끄러움 없이 읽도록 자유롭게 할 수 있을까? 똑같은 질문들이 서로 다른 바탕과 다른 희망을 품은 이들에도 남아있는데, 이들은 모든 것에 "권리(entitled)"가 있다고 느끼고, 무관심하고 거의 병적으로 지루하다고 여겨지는 사람들, 자신의 앎의 방식에 의존하기를(부끄러움에서든 아니면 자신감의 부족에서든) 망설이고 있는 어린 소녀들과 여자들, 그들의 아버지가 한때 공장에서 일했지만, 지금은 세상에서의 안정감을 앗아가는 듯한 느낌으로 몰아가는 일종의 서비스업으로 몰락한 이들, 이제 방금 이민 온 태국인들과 한국인들과 라오스인들과 러시아계 유대인들과 아이티인들처럼 각각 삶의 이야기, 독특한 배경 지식, 그리고 세상을 읽을 때 열망과 두려움을 동시에 가진 사람들이다.

충분히 이해되듯이, 우리 중 많은 사람이 교사와 교사 교육자로서의 사회적 과학적 방향을 고려할 때, 우리는 해석적 및 기능적으로 모두 합리적인 거대한 개념화에 초점을 맞추었다. 오랜 시간에 걸쳐 우리의 관심을 인간 존재의 군중화(aggregates of human beings)에 영향을 미치는 역사적 및 사회적 발전에 집중시켰다. 우리 중 많은 사람이 이념에 대한 비평에 매료됐다. 우리는 공통 학교교육, 기회의 균등, 능력주의와 관련된 오래된 신념과 관련한 신비화에 대항하느라 많은 시간을 보냈다. 수년에 걸쳐 우리는 유럽의 대륙 철학에 대부분 기초하여 재조명하였다. 우리는 다양한 종류의 비판 이론(critical theories)을 많이 연구해 왔고, 우리 자신들과 미래의 교사들이 어떻게 교육 기관이 지배적인 사회 경제적 세력의 이익을 위해 봉사해 왔는지, 어떻게 그들이 학생들을 "자원"으로 취급해 왔는지 이해하도록 열심히 가르쳐 왔다. 우리는 우리가 사는 관리 중심 사회의 관료적 특성을 연구해 왔다. 우리는 대중문화와 미디어가 우리뿐만 아니라 우리 학생들에게 미치는 영향을 관찰해 왔다. 우리는 소비중심사회의 현혹적인 약속들과 광고주의 선전에 쉽게 수긍하는 그리 유쾌하지 않은 현실을 인정해야 한다. 결정론적 혹은 기능주의적 관점에서 학교에서 발생하는 일을 기본적으로 설명하려는 그 오류들을 충분히 알고 있다. 우리는 광고뿐만 아니라 곳곳에서 일어나는 의식의 강압을 지적할 만큼 충분히 알고 있다. 또한, 우리는 모든 이를 위한 적합한 교육에 대한 투자와 관련하여 아직 우리 사회에 팽배한 불평등에 대해 더 잘 깨닫는다. 불의와 인종 차별의 양상은 너무 빈번하게 우리의 더 나은 사회 질서에 대한 심사숙고를 좌절시키고, 다소 정의로운 민주주의에 대한 가능성이나 다원주의 사회에 대해 냉소적인 반응으로 회귀 (또는 어떤 경우에는 재회귀)한다.

최근 몇 년간 유럽 계몽주의 시대의 사상가들이 그러하듯 분석적이고(analytic) 비판적인(critical) 기능이 주류를 이루고 있다. 우리는 로크, 흄, 볼테르, 몽테스키외, 루소, 그리고 콩도르세(Condorcet) 등과 같은 철학자들의 역할에 근접하여, 200년 전에 그들이 궤변(sophistries)과 환영(illusions)에 도전한 것과 근접한 역할을 담당해 왔다. 그들이 폭로한 억압은 그 시대의 교회, 군대, 그리고 왕에 대한 과잉으로부터 파생되었다. 윌리엄 블레이크(William Blake)의 시 〈런던(London)〉은 그 위법이 얼마나 명백했는지 재치있게 밝혀낸다.

> 모든 인간의 모든 울부짖음,
> 모든 갓난아기들의 두려움의 울음,
> 모든 목소리와 모든 금지(ban) 가운데
> 내게 들리는 마음을 죄어오는 수갑들.

굴뚝 청소부의 울음은

모든 거무칙칙한 교회를 얼마나 두렵게 하는가.

그리고 군인의 불운한 한숨이

궁전의 벽을 타고 흐른다 [(1793) 1958, p. 52].

계몽주의 **철학들은** 논리와 합리성이라는 냉철한 칼날(cold blades)
이 미신과 우상숭배에 포획된 사람들을 구한다는 확고한 신념으로
그들의 펜을 휘둘렀다. 그들은 추상적인 범주로 사고하고 발표했
고, 주어진 본질(essences)과 이상을 다루었다. 이러한 논리로 조물주
가 "어떤 양도할 수 없는 권리(inalienable rights)"를 모든 인간에게 부여
했다고 선언하였다. 이는 이성주의자들을 자연 그리고 도덕 "법칙"
을 조화롭고 수학적인 우주, 즉 인간 마음의 소우주와 관련하여 종종
대우주로 간주하는 그러한 법칙으로 이끌어냈다. 윌리엄 블레이크
(William Blake)와 그의 추종자인 낭만주의자들(셸링, 헤겔, 그리고 다른 조직 철학
자들)은 신론(deism)과 이성주의(rationalism)의 법칙을 거부했다. 그리고
확실하게 키에르케고르를 시발점으로 실존주의 철학자들은 주관성
과 관점의 편파성의 중요성을 확인하고 재확인하였다.

그럼에도 불구하고 20세기의 모든 학문 분야에서 일어난 극적
인 사건으로 계몽주의를 재고하자는 요청 혹은 소위 "계몽주의 프로
젝트"(MacIntyre, 1981, pp. 49-59)에 대한 인식이었다. 프랑크푸르트학파
와 비판이론(critical theory)에 대한 우리의 관심은『계몽주의의 변증법
(Dialectic of Enlightenment)』(Horkheimer and Adorno, 1972)과 같은 저서로 우
리 중 많은 이들을 인도하였다. 호르크하이머와 아도르노의 시각은
"문화 산업"의 "대중적 기만(mass deception)"이라는 틀로 역사를 검토
하게 하고, 또한 계몽주의가 자본주의의 발생 초기의 극단적인 면을

합리화하고, 아우슈비츠와 히로시마를 기술적으로 (그리고 도덕적으로) 수용하도록 하는 강압을 산출해냈을 수도 있다는 점을 시사한다. 우리 중 일부는 마르크스주의 문학에 소개되는 소외와 억압에 대한 설명에 신선한 충격을 받았고, 우리 중 일부는 네오-마르크시즘의 사상에 이끌렸다. 이는 이성주의가 근대 사회주의 사회의 특징인 것처럼 그것이 자본주의 사회에서 비롯한다는 도구적인 합리성에 대한 현실화에 부분적으로 근간이 되었다(Habermas, 1971). 모든 것이 관료화(bureaucratized)되고, 모든 것이 관리되고, 모든 것이 푸코가 묘사한 권력의 기술(technologies of power)로 시달린다. 오늘날 환경 운동과 인간 생태계에서 제시하는 질문들로 말미암아 우리는 계몽주의 사상의 바탕이 된 진보, 성장 및 자연통제와 같은 아이디어에 도전장을 내민다. 유독 앙드레 고르즈(André Gorz)와 이반 일리치(Ivan Illich)만이 "풍요의 빈곤(poverty of affluence)"에 대해 언급하지 않았고, "더 잘 살고 적게 생산하자(living better and producing less)"는 표현의 관련성을 규명하고(Gorz, 1980, p. 28) 소비중심사회의 정곡과 18세기 후반의 주요 관심사를 지향하며 연관시킨 것은 아니다.

테오도르 아도르노(Theodor Adorno)와 발터 벤야민(Walter Benjamin)은 수년 동안 포스트모더니스트 사상가들이 규명한 "메타내러티브"(Lyotard, 1987, p. 84)를 비판하였는데, 이는 모든 것을 통괄하고자 하는 열망이고, (계몽주의의 내러티브가 그러하듯이) 모든 개개의 진술들이 통과해야만 하는 일종의 이미 직조된 거름망(prescriptive filter)이다. 이것은 "실제(real)"를 "진정한(true)" 의미로 전달하고자 하는 메타내러티브 혹은 주도적 이야기(master narrative)와는 다소 다르다. 아도르노는 "전체는 틀리다(the whole is the false)"라고 기술한다(1974, p. 50). 벤야민에게 역사란 조화로움과 메시아적인 사고의 끝없는 긴장인데, 그는 "그 어떤 역사적인 것도 자기 일을 메시아적이라고 연관시킬 수 없다. 그러므로 신의 왕국은 역사적 역동성의 **목적**(telos)은 아니다. 이를 목표로 설정할 수 없다"고 제안한다([1955] 1979, p. 312). 리처드 로티(Richard Rorty)가 "사람이 기댈 수 있는 기본, 사람이 흩어지지 않음을 넘어서는 구조를 찾는 것은" 소용이 없다고 언급하면서, 그 역시 은유를 통해 "신의 왕국(Kingdom of God)"에 대한 언급을 포괄하는 메타내러티브를 논의하고 있다. 오늘날 다른 사회 철학자들과 마찬가지로, 로티는 모든 인간을 하나로 묶는 공통의 합리성을 주장하려는 노력, 즉 "진술이 서로 충돌하는 모든 지점에서 문제 해결을 위해 합리적으로 합의하는 방법을 알려주는 규칙"을 정할 수 있는지 의문을 제기한다. 로티는(비록 그에게는 대학교육과정일 수도 있지만) 학교 교육과정의 개념이 제시하는 보편적 합리성(common rationalities)이라는 시사점에 회의적이라고 언급해 왔다. 여전히 많은 사상가는 전체주의 관점에 대한 그들의 거부와 로티(1991)의 연대성(solidarity)과 상대주의(relativism) 개념 간의 관계를 지켜보아 왔다. 실용주의자들이 제시하는 "관용(tolerance)의 정당화, 자유로운 탐구, 왜곡되지 않은 의사소통에 대한 탐색"(1991, p. 29)에 대해 실용주의적으로 재확인하는 과정에서, 그리고(헝가리인들과 동독인들과 같이) 다른 사회조건을 경험한 사람들이 민주주의에 깃든 실용주의적인 실천을 대신하여 권위주의가 보장해주는 안전성을 절대로 선택하지 않으리라는 신념에 그 초점을 맞출 때 우리에게 필요한 자세는 재조명(re-viewing)일 것이다. 그의 신념에 담긴 상대주의, 즉 그가 초월적(transcendent)이고 초문화적(transcultural)인 이성(Reason)에 호소하는 방식으로 대상을 정당화하는 계몽주의의 경향성에 길든 습관을 언급하고 이를 인정하면서, 로티가 제시하는 최선의 대책은 연대 (solidarity)와 함께 공유한 신념에 비추어 삶의 이야기를 전하는 일이다. 그가 제시하는 가치관과 신념은 전적으로 계몽주의 안에서 진전되었는데, 그렇지만 그는 굳이 계몽주의식 정당화의 방법으로 돌아가지 않고서도 우리는 살아갈 수 있다고 전하고 있다. 그러한 가치관, 그리고 그들이 전하는 희망은 다른 가치관보다 객관적으로 우월하다고 증명할 수도 없고 그럴 필요도 없다. 가장 중요한 점은 그들 스스로 살도록 노력하고, "우리"라고 지칭하는 사람들의 수를 점점 더 포괄적으로 만드는 일이다.

하버마스는 철학자가 과학에서 자기 반성(self-reflective)을 증진하는 역할을 함을 언급하면서 또 다른 아이디어를 소개한다(1984). 최근에 그는 삶의 세계의 중요성과 인지적 해석(cognitive interpretations)과 도덕적 기대(moral expectations)에 기초한 이해를 바탕으로 세상에 도달해야 할 필요성을 강조해 왔다. 그렇지만 이러한 이해는 "단순히 과학과 기술의 열매만이 아닌 모든 스펙트럼에 걸친 문화적 전통의 영역"을 요구한다. 하버마스는 철학이 삶의 세계를 위한 통역관의 역할을 맡게 될 것이고, 그렇게 함으로써, "오늘날까지 지속하는 인지적-도구적(cognitive-instrumental), 도덕적-실용적(moral-practical), 그리고 심미적-표현적(aesthetic-expressive)" 차원 간의 상호작용을 시작한다(1987, p. 313)고 말한다. 철학이 "합리성의 보호자"로 남는다고 주장하면서, 하버마스는 실용주의와 해석학이 일상의 세계와 문화적 현대성을 중재하는 힘에 합류했다고 주장한다. 그들은 "인식론적 권위를 협력하고 대화하는 모든 사람의 공동체"로 그 원인을 규정하면서 이를 이루어 나간다(p.314). 이는 나에게 상호 이해의 성취와 관련하여 매우 중요하게 여겨지는 대화 또는 다중성에 대한 생각을 불러일으킨다. 그렇지만 하버마스는 그가 "위대한 사상가(master thinkers)"라고 부르는 사람들에게로 복귀하고, 다른 사람들이 무조건 합리적인 규범의 형태로 논의하는 타당성의 근본에 대해 논의한다. 그는 정당화를 생활방식 혹은 습관적인 실천의 기능으로 간주한다. 절차상의 합리성에 대한 보편적인 개념으로 회귀할 필요가 있다.

그렇지만 이 회귀에 대한 대안으로는 공유한 규범에 맞추어 생활하려는 공공의 결정을 들 수 있는데, 이러한 규범은 다양한 관점에 따라 지속해서 재창조되고 개정된다. 그러한 규범과 원칙을 평등(equality) 차원에서 볼 때 권력을 가진 자들이 이들을 반복적으로 오용해 왔지만, 현재의 삶의 경험에 비추어 이러한 규범과 원칙들을 재해석할 수 있고 그렇게 되고 있다. 예를 들어, **평등의 선택(Choosing Equality)**에서 큰 과제는 "포괄(inclusion)이란 경쟁을 할 수 있는 충분한 기회의 제공이다"라는 오래된 관념에 대한 도전이다. 저자들의 주장에 따르면 이러한 논조는 능력주의를 합리화하고 얼마나 소외된 이들을 수용하려는 노력이 제한적인지 그 실체를 가린다. 그들은 평등을 향한 헌신을 평가하는 다른 기준들, 즉 결과의 평등을 바탕으로한 규준을 사용하도록 권고한다. "그러므로 완전히 민주주의 관점에서, 우리는 기회 균등(equal opportunity)과 형평성(equity)의 개념을 아주 다르게 해석한다. 이러한 개념들은 체제 안에 포함되어야 할 권리뿐만 아니라, 체제에 머무르고 학습을 위한 적합한 조건을 제공받는 권리도 내포한다. 결과의 평등(equality to result)이 목표라면, 기회균등은 수단(means)과 기회(chances)의 연속성을 요구하는데, 이들은 학습을 지치도록 저해하지 않고 오히려 학습을 확장시킨다"(Bastian and others, 1986, p. 30).

　　존 롤스(John Rawls)는 정의라는 개념 자체와 능력주의의 개념을 재평가한다. 롤스에 의하면, 사회 질서를 유지하는 방안으로서의 능력주의는 빈곤층들을 더 가난하게 하지만 "지배층과 기술 중심적인 엘리트들은 국가의 권력 유지와 부의 창출에 보탬이 된다는 명목 아래 그 지위를 보장받는다. 기회의 균등(equality of opportunity)은 재산이 없는 사람들의 영향력과 사회적 지위를 향한 개인 차원의 추구를 최소화하는 동등한 기회(equal chance)를 의미한다"(1972, pp. 106-107). 롤스의 주장은 "사회적으로 가장 선호도가 낮은 사람들이 자신의 가치 평가에서 자신감을 북돋아야 하고, 이는 위계질서의 형태와 불평등의 정도를 제한하면서 정의를 실현한다"는 것이다. 더 나아가, 교육자원은 개인이 배운 능력을 사회에 보상하는 정도나 "또한 가장 선호도가 낮은 이들을 포괄하여 모든 시민들의 개인적이고 사회적인 삶을 풍성히 하는 그들의 가치에 따라 배분되어서는 안 된다"(p.107). 이와 유사하게 자유의 가치를 재고할 때 점점 더 많은 사람이 부정적인 자유의 개념에서 벗어나 **지향점으로서의** 자유의 개념(freedom for)으로 옮겨 간다. 이는 마치 존 듀이가 언급한 바와 같이 "행동하는 힘과 선택하는 힘", "다르게 변화하는 능력"과 연관된다(1931, p. 293). 듀이는 또한 "다른 모든 가능성과 마찬가지로 이러한 가능성을 실천해야 하고, 다른 모든 것들과 마찬가지로 이는 오직 객관적인 조건과의 상호작용을 통해서만 실현가능하다"(p. 297)라고 덧붙인다. 그는 잠재성을 현실화하기 위해서는 조건들, 즉 협력, 상호 관계, 지원의 조건들을 형성해야 한다고 논한다.

　　나는 공유된 헌신들(shared commitments)의 가능성에 대한 이러한 내용을 언급하는데, 내가 다원주의를 무효화하거나 "일반적인 지향(general orientation)" 혹은 "보편적인 이성(universal reason)"에 대한 새로운 신념을 재발견한다고 믿기 때문이 아니다. 나는 재조명이 우리를 지속적인 구성(continuing)과 공통의 세상을 새롭게 하도록 개입해야 한다는 믿음에서 이를 언급하는데, 이는 우리가 그러한 세상이 지속적인 대화, 즉 우리 자신이 변화 가운데에서 자극하고 성장할 수 있는 그러한 대화를 통해 실현 가능하다는 사고를 마음 속에 간직할 때 가능하다. 한나 아렌트는 모든 종류의 순응주의(conformism)와 수준차(leveling)를 거부하면서, 사람들이 공동의 세계에 관심을 잃을 때 그 무엇도 공동체를 함께 유지할 수 없다고 믿었다. "교육이란 우리가 세상을 충분히 사랑하여 책임을 질 것인지를 결정하는 것, 그리고 이와 동시에 갱신과 신세대들과 젊은이들의 참여가 있을 때만 파멸로부터의 구제가 가능하다는 점이 그 핵심이다. 그리고 또한 교육은 우리 아이들을 우리 자신의 세상에서 추방하지 않고 그들을 자기 삶의 장치 안에 머물도록 남겨둘 정도로 이들을 충분히 사랑하는지 아닌지를 결정하는 곳이다"(1961, p. 196)라고 하였다. 우리가 관찰해 왔듯이, 아렌트 자신은 이 활동적인 세계(active world)란 사람들이 "활동가로서 돋보이는 자질(agent-revealing capacity)"을 유지하고, 자신의 실제 삶의 경험을 이야기하고, "행위와 언변(action and speech)"으로 통합하여 나아갈 때만 결국 구현된다는 점을 지속적이면서도 매우 명확히 전달한다. 그리고 행동은 항상 새로운 시작과 새로운 계획을 의미하므로, 결과적으로 고정되고 최종적인 틀을 수용하지 않은 채 남아 있다.

　이와 같은 핵심 질문이 우리를 계속해서 따라다닐 것이다. 공동체에 대한 공동의 헌신으로 가득한 인간 삶의 다각적인 현실을 어떻게 원리에 맞추어 화합할 수 있을까? 우리는 후퇴없이, 신화화 없이 어떻게 이를 수행할 수 있을까? 소설『페스트』의 타루(Tarrou)처럼, 우리는 자신과 다른 사람들을 동화시켜 "이 지구에는 역병이 퍼져 있고 희생자가 있으며, 그러한 전염균의 무력에 최대한 동참하지 않는 것은 우리 손에 달려 있다"(Camus, 1948, p.229)라는 점을 확인시킬 수 있을까? 모든 역경에서 우리는 어떻게 피해자의 편에서 결국 다가올 피해를 최소화할 수 있을까(p. 230)? 1960년대에 공동체에 대해 그리고 개개인이 사회구성원으로서 존재하는 방식에 대해 깨달은 바에 기초한 이러한 질문들을 상기하면서, 우리는 우리 자신과 타인의 헌신과 연계된 특별한 침묵들을 극복하는 방안을 생각할 필요가 있다. 재조명의 과정에서 우리는 평화 운동과 시민운동에서 발생했던 단합의 경험을 다시 되짚어 볼 필요가 있다. 우리는 에이즈 환자를 돕고, 노숙자에게 존엄한 방식으로 배식하고 집을 지으며, 상가 내 학교에 다니는 아주 어린 아이들을 온종일 지원하고, 우리의 일하는 공간에 교사 공동체를 형성하기 위해 우리가 의미 있게 행동할 수 있는 바를 구체화할 필요가 있다. 함께하는 바로 그 행동이 우리의 정체성을 단순히 감정을 느끼고 열망하는 객체가 아니라, 주체성으로 창출해왔는지는 이미 많은 이들이 체험해왔다. 그렇듯, 이러한 사고는 다른 많은 이들 중 듀이, 조지 허버트 미드(George Herbert Mead)와 같은 위대한 실용주의자들의 작품들을 상기시킨다. 그렇지만, 이는 또한 오늘날의 우리에게 오랫동안 철학과 문학에서 억압받아 왔던 여성의 인식 방법에 대한 작품들을 통해 우리 앞에 펼쳐진다(Belenky, Clinchy, Goldberger, Tarule, 1986). 지역 사회 이전에 개인이 존재하지 않는다는 우리의 바로 그러한 깨달음은 관계성의 이미지, 교사인 우리가 여전히 종사하고 있는 돌봄의 네트워크, 그리고 우리가 꾸준히 노력하듯이 우리 자신을 창조하고 재창조하는 그러한 이미지들을 불러일으킨다. 포스트모던에 영향을 받은 더 많은 이들이 맹렬한 부주의와 소외와 분열을 직접 대면하는 시대를 사는 가운데 그러한 가능성의 전망을 유지하는 일이 얼마나 필요한지 알고 있다.

이러한 사고방식은 중요한 공동체(critical community)의 기초가 우리의 교수와 학교를 통해 개방될 수 있다는 나의 지속적인 신념에서 비롯한다. 공공 영역(public spaces)이 다시 회복되리라는 희망도 이러한 사고에 기초한다. 우리 학생들에게 이러한 기반을 향해 손을 뻗을 수 있고 가시적으로 하며, 다양한 목소리와 "그리 상호병립하지 않은 전망" 간의 상호작용을 가능하게 하는 일이 큰 과제로 남아 있다. 이는 그러한 의식들의 다원성(plurality of consciousnesses)과 그들의 고집과 그들의 저항, 그들의 동의, 그들의 "사랑의 노래"에 주의를 기울이는 일이다. 그리고 이는 참으로 평등의 원리, 형평성의 원리, 자유의 원리에 대한 반응성(responsiveness)을 위한 작업으로써 보살핌과 배려라는 맥락 안에서 여전히 통용된다. 원칙들과 맥락들은 자신만의 삶의 세계를 벗어나 타인과의 삶의 관점에서 살아가는 인간 존재, 그리고 간절히 부르고, 이야기하고, 노래하고, 상상력을 발휘하고 용기를 내어 변혁을 추구하는 이들에 의해 **선택**되어야 한다.

참고문헌 및 수록 인용문 출처

Adorno, T. *Minima Moralia: Reflections from a Damaged Life.* London: New Left Books, 1974.

Allende, I. *Eva Luna.* New York: Bantam Books, 1989.

Anzaldua, G. *Borderlands/La Frontera: The New Mestiza.* San Francisco: Spinsters/ Aunt Lute, 1987.

Arendt, H. *The Human Condition.* Chicago: University of Chicago Press, 1958.

Arendt, H. *Between Past and Future.* New York: Viking Penguin, 1961.

Arendt, H. *Men in Dark Times.* Orlando, Fla.: Harcourt, 1968.

Arendt, H. *Crises of the Republic.* New York: Harvest Books, 1972.

Arendt, H. *Thinking,* Vol. 1. Orlando, Fla.: Harcourt, 1978.

Bakhtin, M. M. *The Dialogic Imagination.* Austin: University of Texas Press, 1981.

Bakhtin, M. M. *Problems of Dostoevsky's Poetics.* Minneapolis: University of Minnesota Press, 1984.

Barthes, R. *The Pleasure of the Text.* (R. Miller, trans.) New York: Hill & Wang, 1975.

Bastian, A., and others. *Choosing Equality.* Philadelphia: Temple University Press, 1986.

Belenky, M., Clinchy, B., Goldberger, N., and Tarule, J. *Women's Ways of Knowing.* New York: Basic Books, 1986.

Benjamin, W. *Illuminations.* New York: Schocken Books, 1978. (Originally published 1955.)

Benjamin, W. "Theologico-Political Fragment." In *Reflections.* New York: Harvest Books, 1979. (Originally published 1955.)

Berger, J. *Ways of Seeing.* New York: Viking Penguin, 1984.

Berleant, A. *Art and Engagement.* Philadelphia: Temple University Press, 1991.

Beyer, L. E., and Liston, D. P. "Discourse or Moral Action? A Critique of Postmodernism." *Educational Theory,* Fall 1992, *42*(4).

Bishop, E. "At the Fishhouses." In *The Complete Poems, 1927–1979.* New York: Farrar, Straus & Giroux, 1983. (Originally published 1955.)

Bishop, E. "In the Waiting Room." In *The Complete Poems, 1927–1979.* New York: Farrar, Straus & Giroux, 1983. (Originally published 1975.)

Bishop, E. "Night City." In *The Complete Poems, 1927–1979.* New York: Farrar, Straus & Giroux, 1983. (Originally published 1976.)

Blake, W. "The Ecchoing Green." In J. Bronowski (ed.), *William Blake.* Harmondsworth, England: Penguin, 1958. (Originally published 1789.)

Blake, W. "London." In J. Bronowski (ed.), *William Blake.* Harmondsworth, England: Penguin, 1958. (Originally published 1793.)

Bloom, A. *The Closing of the American Mind.* New York: Simon & Schuster, 1987.

Bloom, H. *The Western Canon: The Books and Schools of the Ages.* Orlando, Fla.: Harcourt Brace Jovanovich, 1994.

Bourdieu, P. *Outline of a Theory of Practice.* Cambridge: Cambridge University Press, 1977.

Bruner, J. *Actual Minds, Possible Worlds.* Cambridge, Mass.: Harvard University Press, 1986.

Buber, M. *Between Man and Man.* (R. G. Smits, trans.) Boston: Beacon Press, 1957.

Camus, A. *The Plague.* (S. Gilbert, trans.) New York: Knopf, 1948.

Camus, A. *The Myth of Sisyphus.* (J. O'Brien, trans.) New York: Knopf, 1955.

Cliff, M. "A Journey into Speech." In A. Simonson and S. Walker (eds.), *The Greywolf Annual,* Vol. 5: *Multicultural Literacy.* St. Paul, Minn.: Greywolf Press, 1988.

Clifford, J. *The Predicament of Culture.* Cambridge, Mass.: Harvard University Press, 1988.

Conrad, J. *Heart of Darkness.* In *Great Works of Joseph Conrad.* New York: HarperCollins, 1967. (Originally published 1902.)

Conrad, J. Preface to *The Nigger of the Narcissus.* In *Great Works of Joseph Conrad.* New York: HarperCollins, 1967. (Originally published 1898.)

Crane, H. *Poetry,* Oct. 1926.

Danto, A. C. *The Transfiguration of the Commonplace.* Cambridge, Mass.: Harvard University Press, 1981.

Danto, A. C. "Philosophy as/and/of Literature." In J. Rajchman and C. West (eds.), *Post-Analytic Philosophy.* New York: Columbia University Press, 1985.

Darling-Hammond, L. "Educational Indicators and Enlightened Policy." *Educational Policy,* 1992, *6*(3), 235–265.

Darling-Hammond, L., and Ancess, J. "Authentic Assessment and School Development." In J. B. Baron and D. P. Wolf (eds.), *National Society for the Study of Education Ninety-Third Yearbook.* Chicago: University of Chicago Press, 1993.

DeLillo, D. *White Noise.* New York: Viking Penguin, 1985.

Dewey, J. *Democracy and Education.* New York: Macmillan, 1916.

Dewey, J. *The Quest for Certainty.* London: Allen & Unwin, 1929.

Dewey, J. *Philosophy and Civilization.* New York: Minton, Balch, 1931.

Dewey, J. *Art as Experience.* New York: Minton, Balch, 1934.

Dewey, J. *The Public and Its Problems.* Athens, Ohio: Swallow Press, 1954. (Originally published 1927.)

Dickinson, E. "The Gleam of an Heroic Act." In T. H. Johnson (ed.), *The Complete Poems.* Boston: Little, Brown, 1960. (Written 1887; originally published 1914.)

Doctorow, E. L. *Ragtime.* New York: Random House, 1975.

Donoghue, D. *The Arts Without Mystery.* Boston: Little, Brown, 1983.

Dostoyevsky, F. *The Brothers Karamazov.* (C. Garnett, trans.) New York: Modern Library, 1945. (Originally published 1880.) D'Sousa, D. *Illiberal Education: The Politics of Race and Sex on Campus.* New York: Free Press, 1991.

Du Bois, W.E.B. *The Souls of Black Folk.* New York: New American Library, 1982. (Originally published 1903.)

Eco, U. *The Name of the Rose.* (W. Weaver, trans.) Orlando, Fla.: Harcourt, 1983.

Eco, U. *The Open Work.* (A. Cocogni, trans.) Cambridge, Mass.: Harvard University Press, 1984.

Eliot, G. *Middlemarch.* Harmondsworth, England: Penguin, 1964. (Originally published 1871–1872.)

Eliot, T. S. *Four Quartets* ("East Coker"). In *The Complete Poems and Plays.* Orlando, Fla.: Harcourt, 1958. (Originally published 1943.)

Ellison, R. *Invisible Man.* New York: Signet Books, 1952.

Ellison, R. *Shadow and Act.* New York: Signet Books, 1964.

Elmore, R. F., and Associates. *Restructuring Schools: The Next Generation of Educational Reform.* San Francisco: Jossey-Bass, 1990.

Faulkner, W. *The Sound and the Fury.* New York: Modern Library, 1946.

Fine, M. "Silence in Public Schools." *Language Arts,* 1987, *64*(2), 157–174. Fischer, M.M.J. "Ethnicity and the Post-Modern Arts of Memory." In J. Clifford and G. E. Marcus (eds.), *Writing Culture.* Berkeley: University of California Press, 1986.

Fitzgerald, F. S. *The Great Gatsby.* New York: Simon & Schuster, 1991. (Originally published 1925.)

Foucault, M. *The Archaeology of Knowledge and the Discourse on Language.* (A. M. Sheridan Smith, trans.) New York: Pantheon Books, 1972.

Foucault, M. *The Order of Things.* New York: Vintage Books, 1973.

Foucault, M. "Intellectuals and Power." In D. F. Bouchard (ed.), *Language, Counter-Memory, Practice* (D. F. Bouchard and S. Simon, trans.). Ithaca, N.Y.: Cornell University Press, 1977.

Foucault, M. *Power/Knowledge.* (C. Gordon, L. Marshall, J. Mepham, and K. Sop, trans.) New York: Pantheon Books, 1980.

Foucault, M. "The Subject and Power." (M. Foucault and L. Sawyer, trans.) Afterword to H. L. Dreyfus and P. Rabinos, *Michel Foucault: Beyond Structuralism and Hermeneutics.* Chicago: University of Chicago Press, 1982.

Foucault, M. "The Means of Correct Training." (R. Howard, trans.) In P. Rabinow (ed.), *The Foucault Reader.* New York: Pantheon Books, 1984a.

Foucault, M. "Polemics, Politics, and Problemizations: An Interview." (L. Davis, trans.) In P. Rabinow (ed.), *The Foucault Reader.* New York: Pantheon Books, 1984b.

Fox-Genovese, E. "The Claims of a Common Culture: Gender, Race, Class, and the Canon." *Salmagundi,* Fall 1986, *72.*

Freeman, J. *Picasso and the Weeping Women.* Los Angeles: Los Angeles Museum of Art, 1994.

Freire, P. *Pedagogy of the Oppressed.* (M. B. Ramos, trans.) New York: Herder & Herder, 1970.

Freire, P. "The Importance of the Act of Reading." In P. Freire and D. Macedo, *Literacy: Reading the Word and the World.* South Hadley, Mass.: Bergin & Garvey, 1987.

Freire, P., and Macedo, D. *Literacy: Reading the Word and the World.* South Hadley, Mass.: Bergin & Garvey, 1987.

Freud, S. *Civilization and Its Discontents.* New York: Hogarth Press, 1953.

Frost, R. "The Road Not Taken." In E. C. Latham and L. Thompson (eds.), *Robert Frost: Poetry and Prose.* New York: Holt, 1972. (Originally published 1916.)

Gadamer, H.-G. "Hermeneutics and Social Science." *Cultural Hermeneutics,* 1975, *2.*

Gadamer, H.-G. *Philosophical Hermeneutics.* Berkeley: University of California Press, 1976.

Gardner, H. *Frames of Mind: The Theory of Multiple Intelligences.* New York: Basic Books, 1983.

Gates, H. L., Jr. "Goodbye, Columbus? Notes on the Culture of Criticism." *American Literary History,* Summer 1991, *3*(4), 711–727.

Gates, H. L., Jr. *Loose Canons: Notes on the Culture Wars.* New York: Oxford University Press, 1992.

Geertz, C. *Local Knowledge.* New York: Basic Books, 1983.

Gilmour, J. *Picturing the World.* Albany: State University of New York Press, 1986.

Goodman, N. *Languages of Art.* Indianapolis: Hackett, 1976.

Gorz, A. *Ecology as Politics.* Boston: South End Press, 1980.

Habermas, J. *Knowledge and Human Interests.* Boston: Beacon Press, 1971.

Habermas, J. *Theory of Communicative Action.* Boston: Beacon Press, 1984.

Habermas, J. "Philosophy as Stand-In and Interpreter." In K. Baynes, J. Bohman, and T. McCarthy (eds.), *After Philosophy: End or Transformation?* Cambridge, Mass.: MIT Press, 1987.

Hável, V. *Letters to Olga.* (P. Wilson, trans.) New York: Holt, 1983.

Hawthorne, N. *The Scarlet Letter.* New York: Viking Penguin, 1969. (Originally published 1850.)

Heidegger, M. *Being and Time.* (J. McQuarrie and E. Robinson, trans.) New York: HarperCollins, 1962.

Heidegger, M. *What Is Called Thinking?* (J. C. Gray, trans.) New York: HarperCollins, 1968.

Heidegger, M. *Poetry, Language, and Thought.* New York: HarperCollins, 1971.

Hijuelos, O. *The Mambo Kings Sing Songs of Love.* New York: Farrar, Straus & Giroux, 1989.

Hirsch, E. D., Jr. *Cultural Literacy.* Boston: Houghton Mifflin, 1987.

Horkheimer, M., and Adorno, T. W. *Dialectic of Enlightenment.* New York: Seabury Press, 1972.

Howard, V. R. *Artistry: The Work of Artists.* Indianapolis: Hackett, 1982.

Hughes, R. "Art, Morality, and Mapplethorpe." *New York Review of Books,* Apr. 23, 1992, p. 21.

Husserl, E. *Ideas.* (R. B. Gibson, trans.) New York: Collier/Macmillan, 1962.

Huxley, A. *Brave New World.* New York: HarperCollins, 1950. (Originally published 1932.)

Iser, W. *The Act of Reading.* Baltimore: Johns Hopkins University Press, 1980.

James, H. *The Portrait of a Lady.* New York: Viking Penguin, 1984. (Originally published 1881.)

James, W. "The Dilemmas of Determinism." In *The Will to Believe and Other Essays.* New York: Holt, 1912. (Originally published 1897.)

James, W. *Principles of Psychology.* 2 vols. New York: Dover Books, 1950. (Originally published in 1890.)

Kearney, R. *The Wake of Imagination.* Minneapolis: University of Minnesota Press, 1988.

Kierkegaard, S. "Stages on Life's Way." In R. Bretall (ed. and trans.), *Kierkegaard.* Princeton, N.J.: Princeton University Press, 1940.

Kincaid, J. *Lucy.* New York: Farrar, Straus & Giroux, 1990.

Kingston, M. H. *China Men.* New York: Vintage International Books, 1989.

Kozol, J. *Savage Inequalities.* New York: Crown, 1991.

Kundera, M. *The Unbearable Lightness of Being.* (M. H. Heim, trans.) New York: HarperCollins, 1984.

Kuspit, D. *The Aesthetic Dimension.* Boston: Beacon Press, 1990.

Lasch, C. *The Minimal Self.* New York: Norton, 1984.

Le Guin, U. K. *Dancing at the Edge of the World.* New York: Grove Press, 1989.

Leiris, M. "Faire-part." In E. C. Oppler (ed.), *Picasso's Guernica.* New York: Norton, 1988.

Levertov, D. *Oblique Prayer.* New York: New Directions Press, 1984.

Levi, P. *The Drowned and the Saved.* (R. Rosenthal, trans.) New York: Summit Books, 1988.

Lyotard, J.-F. "The Post-Modern Condition." In K. Baynes, J. Bohman, and T. McCarthy (eds.), *After Philosophy: End or Transformation?* Cambridge, Mass.: MIT Press, 1987.

MacIntyre, A. *After Virtue.* Notre Dame, Ind.: Notre Dame University Press, 1981.

Madison, G. B. *The Hermeneutics of Postmodernity.* Indianapolis: University of Indiana Press, 1988.

Malraux, A. *Man's Fate.* (H. M. Chevalier, trans.) New York: Modern Library, 1936.

Mann, T. *Tonio Kröger.* In J. W. Angell (ed. and trans.), *The Thomas Mann Reader.* New York: Knopf, 1950. (Originally published 1903.)

Mann, T. *Confessions of Felix Krull, Confidence Man.* (D. Lindley, trans.) New York: Signet Books, 1955.

Marcuse, H. *Negations.* Boston: Beacon Press, 1968.

Marcuse, H. *The Aesthetic Dimension.* Boston: Beacon Press, 1977.

Márquez, G. C. *One Hundred Years of Solitude.* Translated by Gregory Rabassa. New York: HarperCollins, 1970.

Márquez, G. C. *Love in the Time of Cholera.* (E. Grossman, trans.) New York: Knopf, 1988.

Marshall, P. *Brown Girl, Brownstones.* New York: Feminist Press, 1981. (Originally published 1959.)

Martin, J. R. *The Schoolhome.* Cambridge, Mass.: Harvard University Press, 1992.

Marx, K. *The Communist Manifesto.* In E. Burns (ed. and trans.), *Handbook of Marxism.* New York: International Publishers, 1935. (Originally published 1848.)

Melville, H. *Moby Dick.* Berkeley: University of California Press, 1981. (Originally published 1851.)

Melville, H. "Bartleby the Scrivener." In *"Billy Budd, Sailor" and Other Stories by Herman Melville.* New York: Bantam Books, 1986. (Originally published 1853.)

Merleau-Ponty, M. *The Primacy of Perception.* Evanston, Ill.: Northwestern University Press, 1964a.

Merleau-Ponty, M. *Sense and Non-Sense.* (H. L. Dreyfus and P. A. Dreyfus, trans.) Evanston, Ill.: Northwestern University Press, 1964b. (Originally published 1948.)

Merleau-Ponty, M. *Phenomenology of Perception.* (C. Smits, trans.) New York: Humanities Press, 1967. (Originally published 1962.)

Merleau-Ponty, M. *The Structure of Behavior.* Boston: Beacon Press, 1967.

Morrison, T. *The Bluest Eye.* New York: Bantam Books, 1970.

Morrison, T. *Sula.* New York: Bantam Books, 1975.

Morrison, T. *Beloved.* New York: Knopf, 1987.

Morrison, T. *Playing in the Dark: Whiteness and the Literary Imagination.* Cambridge, Mass.: Harvard University Press, 1992.

"The Moving Image." *Daedalus,* Fall 1985.

Mukherjee, B. *Jasmine.* New York: Grove Weidenfeld, 1989.

Murray, C., and Herrnstein, R. J. *The Bell Curve.* New York: Free Press, 1994.

Nietzsche, F. *Thus Spake Zarathustra.* In W. Kaufmann (ed. and trans.), *The Portable Nietzsche.* New York: Viking Penguin, 1958. (Originally published 1883–1892).

Noddings, N. *The Challenge to Care in Schools.* New York: Teachers College Press, 1992.

Norton, E. H. "What the Democrats Should Do Next." *New York Times,* Nov. 27, 1985, p. A23.

Oakeshott, M. *Rationalism in Politics and Other Essays.* London: Methuen, 1962.

Olsen, T. "I Stand Here Ironing." In *Tell Me a Riddle.* New York: Dell, 1961.

Olsen, T. *Silences.* New York: Dell/Delacorte, 1978.

Ozick, C. *Metaphor and Memory.* New York: Knopf, 1989.

Paley, G. "Ruthie and Edie." In *Later the Same Day.* New York: Viking Penguin, 1986.

Passmore, J. *The Philosophy of Teaching.* Cambridge, Mass.: Harvard University Press, 1980.

Percy, W. *The Moviegoer.* New York: Knopf, 1979.

Peters, R. S. "Education and Human Development." In R. F. Dearden, P. H. Hirst, and R. S. Peters (eds.), *Education and Reason.* London: Routledge, 1975.

Polakow, V. *Lives on the Edge: Single Mothers and Their Children in the Other America.* Chicago: University of Chicago Press, 1993.

Pratte, R. *The Civic Imperative.* New York: Teachers College Press, 1988.

Putnam, H. "After Empiricism." In J. Rajchman and C. West (eds.), *Post-Analytic Philosophy.* New York: Columbia University Press, 1985.

Rawls, J. *A Theory of Justice.* Cambridge, Mass.: Harvard University Press, 1972.

Reich, R. *Tales of a New America.* New York: Random House, 1987.

Rilke, R. M. *Possibility of Being: A Selection of Poems.* (J. B. Leishman, trans.) New York: New Directions, 1977. (Originally published 1905.)

Rorty, R. *Philosophy and the Mirror of Nature.* Princeton, N.J.: Princeton University Press, 1979.

Rorty, R. "Solidarity or Objectivity?" In *Objectivity, Relativism, and Truth.* Cambridge: Cambridge University Press, 1991.

Rukeyser, M. *The Book of the Dead.* New York: Covici-Friede, 1938.

Rukeyser, M. "Tenth Elegy: Elegy in Joy." In *Out of Silence: Selected Poems.* Evanston, Ill.: Tri-Quarterly Books, 1992. (Originally published 1949.)

Said, E. W. "Opponents, Audiences, Constituencies, and Community." In H. Foster (ed.), *The Anti-Aesthetic.* Port Townsend, Wash.: Bay Press, 1983.

Sarraute, N. *Childhood.* New York: Braziller, 1984.

Sartre, J.-P. *Existentialism.* (B. Frechtman, trans.) New York: Philosophical Library, 1947.

Sartre, J.-P. *Literature and Existentialism.* (B. Frechtman, trans.) Secaucus, N.J.: Citadel Press, 1949.

Sartre, J.-P. *Being and Nothingness.* (H. Barnes, trans.) New York: Philosophical Library, 1956.

Sartre, J.-P. *Nausea.* (L. Alexander, trans.) New York: New Directions Press, 1959.

Sartre, J.-P. *Search for a Method.* New York: Knopf, 1963.

Schlesinger, A. M., Jr. *The Disuniting of America: Reflections on a Multicultural Society.* New York: Norton, 1992.

Scholes, R. *Protocols of Reading.* New Haven, Conn.: Yale University Press, 1989.

Schön, D. A. *The Reflective Practitioner.* New York: Basic Books, 1983.

Schrift, A. D. "The Becoming Post-Modern of Philosophy." In G. Shapiro (ed.), *After the Future.* Albany: State University of New York Press, 1990.

Schutz, A. *Collected Papers,* Vol. 2: *Studies in Social Theory.* The Hague: Nijhoff, 1964a.

Schutz, A. "Making Music Together." In *Collected Papers,* Vol. 2: *Studies in Social Theory.* The Hague: Nijhoff, 1964b.

Schutz, A. *Collected Papers,* Vol. 1: *The Problem of Social Reality.* 2d ed. The Hague: Nijhoff, 1967.

Shange, N. *For Colored Girls Who Have Considered Suicide, When the Rainbow Is Enuf.* New York: Macmillan, 1977.

Shaughnessy, M. P. *Errors and Expectations.* New York: Oxford University Press, 1977.

Silone, I. *Bread and Wine.* New York: HarperCollins, 1937.

Sizer, T. *Horace's School: Redesigning the American High School.* Boston: Houghton Mifflin, 1992.

Smith, B. H. *Contingencies of Value.* Cambridge, Mass.: Harvard University Press, 1988.

Smithson, R. *The Writings of Robert Smithson: Essays with Illustrations.* (N. Holt, ed.) New York: New York University Press, 1979.

Spiegelman, A. *Maus II.* New York: Pantheon Books, 1991.

Steinbeck, J. *Grapes of Wrath.* New York: Viking Penguin, 1976. (Originally published 1939.)

Stevens, W. "The Man with the Blue Guitar." In *The Collected Poems of Wallace Stevens.* New York: Knopf, 1964. (Originally published 1937.)

Stevens, W. "Six Significant Landscapes." In *The Collected Poems of Wallace Stevens.* New York:

Knopf, 1964. (Originally published 1916.)

Stevens, W. *The Necessary Angel.* New York: Vintage Books, 1965.

Stimpson, C. R. *The Humanities and the Idea of Excellence.* New York: American Council of Learned Societies, 1984.

Stimpson, C. R. *Where the Meanings Are: Feminism and Cultural Spaces.* New York: Routledge, 1989.

"Talk of the Town." *New Yorker,* Aug. 14, 1989, p. 23.

Tan, A. *The Joy Luck Club.* New York: Putnam, 1989.

Taylor, C. *Sources of the Self.* Cambridge, Mass.: Harvard University Press, 1989.

Tocqueville, A. de. *Democracy in America,* Vol. 1. New York: Vintage Books, 1945. (Originally published 1835.)

Tyler, A. *The Accidental Tourist.* New York: Knopf, 1985.

Unger, R. M. *Passion: An Essay on Personality.* New York: Free Press, 1984.

Waldman, D. *Jane Holzer.* New York: Abrams, 1989.

Walker, A. *The Color Purple.* New York: Washington Square Press, 1982.

Walker, A. *In Search of Our Mothers' Gardens.* Orlando, Fla.: Harcourt, 1983.

Walzer, M. *Interpretation and Social Criticism.* Cambridge, Mass.: Harvard University Press, 1987.

Warnock, M. *Imagination.* Berkeley: University of California Press, 1978.

Welty, E. *One Writer's Beginnings.* Cambridge, Mass.: Harvard University Press, 1984.

West, C. "Black Culture and Postmodernism." In B. Kruger and P. Mariani (eds.), *Remaking History.* Port Townsend, Wash.: Bay Press, 1989.

Whitman, W. "Song of Myself." In *Leaves of Grass.* New York: Aventine Press, 1931. (Originally published 1855.)

Wigginton, E. *The Foxfire Books.* New York: Doubleday, 1972.

Wolf, C. *Cassandra.* (J. V. Heurck, trans.) New York: Farrar, Straus & Giroux, 1984.

Wolf, C. *Accident: A Day's News.* (H. Schwarzbauer and R. Fakrorian, trans.) New York: Farrar, Straus & Giroux, 1989.

Woolf, V. *A Room of One's Own.* Orlando, Fla.: Harcourt, 1957. (Originally published 1929.)

Woolf, V. *To the Lighthouse.* London: Everyman's Library, 1962. (Originally published 1927.)

Woolf, V. *Three Guineas.* New York: Harvest Books, 1966. (Originally published 1938.)

Woolf, V. *Moments of Being: Unpublished Autobiographical Writings.* (J. Schulkind, ed.) Orlando, Fla.: Harcourt, 1976.

Wright, R. *Native Son.* New York: HarperCollins, 1940.

The following pages constitute a continuation of the copyright page. The work of the following authors has been reprinted by permission of the organizations and individuals indicated.

ARENDT, HANNAH: From *Between Past and Future* by Hannah Arendt. Copyright 1954, 1956, 1957, 1958, 1960, 1961 by Hannah Arendt. Used by permission of Viking Penguin, a division of Penguin Putnam Inc.

Arendt, H. *Human Condition.* Chicago: University of Chicago Press, 1958. Reprinted by permission.

BENJAMIN, WALTER: Excerpt from "The Work of Art in the Age of Mechanical Reproduction" in *Illuminations* by Walter Benjamin, copyright © 1955 by Suhrkamp Verlag, Frankfurt a.M., English translation copyright © 1968 by Harcourt Brace & Company, reprinted by permission of Harcourt Brace & Company.

BERLEANT, ARNOLD: *Art As Engagement.* Philadelphia: Temple University Press, 1991. Reprinted by permission.

BERGER, JOHN: From *Ways of Seeing* by John Berger. Copyright © 1972 by Penguin Books Ltd. Used by permission of Viking Penguin, a division of Penguin Putnam Inc.

BISHOP, ELIZABETH: Excerpts from *The Complete Poems: 1927–1979* by Elizabeth Bishop. Copyright © 1979, 1983 by Alice Helen Methfessel. Reprinted by permission of Farrar, Strauss & Giroux, LLC.

DELILLO, DON: From *White Noise* by Don DeLillo. Copyright © 1984, 1985 by Don DeLillo. Used by permission of Viking Penguin, a division of Penguin Putnam Inc. Permission also granted by the Wallace Literary Agency, Inc.

DEWEY, JOHN: Reprinted by permission of G. P. Putnam's Sons, a division of Penguin Putnam Inc., from *Art As Experience* by John Dewey. Copyright 1934 by John Dewey, renewed 1973 by The John Dewey Foundation.

Dewey, J., *The Public and Its Problems.* Athens: Swallow Press, 1954. Reprinted by permission of Swallow Press.

DONOGHUE, DENIS: *The Arts Without Mystery,* Boston: Little, Brown 1983. Reprinted by permission of the Peters Fraser & Dunlop Group Ltd.

ECO, UMBERTO: Excerpt from *The Name of the Rose* by Umberto Eco, copyright © 1980 by Gruppo Editoriale Fabbri-Bompiani, Sonzogno, Etas S.p.A., English translation © 1983 by Harcourt Inc. and Martin Secker & Warburg Ltd., reprinted by permission of Harcourt Inc.

ELIOT, T.S.: Excerpts from "East Coker" in *Four Quartets,* copyright 1943 by T.S. Eliot and renewed 1971 by Esme Valerie Eliot, reprinted by permission of Harcourt Inc. and Faber and Faber Ltd.

ELLISON, RALPH: From *Invisible Man* by Ralph Ellison. Copyright © 1947, 1948, 1952 by Ralph Ellison. Reprinted by permission of Random House, Inc.

FITZGERALD, F. SCOTT: Excerpted with permission of Scribner, an imprint of Simon & Schuster, Inc., from *The Great Gatsby* (Authorized Text) by F. Scott Fitzgerald. Copyright 1925 by Charles Scribner's Sons. Copyright renewed 1953 by Frances Scott Fitzgerald Lanahan. Copyright © 1991, 1992 by Eleanor Lanahan, Matthew J. Bruccoli and Samuel J. Lanahan as Trustees u/a dated 7/3/75 created by Frances Scott Fitzgerald Smith. Also reprinted by permission of Harold Ober Associates Incorporated.

FOUCAULT, MICHEL: *Archaeology of Knowledge and the Discourse on Language.* Copyright © 1969 by Editions Gallimard. *The Discourse on Language* (appendix) was originally published in French as *L'ordre du discours* © 1971 Editions Gallimard. Reprinted by permission of George Borchardt, Inc. and Taylor & Francis (Routledge).

FREIRE, PAULO: Freire, P. *Pedagogy of the Oppressed.* New York: Herder and Herder, 1977. Reprinted by permission of the Continuum Publishing Co.

FROST, ROBERT: *The Road Not Taken* from *The Complete Poetry of Robert Frost* edited by Edward Connery Lathem. Copyright © 1969 by Henry Holt & Co., Inc. Reprinted by permission.

GEERTZ, CLIFFORD: "From the Native's Point of View." *Local Knowledge.* Cambridge: Bulletin of the American Academy of Arts & Sciences, 1982. Reprinted by permission. Also copyright © 1983 by BasicBooks, Inc. Reprinted by permission of BasicBooks, a division of HarperCollins Publishers, Inc.

GREENE, MAXINE: "Blue Guitars and the Search for Curriculum." *Reflections from the Heart of Educational Inquiry: Understanding Curriculum and Teaching Through the Arts.* G. Willis and W.H. Schubert, ed. New York: State University of New York Press, 1991. Adapted by permission.

"Imagination, Community, and the School." *The Review of Education,* 15, pp. 223–231. Gordon and Breach, Science Publishers. Adapted by permission.

"The Passions of Pluralism." *Educational Researcher,* Jan.-Feb. 1993. Copyright 1993 by the American Educational Research Association. Adapted by permission of the publisher.

"Teaching for Openings: Pedagogy as Dialect," from Pedagogy in the Age of Politics: Writing and Reading (in) the Academy, edited by Patricia A. Sullivan and Donna J. Qualley, NCTE 1994. Copyright 1994 by the National Council of Teachers of English. Reprinted with permission.

"Texts and Margins." *Harvard Educational Review,* 61:1, pp. 27–39. Copyright © 1991 by the President and Fellows of Harvard College. All rights reserved. Adapted by permission.

"Writing to Learn." *The Quarterly of the National Writing Project and the Center for the Study of Writing,* Fall 1990, *12* (4). Adapted by permission.

HABERMAS, JURGEN: Habermas, J. In Baynes (ed.). "Philosophy as Stand In and Interpreter." *After Philosophy: End or Transformation?* Cambridge: M.I.T. Press, 1986. Reprinted by permission.

HAVEL, VACLAV: *Letters to Olga.* Reprinted by permission of Henry Holt and Company, Inc.

ISER, WOLFGANG: *Act of Reading.* Baltimore: Johns Hopkins University Press, 1980. Reprinted by permission.

KUNDERA, MILAN: Excerpt from *The Unbearable Lightness of Being* by Milan Kundera. Copyright © 1984 by Harper & Row, Publishers, Inc. Reprinted by permission of HarperCollins Publishers, Inc. and Faber and Faber Ltd.

LEVERTOV, DENISE: From "The Gaze Salutes Lyonel While" in *Oblique Prayers* by Denise Levertov. Copyright © 1984 by Denise Levertov. Reprinted by permission of New Directions Publishing Corp. and Laurence Pollinger Ltd.

MCFARLAND, DENNIS: Excerpts from *The Music Room.* Copyright © 1990 by Dennis McFarland. Reprinted by permission of Houghton Mifflin Co. All rights reserved.

MARCUSE, HERBERT: From *The Aesthetic Dimension* by Herbert Marcuse. Copyright © 1978 by Herbert Marcuse and Erica Sherover. Reprinted by permission of Beacon Press. Also reprinted by permission of The Macmillan Press, Ltd. For the French language, H. Marcuse, La Dimension Esthétique, traduit par Didier Coste, © Editions du Seuil, 1979. Reprinted by permission.

MERLEAU-PONTY, MAURICE: Excerpts from *Phenomenology of Perception* reprinted with permission of Humanities Press Int'l, Inc., and of International Thomson Publishing Services Ltd., North Way, Andover, Hants, SP10 5BE, United Kingdom.

Primacy of Perception, reprinted by permission of Northwestern University Press.

MORRISON, TONI: Excerpts from *Beloved* and *The Bluest Eye* reprinted by permission of Toni Morrison and International Creative Management.

Playing in the Dark: Whiteness and the Literary Imagination. Cambridge: Harvard University Press, 1992. Permission granted by International Creative Management, Inc.

Sula. New York: Alfred A. Knopf, 1973. Permission granted by International Creative Management, Inc. Copyright © 1973 by Toni Morrison.

OLSEN, TILLIE: Excerpts from *Silences* and *Tell Me a Riddle,* reprinted by permission of Delacorte Press, a Division of Bantam, Doubleday, Dell Publishing.

PALEY, GRACE: Excerpts from "Ruthy and Edie" from *Later the Same Day* by Grace Paley. Copyright © 1985 by Grace Paley. Reprinted by permission of Farrar, Straus & Giroux, LLC. and Elaine Markson Literary Agency.

RUKEYSER, MURIEL: "Book of the Dead" and "Elegy in Joy." *Out of Silence: Selected Poems.* Copyright © 1990 William L. Rukeyser. Used by permission of International Creative Management.

SARRAUTE, NATHALIE: Nathalie Sarraute, *Childhood.* English translation copyright © Barbara Wright, 1983. Reprinted by permission of George Braziller, Inc.

SARTRE, JEAN-PAUL: From *Literature and Existentialism* by Jean-Paul Sartre. Copyright © 1949, 1977 by Philosophical Library Inc. A Citadel Press Book. All rights reserved. Reprinted by arrangement with Carol Publishing Group, Inc.

SCHON, DONALD: Excerpts from *The Reflective Practitioner* by Donald A. Schon. Copyright © 1983 by Basic Books, Inc. Reprinted by permission of Basic Books, a member of Perseus Books,

저자 소개

맥신 그린 (Maxine Greene) (1917.12.23 ~ 2014.05.29)
저자 맥신 그린은 컬럼비아 대학교 티처스 칼리지(Teachers college, Columbia University)의 철학과 교육학 분야의 교수로 재직하였으며 2014년 96세로 타계하시기 전까지 이 대학의 명예교수로(William F. Russell Professor in the Foundations of Education) 활동하시면서 교육철학, 사회이론, 미학을 강의하였다. 미국 교육학 학회(American Educational Research Association) 및 미국 교육학 연구 학회(American Educational Studies Association) 회장을 역임하였다.

역자 소개

문승호
로욜라대학교시카고(Loyola University Chicago) 사범대학 교육과정학 부교수.
한양대학교 교육학과에서 학사, 석사를 마치고, 컬럼비아 대학교 티처스 칼리지(Teachers College, Columbia University)에서 교육학 박사 학위를 받았다. 은사이신 맥신 그린 교수님과 자넷 밀러 교수님의 가르침 가운데, 특히 심미적 교육과 다문화 교육을 중심으로 한 교육과정학 탐구에 중점을 두어 연구를 진행해나가고 있다. 대표저서로는 *Three approaches to qualitative research through the ARtS: Narratives of teaching for social justice and community*(2019, BrillSense)가 있으며, Educational Philosophy and Theory, Race Ethnicity and Education, Teachers College Record 등의 학술지에 30편이 넘는 논문과 서평을 꾸준히 발표하고 있다.

상상의 나래 펴기 Releasing the Imagination: Essays on Education, the Arts, and Social Change

초판발행	2019년 8월 25일
지은이	Maxine Green
옮긴이	문승호
펴낸이	노 현
편 집	문선미
기획/마케팅	조성호
디자인	BEN STORY
제 작	우인도·고철민
펴낸곳	(주) 피와이메이트
	서울특별시 금천구 가산디지털2로 53 한라시그마밸리 210호.(가산동)
	등록 2014. 2. 12. 제2018-000080호
전 화	02)733-6771
f a x	02)736-4818
e-mail	pys@pybook.co.kr
homepage	www.pybook.co.kr
ISBN	979-11-90151-03-0 03370

* 잘못된 책은 바꿔드립니다. 본서의 무단복제행위를 금합니다.

정 가   18,000원

박영스토리는 박영사와 함께하는 브랜드입니다.